KB203618

참된 그리스도 공동체는 복음을 실천하는 교회다. 그러나 지금 종교 소비자가 된 신자들은 맥도날드화된 교회, 곧 브랜드화를 추구하고 마케팅에 몰입하는 교회의 방조자가 되고 있다. 지금 교회는 패스트처치, 메가처치가 과연 복음을 따르고 있는지 묻고 반성해야 할 때다. "맛보아 알지어다"라는 슬로처치의 가르침으로 속도와 효율에 함몰된 한국교회를 일깨우는 이 책은 윤리·생태·경제라는 세 코스의 슬로처치 레시피를 통해 교회의 진정한 가치와 존재 의미를 되살려줄 것이다. 이 책은 교회에 대한 부끄러움과 희망을 함께 느끼게 해주는 등불과 같은 책이다.

김경집 | 전 가톨릭대학교 교수, 『눈먼 종교를 위한 인문학』 저자

영문 모를 두려움에 사로잡혀 욕망의 벌판을 질주하는 이들은 자기 삶을 성찰할 여유도, 타자의 이야기에 귀를 기울일 짬도 마련하지 못한다. 하지만 분주하면 분주할수록 삶은 더욱 빈곤해진다. 더군다나 "다른 삶"이 가능하다는 사실을 증언해야 할 교회조차도 성장 중독에서 벗어나지 못한 채 바장인다. 이제 새로운 교회를 상상해야 할 때다. 『슬로처치』는 그 길을 찾는 이들에게 하나의 이정표로 우뚝 서 있다.

김기석 | 청파교회 담임목사

현대 교회를 지배하는 돈, 성공, 형통, 크기와 같은 가치들은 필연적으로 공동체를 비인격화시키고 성도를 도구화시키며 교회를 탈사회화시킨다. 이 책은 자본주의의 포로가 된 현대 교회의 탈주와 방황을 교정하면서, 피조 세계를 품으시는 하나님의 화해 사역에 동참하는 교회가 서 있어야 할 바른 지점을 설득적으로 보여준다.

김동일 | LA 생명찬교회 담임목사

한국교회는 더 커지는 것, 더 높아지는 것, 더 빨라지는 것, 그리고 더 부유해지는 것이 성공이라는 세속적인 가치관을 그대로 받아들인 채 거기에 믿음이라는 옷을 입혀 설교해왔다. 그 결과, 기독교인들은 사회에서 "잘나가는" 능력자들이 되었고, 한국교회는 기독교 역사상 유례없는 "최단기간 최대성장"이라는 신화를 일구었다. 하지만 오래지 않아 빛나는 성의가 벗겨지고 감춰진 치부가 드러나기 시작했다. 개발독재식의 메시지가 지배하고 있는 교회에 실망하고 떠나는 사람들이 점점 많아지고 있다. 어쩌면 한국교회는 "최단기간 최대몰락"을 기록할지도 모르는 상황이다. 이 책은 이런 상황에서 고민하며 길을 찾는 이들의 미소를 회복시켜줄 것이다. 또한 맹목적인 질주를 멈추고 하나님의 느린 걸음에 보조를 맞추며 천하에 가득한 하나님의 율동에 참여하는 아름다운 영성에 눈을 뜨게 해줄 것이다. 아주 반가운 책이다.

김영봉 | 와싱톤 한인교회 담임목사

슬로처치는 일부러 느리게 성장하기를 요청하는 것이 아니라,
우리가 어딘가에 뿌리내리고 연결되어간다는 것은
식물의 속도로 나아갈 수밖에 없는 것임을 기억하게 한다.
그 느리고 더딘 시간의 압력,
묵묵히 아래로 뿌리를 내려가는 날들의 깊은 밀도를 견뎌내며
비로소 교회는 그 땅의 색과 향을 지니게 된다는 것을….

이도영, 임영신 | 더불어숲동산교회 목회자 부부

슬로처치는 단순히 특정한 트렌드를 지향하는 것이 아니다. 슬로처치는 교회의 본질을 모색한다. 저자들이 통탄하는 미국교회의 모습에서 물량주의의 유혹, 개인주의적 파편성, 소비지상주의의 홍수 속에 신음하는 한국교회의 현주소를 엿볼 수 있기라도 하듯, 이 책은 한국의 교회 공동체가 주목해야 할 중요한 가치들을 명쾌하고도

담대하게 제안하고 있다. 그들이 증언하는 일상, 정주, 노동, 안식, 환대의 미덕을 회복할 수 있다면 한국교회도 새로운 희망의 자락을 펼칠 수 있을 것이다. 교회의 본질을 고민하면서 창조적 교회됨의 길을 모색하는 목회자들과 신학생, 평신도들에게도 기쁜 마음으로 일독을 권한다. 임성빈 | 장로회신학대학교 기독교와문화 교수

산업화·기계화를 반대하는 "슬로" 운동이 사회의 각 분야에서 일어나고 있다. 이 책은 교회도 이제 교회성장론에서 벗어나 "슬로처치"로 나아가야 한다고 주장한다. 저자들은 미국교회의 이야기를 하지만, 그들의 상황 분석이나 대안 제시는 꼭 한국교회에 맞춘 것 같다. 우리 한국교회 역시 미국교회처럼 교회성장론에 붙잡혀 여기까지 왔고, 교회는 성장했지만 미천해진 우리 모습에 식상하고 지쳐 있기 때문이다. 그래서 이 책이 말하는 하나님 중심의 교회, 지역과 이웃을 위한 교회로의 전환은 오늘날 한국교회를 위해 절실한 조언이 될 것이다.

조성돈 | 실천신학대학원대학교 목회사회학 교수

차근차근 천천히 곱씹으며 느리게 읽어야 할 책이다. 왜냐하면 호흡을 길게 하고 읽어야 할 만큼 다각도로 생각할 거리를 던져주기 때문이다. 또한 이 책은 교회와 그리스도인의 삶에 대한 성경적 상상력, "미션얼"(missional) 상상력을 무한 자극한다. 나아가 이 책은 일상의 가치를 잘 알고 있다. 그래서 그리스도인의 삶과 교회의 변혁과 혁신은 가장 평범한 일상생활에서 일어나는 것이라고 수도 없이 반복하여 강조한다.

무엇보다 이 책은 위험하다. 이 책이 요구하는 대로 생각하고 살기 시작하면 사람들은 당신을 굼뜨고 효율이 낮고 성공 가능성이 없는 사람으로 생각할 것이고 당신의 교회는 무력한 교회, 쓸모없는 교회처럼 보일 수 있을 것이다. 그러나 꼭 읽고 내 것으로 삼아야 할 책이다. 하나님이 원하시는 교회가 무엇인지 근본적인 물음과 대답, 지혜를 던져주기 때문이다. 지성근 | IVF일상생활사역연구소 소장

이 책은 후기 자본주의 소비문화를 설명하는 맥도날드화의 특징인 효율성, 계산 가능성, 예측 가능성, 통제성이라는 가치에 물든 한국교회가 급속하게 이룩해온 성장 신화에 제동을 걸고, 하나님 나라의 핵심 가치인 작음과 느림, 이웃에 대한 환대가 넘치는 지역 공동체의 소중함을 강조한다. 저자들이 자신들의 "교회됨"의 경험을 통해 소개하는 "슬로처치"는 독자들로 하여금 지역과 괴리된 교회의 담을 허물고, 하나님의 창조 세계를 더욱 폭넓고 따뜻한 시각에서 바라보게 한다. 또한 이 책은 바로 그 "슬로처치"가 되기 위한 실천적인 교훈과 방안을 제공한다.

최형근 | 서울신학대학교 선교학 교수

이 책은 오늘날 신앙 공동체들을 위한 가장 신선한 대안을 제시한다. 당장 이 책을 사서 읽어라. 하지만 빠르게 읽지 말고, 천천히 읽어야 한다.

스캇 맥나이트 | 노던 신학교 교수

이 책은 우리네 삶과 신앙이 "천천히" 흘러가야 한다고 주장한다. 신앙이라는 것은 상품화된 계약적 거래가 아니다. 그것은 하나님과 나 그리고 다른 생명과의 관계를 신실하게 묶어주는 훈련이다. 신앙에 대한 저자들의 깊이 있는 성찰과 통찰력은 목회에 관한 지대한 관심과 선교적 열정에서 비롯된 것이다. 하나님이 원하시는 삶이 어떤 것인지 고민하는 독자가 있다면 이 책을 주의 깊게 살피길 권한다.

월터 브루그만 | 컬럼비아 신학교 교수

아름다운 문체로 새겨진 이 책에는 무엇보다 관점이 돋보이는 분석이 눈에 띈다. 이 책은 추상화된 교리가 아니라, 바로 지금 여기에 사는 우리가 하나님의 뜻을 따른다는 것은 어떤 의미인지에 대한 질문을 던지고 그것에 응답할 수 있는 참신한 대안들을 소개하고 있다.

크리스틴 폴 | 애즈베리 신학교 교수

21세기를 살아가는 현대인의 의식을 지배하는 것은 걱정, 스트레스, 조급증 그리고 성공에 대한 집착일 것이다. 이는 개인주의와 생산성을 최고의 가치로 내세우는 우리 사회의 참담한 현실이다. 그런 사회 속에 살아가는 사람들은 참된 삶에 목말라 있다. 그리고 자신이 매일 반복하는 노동에서 의미를 발견하고 이웃과 온정을 나누며 영적으로 깨어 있기를 갈망한다. 생명의 즐거움과 아름다움을 느끼고 싶은 것이다. 『슬로처치』에서 크리스와 존은 복음에 근거한 희망찬 미래의 비전을 제시하며 영과 육 모두를 건강하고 행복하게 하는 통전적 삶의 방식을 제안한다. 이 책은 교회와 사회에 대한 통속적 인식에 질문을 던지며 기독교 신학이 생태학적 관점에서 어떻게 이해될 수 있는지 이야기한다. 우리의 건강한 영성과 미래의 후손을 위해, 그리고 이 땅의 안녕을 위해서라도 이 책이 많은 대중에게 주목받기를, 더 나아가 우리가 그것을 행동으로 옮길 수 있기를 간절히 바란다.

마크 스캔드렛 | 『예수도』, *Free* 저자

하나님의 선하신 은총을 맛보고 그것을 전하며 기념하는 것이 교회의 본질적 사명이라는 관점에서 존과 크리스가 주장하는 신앙의 실천과 삶의 방식은 매우 시의적절하다. 혼자서 이 책을 읽기보다는 친구와 함께 읽으면서 하나님 나라를 미리 맛볼 수 있는 공동 생활의 은혜를 발견해가길 바란다. 『슬로처치』의 아름다운 상상력이 예수의 제자로서 그리고 공동체로서의 삶에 대한 더욱 깊고 풍성한 의미를 던져줄 것이다.

노먼 워즈바 | 듀크 신학대학원 신학/생태학 교수

불안과 근심으로 가득 찬 이 세상은 오로지 물질로 환산될 수 있는 생산성을 기준으로 사람의 가치를 평가한다. 그런 세상에서는 누가 얼마큼 더 많이 독식하느냐에 따라 삶의 등급이 정해진다. 그럼에도 우리는 별생각 없이 살아왔다. 심지어 교회도 예외가 아니었다. 그리스도인들은 빨리 생산하고 소비하는 현대의 사고방식에 완벽하게 적응했다. 크리스와 존은 양적 성장에만 목을 매는 탐욕스런 목회 방식에 제동을 걸고, 관계 중심적 교회에 대한 비전을 제시한다. "슬로처치"라는 말을 곱씹으면 곱씹을수록 기분 좋은 상쾌함이 가득 차오른다. 그들이 제시하는 비전이 실천된다면 과연 우리는 어떤 모습일까를 상상하니 입가에 옅은 미소가 번진다.

캐롤 하워드 메리트 | *Reframing Hope, Tribal Church* 저자

『슬로처치』는 우리 삶의 작은 부분 하나까지도 놓치지 않으시는 하나님의 인내와 성실하심을 잘 표현한다. 삶의 아름다움과 선함을 이야기하는 것이다. 그리고 이것이 공동체 안에서 하나님과 동행하는 삶을 가능케 한다고 말한다. 프로그램에 중독된 교회를 치유하는 데 이 책이 많은 도움이 될 것이다.

데이비드 피치 | 노던 신학교 B. R. Lindner 석좌교수

존과 크리스는 대단한 선언문들이 숨 가쁘게 등장하는 이 시대와 견주어도 전혀 뒤지지 않을 위대한 문화적 상상력을 보여준다. 이 책은 지역 중심적이고, 여유가 넘치며, 인간의 이성으로 예측할 수 없는 축복 속에서 소소한 기쁨을 누릴 수 있는 예수의 길을 보여줌으로써 성장 중심의 "패스트처치"가 얼마나 우둔한지를 영리하게 그려내고 있다.

존 스위니 | *When Saint Francis Saved the Church* 저자

문화적 환경이 오늘날 교회의 모습을 만들어간다. 우리 문화가 가진 분열, 조급증, 상업화, 브랜드화, 과잉이동성, 개인주의, 효율성이 삶의 우선순위를 바꿔놓고 때론 신앙의 실천을 왜곡하고 있다. 우리가 세상에 산재한 두려움으로부터 우리 자신을 보호하기 위해 모든 상황을 통제하는 삶을 선택했기 때문이다. 『슬로처치』는 우리 삶이 자리한 현장과 이웃을 모두 끌어안을 수 있는 신학적 상상력을 자극한다. 또한 빠르게 걷던 걸음을 멈추고 식탁에 함께 모여 앉아 대화를 나눌 수 있는 삶, 감사와 환대가 넘치고 노동과 정의가 존중받는, 그래서 성경에서 말하는 모든 생명의 화해가 일어나는 삶이 가능하다고 말하고 있다. 맥도날드가 사라지는 만큼 안식의 축제는 더욱 풍성해진다.

마크 라우 브랜슨 | 풀러 신학교 평신도 사역학 교수

맥도날드화되어버린 교회에 지쳐서 신앙 자체를 포기하려 했던 많은 사람에게 기분 좋게 건넬 수 있는 참신한 책이 마침내 나왔다. 미국에 있는 수백 수천의 그리스도인들이 어떻게 그리스도를 일상에서 증언해야 할지에 대해 많은 고민과 실험을 하고 있다. 지금 당신이 들고 있는 이 책은 그것을 위한 좋은 지침서가 될 것이다. 이론만이 아니라 경험을 바탕으로 한 연구, 역사적 뿌리에 근거한 분석, 그리고 이해하기 쉬운 신학적 견해가 여러분을 기다리고 있다. 빨리 서점으로 달려가 이 책을 여러 권 사서 예수의 길을 따르고자 하는 사람들에게 희망을 나눠주길 바란다.

폴 스팍스 | 패리쉬컬렉티브 공동 창설자, *The New Parish* 저자

SLOW CHURCH

Cultivating Community in the Patient Way of Jesus

Originally published by InterVarsity Press as
Slow Church
by C. Christopher Smith and John Pattison.
ⓒ2014 by C. Christopher Smith and John Pattison.

Translated and printed by permission of InterVarsity Press,
P.O. Box 1400, Downers Grove, IL 60515, USA.
www.ivpress.com.
License arranged through rMaeng2, Seoul, Republic of Korea.

This Korean Edition Copyright ⓒ 2015 by Holy Wave Plus, Seoul, Republic of Korea.

이 한국어판의 저작권은 알맹2 에이전시를 통하여 미국 IVP와 독점 계약한 새물결플러스에 있습니다. 신 저작권법에 의하여 한국 내에서 보호받는 저작물이므로 무단 전재와 무단 복제를 금합니다.

슬로처치

크리스토퍼 스미스·존 패티슨 지음

김윤희 옮김

내가 속한 슬로처치 공동체인

잉글우드 교회의 형제와 자매들에게

이 책을 바칩니다.

C. S.

나와 근원적 목적 공동체를 이루고 있는 케이트, 몰리, 줄리아를 위해,

그리고 20년간 최고의 우정으로 함께해준 데이브에게 감사를 전하며.

J. P.

| 차례 |

III 세 번째 코스: 경제

| 서문 |

얼마 전, 나는 어떤 기자와 만나 미국에서 일어나고 있는 종교 운동과 그리스도인의 장래 모습에 대한 개인적인 소망을 나눌 기회가 있었다. "저의 관심을 끄는 인물들은 소수입니다. 12명 정도가 그 운동의 핵심인물인데, 대부분 특출한 사람은 아닙니다. 그중 한 사람에 대해서만 기록물이 남아 있습니다. 그들 중 몇몇은 상충하는 극단적 가치관 때문에 상대를 죽인다 해도 할 말이 없을 정도였습니다. 그런데 어찌 된 일인지 그들은 함께 생활했습니다. 그들이 함께 발견한 새로운 삶의 방식은 너무도 중요해서 한 사람 한 사람이 그것을 위해 목숨을 바칠 수도 있었습니다."

훌륭한 기자로서 더 나은 단서를 찾기 원하는 그 친구는 어디에 가면 이 운동에 대한 정보를 얻을 수 있는지 물었다. 나는 대답했다. "아, 이것은 이미 모든 사람이 잘 아는 이야기입니다. 세계에서 가장 많이 팔린 책 안에 들어 있는 마태, 마가, 누가, 요한복음을 한번 살펴 보세요."

그러자 그는 사무적으로 말했다. "그렇군요. 하지만 오늘날 이 운동이 일어나고 있는 곳을 찾으려면 어디로 가야 하나요?"

그 기자는 참으로 올바른 질문을 던진 듯하다.

지금 당신이 손에 잡은 이 책이 현대 교회의 미래를 위한 열쇠라고 단언할 수는 없다. 하지만 『슬로처치』는 우리를 향해 올바른 질문을 던진다. 이 책의 저자들이 말하듯이, 이 책은 예수님이 2,000년 전에 시작하신 운동에 우리가 동참한다는 것이 어떤 의미인지를 살피기 위한 길고 풍성하며 깊이 있는, 따라서 **시간이 오래 걸릴**Slow 수밖에 없는 대화로의 초대다.

간단히 말하면, 이런 초대는 여러분이 쉽게 무시하거나 거절할 수 있는 성질의 것이 아니다.

"맛보아 알지어다"라는 저자의 말은 시편을 연상시킨다. 그렇다. 당신을 위해 잔치가 준비되었다. 자리를 잡아라. 그리고 식탁에 앉아서 다른 친구들에게 그들도 초대받았다는 사실을 메시지로 알려라. 이 대화의 장은 새로운 사람들이 채워지면 채워질수록 풍성해지는 잔치다.

이 책에서 가장 마음에 들었던 부분은 바로 식탁 은유였다. 이는 1세기 성찬 운동의 의미를 21세기 식탁으로 가지고 온 것이다. 크리스와 존은 교회를 세우는 여러 방법을 살필 때 하나님이 교회 너머에서 행하신 일들에 주목하는데, 나는 그 점이 너무나 마음에 든다. (그래서 슬로처치는 다양한 사회 운동의 모티브를 교회 공동체 안으로 끌어온다. 슬로푸드의 주요 모티브를 활용했고, 자산에 기초한 공동체 발전 모델을 교회와 지역 사회 발전에 적용한다. 이 밖에 시인이나 사회적 기업가들의 이야기도 경청한다.) 이 두 아마추어의 시도가 실로 반갑다. 일상을 살아가는 평범한 사람들로서 예수님의 길을 신실하게 따라간다는 말의 의미를 발견하기 위해 좀 더 폭넓은 대화의 장을 마련하고자 한 그들의 열정에 절로 미소가 번진다.

『슬로처치』에서 가장 마음에 와 닿았던 부분은 그들이 믿음에 대해 이야기할 때—믿음에 대한 어떤 정의를 내리기보다는 함께 이야기하자며 독자를 초대할 때—육신이 된 말씀에 초점을 맞추었다는 사실이다. 물론 저자들의 아름다운 문체도 책을 읽는 즐거움을 더해 준다. 그러나 크리스와 존은 그 아름다운 문체words로 주의를 끌기보다는 말씀Word이 육신이 되신 그 길을 따르는 삶을 통해 이루어지는 참된 공동체로 우리를 이끈다.

현대의 많은 교회는 지금까지 복음을 증거하는 사람들의 "말"에만 집중했다. 하지만 성경은 "아름답도다! 좋은 소식을 전하는 자들의 **발**이여!"라고 말씀한다.

물론 그들의 말도 아름답다. 그러나 여기 아름다운 발을 지닌 두 형제가 있다.

이제 그들의 이야기에 귀를 기울여보자. 그리고 응답하자. 무엇보다 그들이 따르는 그리스도의 길을 우리도 함께 따르자.

조너선 윌슨하트그로브

2014년 주현절에

| 여는 말 |

"무엇보다, 포도나무를 정성껏 돌보는 농부처럼
진득하게 일하시는 하나님의 역사를 믿고 의지해야 합니다."

_피에르 테야르 드 샤르댕 Pierre Teilhard de Chardin

두 가지 선언문에 관한 이야기부터 시작해보자.

1909년 2월, 32살의 이탈리아 작가 마리네티Filippo Tommaso Marinetti가 프랑스 신문 「피가로」*Le Figaro*에 발표한 "미래주의 선언문"은 국제 사회에 큰 파장을 불러일으켰다.

미래주의 선언문은 과거를 부정하고 미래를 찬양했다. 따라서 낡은 과거를 폐기하고 근대화를 추종하며, 평화와 인내를 부정하고 전쟁과 폭력을 미화했다. 또한 도덕과 규범을 거부하고 남성의 우월성을 주장하며, 기성세대보다는 젊은이의 패기를 찬양했고, 자연에 기반을 둔 삶보다는 기계를 중심에 둔 삶의 방식을 지향했다. 나아가 인간이 밝혀내지 못한 미지의 세계보다는 이미 입증된 사실을 더욱 중요시했다. 마리네티는 이렇게 말했다. "우리는 노동, 폭동, 그리고 쾌

락에 취한 대중을 찬양한다. 또한 현대 자본주의에서 일어나는 다양한 색깔과 여러 종류의 모든 혁명을 지지한다." 그는 박물관과 도서관을 없애고 전쟁과 폭력을 통해 구질서를 개편해야 한다고 주장했다. 특히 기계와 도시의 "빠른 속도"speed를 중요하게 생각했다. 그는 과학기술과 기계의 빠른 속도가 세상을 아름답게 변화시킬 수 있는 가장 중요한 요소라고 주장했다. "시간과 공간이라는 개념은 역사의 뒤안길로 물러났다. 왜냐하면 새롭게 창조된 무소부재의 빠른 속도 속에서 인류는 이미 완전하기 때문이다."

이러한 미래주의의 파시스트적이고 황당한 주장은 그 나름의 결과를 만들어냈다고도 볼 수 있다.[1] 미래주의가 주장했듯이 20세기는 인류 역사상 가장 많은 피를 흘렸던 혼돈의 시대였기 때문이다. 사람들은 마치 서로를 죽이지 못해 안달이 난 것처럼 전쟁을 일으켰고 학살을 저질렀으며, 그 결과 세상은 피로 흥건해졌다. 기계 문명의 발전은 지구의 황폐화를 더욱 부채질했다. 무엇보다 빠른 속도의 변화는 우리 사회를 돌이킬 수 없는 길로 이끌었다. 빠른 자동차, 빠른 음식, 빠른 컴퓨터, 그리고 "빠른 성공의 길"이 우리 사회의 가치와 문화를 재형성했다.

"미래주의 선언문"이 발표되고 나서 80년이 지난 후, 또 다른 이탈리아 지성인의 의미 있는 선언이 국제 사회의 큰 관심을 불러일으켰다. 1989년 12월, 프랑스 파리에서 15개국의 대표가 함께 모여 서명한 "슬로푸드Slow Food 선언문"이 바로 그것이다. 이 선언문은 이렇게 시작한다. "20세기 인류는 산업 문명이라는 미명하에 기계를 만들어 발전시키는 데 힘썼고, 종국에는 그 기계를 인간 삶의 표본으로 삼기에 이르렀다."[2]

더 빠른 속도를 중시하는 산업주의의 생활 방식과 세계화로 인한 획일화 현상—셰파니스Chez Panisse 레스토랑의 공동 설립자로서 미국 슬로푸드 창시자인 엘리스 워터스Alice Waters는 이를 "세계적 표준화"global standardization라고 명명했다—때문에 지구에 존재하는 많은 문화와 생물의 다양성이 심각하게 훼손되고 있다. 슬로푸드 운동은 세계화와 산업혁명의 폐해에 맞서는 풀뿌리 먹거리 운동이다. 슬로푸드라는 이름은 로마의 명물 스패니쉬스텝스Spanish Steps에 맥도날드가 입점하려고 했을 때 이를 반대했던 시민들의 시위에서 따왔다. 당시 사람들은 전통 음식인 펜네파스타가 담긴 접시를 손에 들고 "패스트푸드는 싫다! 슬로푸드를 달라!"라고 외치며 거리를 행진했다. 슬로푸드의 공동 설립자 중 한 사람은 이 시위를 조직하는 데 일익을 담당했던 페트리니Carlo Petrini라는 저널리스트였다.

현재 슬로푸드는 전 세계 53개국에 1,300개의 지국과 10만 명의 회원을 보유하고 있다. 각 지국은 현지의 먹거리 및 포도주 생산자를 보호하고, 전통 음식을 보존하는 일에 매진한다. 무엇보다 그들은 음식이 주는 즐거움conviviality을 일깨우는 일을 도모한다. 여기서 "즐거움"이라는 단어는 연회를 뜻하는 라틴어 콘비비아*convivia*에서 유래되었다. 콘비비아를 문자 그대로 해석하면 "함께하다"라는 뜻으로서 여기에는 축제의 정서가 녹아 있다(슬로푸드의 각 지국을 "콘비비아"라고 부른다).

슬로푸드는 여러 사회 운동에 영향을 주었다. 그중 대표적인 것은 "느리게 살자"라는 뜻을 담고 있는 치타슬로Cittaslow 운동이다. 슬로시티Slow City라고도 불리는 이 운동은 1999년 10월 이탈리아의 몇몇 시장市長들이 시작한 것으로 현재 전 세계 23개국 140여 개 도시가 슬로시티로 지정되어 있다. 슬로시티의 자격 조건은 인구 5만 명 이하의 지역에 친환경적 농업과 지역 농산물 중심의 소비와 생산이 가능해야 하고, 생태 보존을 염두에 둔 땅의 활용과 온정이 느껴지는 도시 분위기도 빼놓을 수 없는 요소다. 치타슬로 국제연맹 회장인 올리베티P. G. Oliveti는 이렇게 주장한다. "이 도시들은 인간과 자연의 '소외'를 없애는 데 가장 큰 중점을 두고 있다. 그것을 위해 일시적인 관계와 순환만이 존재하는 '무장소'non-places의 확장이 제한되어야 한다."

또 다른 예를 들면, 2008년에 벤처 투자자 겸 기업가인 타쉬Woody Tasch는 친환경 농부와 투자자를 연결하는 단체 "슬로머니"Slow Money를 세웠다. 그의 목표는 2018년까지 미국인 100만 명이 자기 자산의 1%를 지역의 소규모 농업 활성화에 투자하게 하는 것이다. 기술 제일주의와 성장의 극대화만을 외치는 패스트머니fast money가 아닌, 땅을 살리고 사람을 살리는 일에 자본을 투자함으로써 지속 가능한 세상을 만들어야 한다는 것이 슬로머니의 설립 취지다. 이 밖에도 슬로가드닝Slow Gardening, 슬로페어런팅Slow Parenting, 슬로리딩Slow Reading, 슬로디자인Slow Design, 슬로아트Slow Art 등 다양한 사회 운동이 전개되고 있다. 심지어 재치 있는 몇몇 이탈리아 사람들은 월드슬로데이World Slow Day를 지정했다. 이날에는 대중교통이 무료로 제공되고, 백일장 행사가 열리며, 태극권이나 요가를 무료로 가르치고, 너무 빨리 걷거나 일직선으로 다니는 보행자에게는 일종의 "딱지"를 끊어 경고한다.

많은 사람이 "슬로" 운동을 통해 다양한 전략으로 사회의 각 영역에서 빠른 속도에 맞서는 대안적 삶의 방식을 찾기 위해 애쓰고 있다. 캐나다 저널리스트인 오너리Carl Honoré는 우리가 빠른 것이 항상 좋다는 사회적 통념, 즉 "빠름에 대한 맹신"the cult of speed에 빠져 있다고 지적했다. "패스트"와 "슬로"는 단순히 변화의 진행 속도를 나타내는 말이 아니다. "그 개념들은 우리의 존재 방식 혹은 삶의 철학을 그대로 보여준다. '패스트'는 바쁘고, 호전적이며, 서두르고, 통제와 제압을 일삼는 동적인 삶의 방식이다. 그런 삶의 방식은 분석하기를 좋아하지만 깊이가 없고, 질보다는 양에 초점을 맞춘다. 또한 기다림이 존재하지 않기에 늘 긴장과 압박감이 도사린다. '슬로'는 이와는 상반된 삶의 방식이다. 그것은 침착하고, 차분하며, 매사에 세심한 주의를 기울이고, 수용적이며, 서두르지 않고, 기다릴 줄 아는 삶의 방식이다. 분석보다는 사색이나 성찰을 선호하고, 양보다는 질을 우선한다. '슬로' 운동은 한마디로 사람, 문화, 일, 음식 그리고 우리 삶을 둘러싼 모든 것과 진정으로 의미 있는 소통을 추구하는 것이다."[3]

패스트처치(*Fast Church*)

좋은 의미와 나쁜 의미 모두에서 현대 교회는 다른 어떤 사회 집단 못지않게 패스트 문화의 매력에 민감한 듯하다. 사회학자 조지 리처

George Ritzer는 패스트 문화 현상을 "맥도날드화"McDonaldization라고 표현했다. 맥도날드화는 "패스트푸드 매장이 미국 사회의 각 구획은 물론 전 세계를 잠식해가는 원리에 의한 사회 현상"이다.[4]

맥도날드화의 주요한 네 가지 면모는 효율성efficiency, 측정 가능성calculability(수량화 가능한 결과들), 예측 가능성predictability, 통제성control—아니면 통제되고 있다는 착각—이다. 이것이 산업혁명 이후 우리 문화와 사회, 심지어 서구 기독교의 본질을 바꾸어놓은 사회적 지배 원리들이다. 산업혁명에 꼭 들어맞는 서구 기독교 문화는 비효율적이거나 복잡한, 혹은 다소 번잡스러운 신앙 과정을 용납하지 않는다. 특히 성장 중심적인 사고에 충실한 교회들은 기독교를 마치 일종의 상품처럼 사고파는 위험한 지경에까지 이르렀다. 그 결과, 많은 그리스도인이 우리 삶 전체를 아우르는 제자의 삶을 사는 데 필요한 영적 훈련을 받기보다는 주일 오전 예배가 무사히 끝나기만을 기대한다. 나아가 충분히 예측할 수 있고 안전한 신앙생활만을 영위하려 한다. 또 "예수 그리스도와의 긴밀한 관계"가 집에서 말씀을 보고 묵상하는 것만으로도 얼마든지 완성될 수 있다고 착각한다. 예수님을 따르는 것은 공동체 안에서 전 생애에 걸쳐 훈련되어야 할 과제임에도 불구하고, 자기 혼자 묵상하고 깨닫는 것만으로 간단히 완성할 수 있다고 오해하는 것이다.

산업화한 교회의 모습은 농업의 산업화 과정에서 벌어진 소규모 가족농family farm의 몰락과 비슷한 구석이 많다. 자신을 "보수계-기독교-진보주의적-친환경주의-미친" 농부로 소개하는 조엘 샐러틴Joel

Salatin은 마이클 폴란Michael Pollan의 책 『잡식동물의 딜레마』*The Omnivore's Dilemma*(다른세상 역간)와 다큐멘터리 "푸드주식회사"Food, Inc.를 통해 우리에게 널리 알려진 농부이자 작가다. 그는 농부들이 토지를 단순히 식물을 지탱해주는 먼지에 불과한 것으로 간주하고 식물의 영양분은 화학비료를 통해서 공급된다고 착각하고 있다고 지적한다. 이는 산업화의 기계론적 사고방식을 농업에 그대로 적용한 결과다. 그러나 샐러틴은 식물을 살리는 것은 땅 위에 뿌려지는 비료가 아니라 자연이 가진 생명력, 즉 토지의 자양분이라고 말한다. 제대로 된 생각을 가진 양심적인 농부라면 누구나 농사의 가장 중요한 근본을 토지라고 말하는 이유가 바로 여기에 있다.[5]

서구 기독교는 산업화의 기계론적 이념을 그대로 교회 현장에 활용했다. 산업화한 농업이 생명의 원천인 땅을 살리기보다는 기계를 사용해 비료와 살충제를 뿌려댄 것처럼 교회도 쉽고 간편한 방법으로 규모를 키우려 했다. 효율성을 우선시하는—이 교회에서 저 교회로 옮기고, 쉽게 구원을 얻고, 신자를 만들어내는—상명하달의 교회성장론은 단기적으로 엄청난 성과를 거두어들였다. 교회마다 사람들이 붐볐고 이런저런 행사와 프로그램으로 분주했다.

그러나 장기적인 관점에서 보면 이러한 기계론적 교회성장론은 교회의 지속적 발전에 별 도움이 되지 않는다는 데 문제가 있다. 정형화된 사역들, 성도를 끌어모으기 위한 표적 마케팅, 유명 인사가 되어버린 성직자, 철저히 각본화된 예배, 일종의 "브랜드"가 된 교회, 기계적인 교회 운영, 공식처럼 알려진 교회 성장법 등이 개교회의 상황 혹은 지역의 특수성과는 아무 상관 없이 일괄적으로 적용되고, 교회들은 수많은 프로그램의 홍수 속에 행사를 치르느라 정신이 없다. 어떤 사람들은 여전히 잘 짜인 전략과 프로그램이 엄청난 기적을 일으켜 아주 쉽고 간단한 방법으로 교회를 성장시킬 거라 기대하지만, 점점 더 많은 사람이 진정성 없이 겉만 번지르르한 상품에 조금씩 지쳐가고 있다. 오늘날 사회 곳곳에서 일어난 슬로 운동이 그것을 방증한다. 언제부터인가 사람들은 흙에서 거름과 햇빛을 받으며 자란 식물이라고는 도저히 믿을 수 없을 만큼 깨끗하고 매끈한 상품에 거부감을 느끼기 시작했다.

슬로처치(Slow Church)

슬로푸드를 위시한 각종 슬로 운동이 미국교회에 던지는 메시지는 실로 엄중하다. 그들은 우리에게 기독교 공동체가 빠름에 대한 맹신에 굴복한 근본 원인에 대해 질문한다. 우리—성직자, 신학자, 평신도—모두에게 슬로처치의 가능성을 탐색하고 검토해보라고 요청하는 것이다. 물론 슬로처치의 가능성은 또 하나의 교회성장론이 아니라, 바로 지금 이곳에서 하나님을 믿는 사람들의 공동체가 어떤 의미로 존재해야 하는지를 살펴보는 방식으로 다루어져야 한다.

슬로처치는 그 이름과 철학 모두 슬로푸드 운동에서 비롯되었다. 우리는 슬로처치를 통해 교회 공동체 안에서 우리가 공유하는 생활양식에 대해 다시 생각할 수 있다. 슬로푸드가 산업화한 농업과 음식 문화를 비판했듯이, 슬로처치는 산업화한 교회와 맥도날드화한 교회성장론의 허구성을 밝히고 이에 대한 우리의 태도를 바로잡을 수 있게 한다. 또한 우리는 슬로처치를 통해 예수 그리스도 안에서 하나님이 우리를 부르셔서 함께 살게 하신 통전적이고 관계 중심적인 충만한 삶이 무엇인지에 대한 상상력을 키울 수 있다. 슬로푸드 운동은 근본적으로 음식을 재배하고 준비하여 그것을 이웃과 나누면서 더불어 사는 삶의 풍요로움을 지향한다. 슬로처치 또한 주도적인 삶을 위한 부르심이다. 슬로처치를 통해 우리는 우리가 다른 사람과 모든 피조물에 연결되어 서로 의존한다는 사실을 자각하고, 우리의 가까운 이웃들 속에서 행하시는 하나님의 역사役事와 우리를 둘러싼 세상에 주목해야 한다.

지금이 슬로처치 선언문을 발표할 적기인가? 아직은 아니다. 다만 우리는 이 책을 통해 "슬로처치"라는 주제에 대해 폭넓고 진지한, 그리고 무엇보다 **느긋한** 대화가 시작되는 일에 이바지하고 싶다(같은 목적으로 slowchurch.com이라는 웹사이트도 만들었다). 그리고 이 대화에는 반드시 정의 문제, 감당할 수 있는 규모, 다양성, 절기(교회력에 따른 예배와 신앙 공동체의 생성과 소멸에 관한 것을 포함), 즐거움, 아름다움, 지역, 시간, 공동체의 공간, 공유되는 전통 등에 관한 내용이 포함되어야 할 것이다. 지면 관계상 이 책에서 그 모든 내용을 상세히 다룰 수는 없지만, 그중 몇 가지 핵심 주제를 심도 있게 다룰 예정이다.

슬로푸드 운동의 중요한 원칙은 **깨끗하고 좋은 음식을 공정한 방법으로** 생산하고 소비해야 한다는 것이다. 같은 견지에서 슬로처치의 원칙을 **윤리**Ethics, **생태**Ecology, **경제**Economy라는 단어로 재구성해보았다. "윤리"는 효율성과 양에 집중하는 산업화의 논리에 저항하는 것으로서 양보다는 질에 더 충실해야 한다는 의미를 가진다. 이 말은 교회가 지금 이 순간, 우리가 서 있는 바로 그곳에 존재하는 그리스도의 몸으로서 건강하고 신실한 공동체가 되어야 한다는 의미이기도 하다. "생태"는 예수 그리스도를 따르는 우리의 소명이 반드시 만물을 화목하게 하시는 하나님의 사역과 함께 이해되어야 한다는 의미를 가진다. 이 말은 교회가 **무엇을** 획득하고 추구할 것인지를 생각하되 **어떻게** 그 일을 해나갈 것인지를 더 깊이 고민해야 한다는 뜻이다. 마지막으로 "경제"는 화목하게 하시는 하나님의 사역을 위한 하나님의 풍성한 공급과 연관된다.

이 책의 주제가 "슬로"라는 사실을 염두에 두고서 우리는 이 책을 세 가지 코스 요리로 구성해보았다. 독자들에게 미리 일러두고 싶은 말은 이 코스 요리는 따로따로 평가하면 안 된다는 것이다. 순서대로 나오는 요리를 전부 먹으면서 입안에 모든 맛이 섞일 때, 우리가 준비한 요리는 교회 공동체를 건강하게 만드는 영양가 높은 식사가 될 것이다. 우리는 주요리에 앞서 먼저 애피타이저로 슬로처치의 신학적 비전에 대해 간단히 소개할 예정이다. 그리고 요리의 대미는 슬로처치의 가장 중요한 실천 사항인 대화를 다룬 11장으로 장식했다. 우리는 서로 어떻게 대화해야 하는지에 대해 배울 필요가 있다. 따라서 우리는 실제로 논의와 대화를 돕기 위해 각 장 끝에 토론을 이끌 만한 질문—퀘이커 교도들이 묵상을 위해 준비하는 쿼리queries와 비슷한 문항—을 준비했다.

서로 다른 삶의 자리

논의를 진행하기에 앞서, 이 책의 저자로서 우리 자신이 서 있는 삶의 현장을 소개하는 것이 독자들이 내용을 이해하는 데 도움이 될 것 같다. 이 책을 집필한 우리의 서로 다른 삶의 환경, 즉 테루아르Terroir에[6] 대해 간단히 소개하자면 이렇다.

존John Pattison은 오리건 주 서쪽에 위치한 윌래멧밸리Willamette River Valley에 살고 있다. 그의 가족은 과거 수년 동안 포틀랜드Portland라는 도시에 살면서 "가족 밥상"Family Dinner으로 알려진 가정교회 사역을 도왔다. 그 후 존과 그의 아내는 농촌으로 삶의 보금자리를 옮기기로 결심했고, 지금은 매리언 카운티에 위치한 실버톤Silverton이라는 마을에서 복음주의 퀘이커 교도로 살아가고 있다.

실버톤은 크리스마스 나무 농장, 개암나무 과수원, 홉 열매 들판, 매리언 베리와 블루베리 농장, 그리고 각종 씨앗 농장으로 둘러싸인 농촌 지역이다. 그러나 이곳은 다른 농촌들과는 구별된 독특하고 진기한 매력이 넘치는 곳이다. 주민들의 정치적 성향도 특이해서 어느 한쪽으로 쏠림이 없이 다양한 목소리가 절묘하게 균형을 이루고 있다. 주민의 48.52%는 민주당을, 48.79%는 공화당을 지지한다. 그리고 민주당 하원의원 1명과 공화당 주의회 의원 2명이 실버톤을 대표한다. 또 미국 최초의 성전환자transgender 시장이 실버톤을 위해 일하고 있다.

이 밖에도 실버톤에는 다른 일반적 농촌과 상반되는 특징이 많다. 그중 대표적인 것은 갈수록 젊어지고 있는 주민의 평균연령이다. 현재 실버톤 주민의 평균연령은 35세다. 고등교육과 직업 등의 이유로 젊은이들이 농촌을 떠나는 일반적인 경향과 달리 실버톤의 젊은 층은 오히려 빠르게 팽창하고 있다. 물론 이런 양적 팽창은 해결해야 할 또 다른 문제들을 일으켰다. 특히 이곳에서 오랫동안 뿌리내리고 살던 사람들의 눈앞에 펼쳐진 이런 갑작스러운 변화는 분명 당황스러운 일임이 틀림없다. 무엇보다 그들은 실버톤의 독특한 역사와 본질이 잊혀가는 것을 염려한다. 또 지리적 이점 때문에 실버톤이 세일럼Salem과 포틀랜드라고 하는 대도시로 출근하는 직장인들의 "베드커뮤니티"bed community(직장인들이 잠만 자는 주거지)로 전락하는 것을 경계한다. (이 책이 인쇄될 무렵 존이 속한 모임에서는 업스트림메이커스컬렉티브Upstream Makers Collective라는 모임을 만들어서 실버톤의 역사를 증언하는 분들을 만나 취재하고 또 그 내용을 이야기 묶음집, 단막극, 미니 다큐멘터리, 시각 예술의 형태로 만들어 주민들에게 소개함으로써 실버톤의 독특한 역사를 홍보했다.)

실버톤이 아름다운 풍광을 가질 수 있었던 이유는 마을이 형성될 당시부터 주변의 자연환경에는 최대한 손을 대지 않았기 때문이다. 예를 들어 마을 중심에 흐르는 실버스톤 시내를 시멘트로 덮어버리는 일 따위를 하지 않은 것이다.[7] 그 대신 실버톤은 외곽으로 뻗어 나갔다(현재 실버톤은 여러 구획으로 나뉘어 있다). 한편으로 이것은 다른 지역으로 쉽게 이동할 수 있게 하는 결과를 가져왔다. 또 실버톤에는 오리건 주의 자랑거리로서 14개의 폭포로 이루어진 실버폴스 주립공원Silver Falls State Park의 "관문"이라고 불리는 오리건 가든Oregon Garden이 위치하고 있다.

한때는 이 지역의 농가 수가 급격히 줄어든 시절도 있었다. 존은 실버톤 지역의 여러 그룹—농업 지지자 모임, 예술 동호회, 자전거 동호회 그룹을 포함한—과 함께, 인구 유출 문제가 심각하고 농장들이 합병·통합되며 유동 인구가 급증하는 오늘날 농촌에서 한 농가의 역할이 얼마나 중요한지를 알리기 위해 열심히 노력하고 있다.

이 책의 또 다른 저자인 크리스Christopher Smith와 그의 아내 제니, 그리고 그들의 세 자녀는 인디애나폴리스Indianapolis에 위치한 잉글우드 교회Englewood Christian Church에 출석하고 있다. 이 교회는 잉글우드에서 118년이나 같은 자리를 지키고 있다. 잉글우드는 대략 12블록으로 구성된 작은 구역으로서, 이곳과 비슷한 20개 구역이 모여 대도시 인디애나폴리스의 중동부를 구성한다. 잉글우드는 작지만 역사가 오래된 지역이다. 20세기로 접어들 무렵에 생겼던 인디애나폴리스의 최초 야구 전용 구장이 바로 이 지역에 있었고, 그 자리에는 "원더랜드"라는 놀이공원이 들어섰었다. 그러나 그 후 오랫동안 잉글우드는 위아래에 자리 잡은 거대 기업에 끼어 있어야 했다. 북쪽에는 온갖 전자 기기를 생산하던 RCA사가[8] 들어왔었는데 엘비스 프레슬리Elvis Presley의 후기 앨범들을 다수 발매한 RCA 레코드사도 여기에 있었다. 또 남쪽에는 1960년대에 듀라셀 배터리를 개발한 금속공학 회사인 P. R. 맬러리사가 위치해 있었다. 이 두 회사는 1990년대 들어 이 지역에서 공장을 철수시켰다.

잉글우드 교회—교회개혁운동Stone-Campbell에 뿌리내리고 있는 독립 그리스도 교회 중 하나—는 1895년에 세워졌고 그 후 반세기 동안은 작은 동네 교회 규모를 못 벗어났다. 그러다가 1960년대와 1970년대 초에 (주일 평균 출석수는 훨씬 적었지만) 2,000명 정도가 등록한 대형 교회로 커졌다. 교회를 이렇게 성장시킨 목사님은 1970년대 중반에 교회를 떠나셨고 그 후로부터 10년쯤 지나자 교인 수가 곤두박질치며 급격히 줄기 시작했다. 그러나 교회는 지난 25년간 한 지역을 위해 한결같이 봉사하고 섬기는 것이 어떤 것인지를 보여주는 일에 매진해왔다.

잉글우드는 버려진 도심지가 안고 있는 공통적인 문제점—마약과 매춘—을 해결해야 한다. 반면 풍성한 자산도 가지고 있다. 공립 도서관, 충분한 주택 수, 시민 공원, 아름답고 정성스럽게 그려진 벽화, 그리고 무엇보다 훌륭한 이웃들이 그 자산이다. 잉글우드 교회에 출석하는 성도의 4분의 3 정도가 잉글우드 혹은 잉글우드와 인접한 지역에 살고 있다. 크리스가 사는 옥스퍼드 도롯가의 블록에서만 15가정이 이 교회에 소속되어 있다. 최근 10년 동안에는 라틴계 이주민들이 이 지역으로 많이 들어왔고, 거기에 발맞춰 채소 가게나 타말레tamale 가게 같은 식료품점들이 생기기도 했다.

잉글우드는 미국의 대다수 도심지처럼 녹록하지만은 않지만, 크리스와 그의 가족은 그곳의 삶을 무척이나 사랑한다. 무엇보다 그의 가족과 이웃의 삶 속에서 일어나는 하나님의 역사와 또 그로 인한 변화들 때문에 더욱 그곳을 사랑할 수밖에 없다고 한다.

새롭게 나눈 이야기

이렇게 서로 다른 환경에 살고 있지만, 우리의 공통점 한 가지는 교회를 향한 사랑이다. 이 책을 처음 쓰기 시작했을 때, 그러니까 이 책에 대한 아이디어가 희미하게 가닥을 잡아가고 있을 때, 『슬로처치』라는 책은 그 분야의 전문가에 의해 쓰여야 한다는 이야기를 두 번이나 들었다(처음에 출판사는 우리의 제안을 정중하게 거절했다).

그렇다. 우리는 목회자도, 신학자도, 교회 개척자도 아니다. 사실 우리는 이 분야의 아마추어다. 과거에 아마추어라는 말은 매우 흥미로운 뉘앙스를 가지고 있었다. 하지만 오늘날 아마추어라는 말은 첫째, 보수를 받지 않고 어떤 일에 매진하는 사람, 둘째, 비루하게 혹은 서투르게 어떤 일을 하는 사람, 셋째, 이 두 가지 모두를 합하여 일컫는 말이다. 아마추어라는 말은 프랑스어로 "애호가"라는 단어에서 파생된 것이다. 그러므로 아마추어라는 말에는 돈, 명성, 경력과 상관없이 어떤 일 그 자체를 사랑한다는 뜻이 내포되어 있다.[9] 그런 의미에서 우리가 아마추어라는 사실이 꼭 싫지만은 않다.

슬로푸드 역시 농부로부터 시작된 운동이 아니다. 이것은 음식을 먹는 소비자로부터 시작되었다. 산업화한 먹거리 생산·소비의 시스템 안에서 소비자는 수동적 희생양에 불과할지 모른다. 하지만 슬로푸드 운동은 소비자야말로 먹거리에 대해 바르게 알아야 하고 또 깨끗하고 건강한 음식을 누릴 권리가 있음을 천명했다. 이런 의미에서 슬로처치의 가능성에 대한 논의는 하나님과 그리스도의 몸인 교회를 사랑하는 사람들, 그리고 종교라는 하나의 상품을 소비하는 식의 수동적 신앙생활을 거부하는 비전문가로부터 시작되어도 나쁘지 않다는 생각이 든다. 우리는 교회가 영적 주유소가 아니라, 발전적 모험을 강행하면서 그 안에서 역사하시는 하나님의 아름답고 놀라운 사역을 발견하는 곳이 되길 바란다. 또 교회가 하나님의 사역에 좀 더 적극적이기를 바란다.

웬델 베리Wendell Berry는 "식사는 농업 행위다"라고 말했다.[10] 슬로푸드 운동은 소비자가 음식을 생산하는 과정의 중요한 주체라고 인식했다. 음식을 먹는 사람은 그 음식이 어디서 어떻게 생산되어 식탁에 오르는지를 정확히 알고 있어야 한다. 그래야 소비자가 현지의 농부들을 지원하는 원동력이 될 수 있다. 이것이 소비자를 식품의 공동생산자로 부르는 이유일 것이다.

마찬가지로 슬로처치는 신자들이 수동적인 영적 소비자로 머무는 교회 이상의 교회를 지향한다. 현대 사회가 세뇌하는 "빠른" 삶의 홍수에 지쳐 있는 성도들에게 그저 천국에 갈 수 있다는 안도감만을 제공하는 차원에 머무르지 않고 한 걸음 앞으로 더 나아가야 한다. 슬로처치는 우리가 지구만큼 (혹은 더) 크고, 우리 집 앞마당만큼 친숙한 "이야기"에 공동 생산자로 참여할 수 있는 확실한 방법이다.

1장

슬로처치의 신학적 비전

"우리는 진득하게 기다리지 못하고 전모(全貌)를 보려고 안달이 나 있다.
하지만 하나님은 천천히 그리고 조용히 우리에게 보여주신다.
교회는 기다리는 법을 배워야 한다."

_프란치스코 교황Pope Francis

근대의 어느 시인은 우리가 흔히 사용하는 상투적인 문구가 "살아남은 시"라고 말했다. 셰익스피어의 희극 "뜻대로 하세요"*As You Like It*의 유명한 대사만큼 그 말에 정확히 들어맞는 예가 또 있을까? "이 세상은 연극 무대 / 그리고 모든 사람은 그 속에서 연극을 펼치는 배우일 뿐 / 그들은 등장과 퇴장을 반복한다." 셰익스피어의 이 비유는 너무 친숙해서 우리는 이 말이 가진 의미를 간과할 때가 많다. 그러나 이 비유—세상을 연극 무대로, 그리고 모든 사람을 그 연극에 참여하는 배우로 표현한—야말로 슬로처치의 근간을 이루는 신학적 관점이다.

창조를 하나의 드라마라고 하면, 이는 창조를 하나님, 인간, 창조

된 세상(무생물을 포함한 모든 피조물)이 함께 말하고 행동하는 하나의 **공연**이라고 간주하는 것이다. 케빈 벤후저Kevin Vanhoozer는 이렇게 말한다. "창조라는 드라마에서 하나님과 인간은 배우와 관객의 역할을 번갈아가며 맡는다. 다시 말해 인생은 신과 인간이 함께 공연하는 무대다. 신학은 하나님이 우리에게 어떻게 말씀하시고 무엇을 행하셨는지, 그리고 인간이 하나님께 어떻게 응답해야 하는지를 다루는 학문이다."[1]

성경 서사narrative는 태초에서 시작해 현재를 거쳐 마지막에 이르는 완전한 창조 이야기다. 그러나 성경은 기계적으로 잘 짜인 각본이라기보다는 우리가 어떤 인간이 되어야 하는지를 말해주는 이야기다. 우리가 흔히 접하는 연극이나 영화 같은 드라마는 배우가 무엇을 말하고 어떻게 행동해야 하는지를 알려주는 대본이 있다. 하지만 각본이 없는 드라마, 즉 즉흥극이라는 것도 있다.

즉흥극은 배우들이 즉석에서 만들어내는 호흡으로 완성되는 연극이다. 대본이 있는 드라마도 물론 약간의 애드리브를 허용하지만, 즉흥극은 연극을 끌고 갈 수 있는 기본 이야기 구조와 최소한의 소도구만 출발점으로 제공할 뿐, 그 외의 모든 것은 전적으로 무대에 선 배우의 몫으로 돌아간다. 대개 즉흥극은 배꼽이 빠질 정도로 재밌거나 끔찍할 정도로 어색하다. 즉흥극이 어떤 국면을 맞아 어디에서 끝날지는 아무도 모른다.

미국의 유명 코미디언이자 작가인 티나 페이Tina Fey는 자신의 회고록 『보시팬츠』*Bossypants*에서 이렇게 말했다. "즉흥극의 원칙들로 당신의 인생을 완전히 바꿀 수 있다. 덤으로 뱃살도 뺄 수 있다." 그녀가 말하는 즉흥극의 원칙을 살펴보자. 첫째, 항상 상대와 호흡을 맞춰야 한다. 둘째, 상대 배우의 말에 "네"라고 단답형으로 끝내선 안 되고 "**네, 그런데**…"라고 말해야 한다. 반드시 "상대의 말에 대답할 거리를 찾아야 한다. 이것은 연극에서 당신이 해야 할 몫이다. 당신이 꺼내는 말은 무엇이든 가치가 있다. 왜냐하면 그것이 연극을 더욱 풍성하게 해주기 때문이다." 성경을 즉흥극이라고 생각해보자. 페이의 말대로라면 우리는 성경이라는 드라마에서 누구도 수동적 방관자로 머물 수 없다. 페이가 말한 즉흥극의 또 다른 원칙, 곧 "**실수란 없다**. 모든 것은 기회로 바뀔 수 있다"를 신학적으로 곱씹어보면 하나님이 만물과 종말론적 화해를 이루신다는 사실을 암시하고 있음을 알 수 있다.[2]

성경은 대본이 있는 영화보다는 즉흥극에 더 가깝다. 성경은 기본적인 이야기 구조를 제공하지만, 이 드라마의 배우인 교회는 자유롭고 창의적으로 극을 끌고 나갈 수 있다. 『성경과 하나님의 권위』*Scripture and the Authority of God*(새물결플러스 역간)의 저자 톰 라이트N. T. Wright는 창조의 역사가 5막으로 구성된 드라마라고 설명한다.

제1막: 창조

제2막: 타락

제3막: 이스라엘

제4막: 예수

제5막: 교회

서구 문화의 영향 아래에서 소극적 종교 소비자 혹은 방관자에 머무는 것을 지양하고 하나님이 만드신 연극 중 아직 완성되지 않은 제5막을 성실히 만들어가는 것을 지향한다는 의미에서 라이트 박사의 이런 해석적 관점은 매우 의미가 깊다. 그는 이렇게 말한다. "우리는 지금 이 순간에 우리가 맡은 역할을 성실히 수행해야 한다. 이전 막들과의 연관성을 생각하되(우리는 갑자기 다른 서사로 옮겨가거나 다른 무대에 설 수 없다), 제5막만의 개별성을 유지해야 한다."[3]

성경을 극화한다는 것은 믿기 힘들 정도의 힘을 지닌다. 우리가 성경의 이야기 속으로 더 깊이 빨려들어 갈수록 우리가 행하는 즉흥극의 완성도 역시 더 높아진다. 신학자 샘 웰즈Samuel Wells는 "배우들이 대본 없는 즉흥극에서 두려움을 느끼지 않고 공연을 할 수 있는 이유는 오랜 연습을 통해 자신과 상대 배우를 믿기 때문이다"라고 말한다.[4] 또 그는 신앙 공동체에서도 서로 간의 신뢰를 쌓을 수 있는 훈련이 필요하다고 지적한다. 달리 말하면, 우리가 아직 알지 못하는 어렴풋한 미래를 만들어가는 방법을 배워야 한다는 것이다. 우리는 성경이 말하는 이야기에 마음을 열고서 아직 쓰이지 않은 교회의 미래를 만들어가는 즉흥극의 배우들이다. 따라서 우리는 성경에 부합한 동시에 창의적인 교회의 모습을 만들어가기 위해 서로를 믿는 훈련을 해야 한다.

토마스 머튼Thomas Merton의 지적처럼 우리 주변에서 일어나는 인류 역사의 격변은 절망감, 냉소주의, 폭력, 자기모순, 두려움과 희망, 의심과 믿음, 창조와 파괴의 이중성을 대변하며, 현대인은 "잠깐이나마 그 고통을 무디게 해주는 형상, 우상, 슬로건, 프로그램 등에 집착하면서 살아간다."[5] 얕은 물이 쉴 새 없이 소용돌이치는 듯한 포스트모던의 격동 속에서, 슬로처치가 지향하는 삶은 깊은 곳에 닻을 내리고 하나님과 동행하며 조용하게 때를 기다리는 삶이다. 이런 삶은 도피주의가 아니다. 오히려 이런 기다림이야말로 하나님의 선택된 백성으로서 살아가는 삶의 핵심이다. 누군가 말했듯이, 그리스도인들은 세상**에** 살고 있지만 세상에 **속한** 사람들이 아니기 때문에 우리는 세상을 **위해** 존재할 수 있다.

슬로처치는 만물이 창조의 절정인 종말론적 구원을 향해 나아간다는 신학적 전망을 유지한다. 즉 장기적인 견지에서 이 세상에 존재하는 다양한 색깔의 사상과 가설, 생각, 문화, 행동과 반응 등을 점검한다.[6] 아이러니하게도 저 멀리 내다보는 시각이 지금 이 순간의 세부적인 일에 가장 깊은 관심을 가질 수 있게 한다. 종말론적 구원의 관점에서 하찮은 일이란 아무것도 없기 때문이다.

성경은 인간과 하나님의 속성에 대해 자세히 말해준다. 그 속성으로 말미암아 우리가 함께하는 성경 이야기의 극화는 느릴 수밖에 없다. 먼저 하나님에 대해서 살펴보자. 하나님은 어떤 분이신가?

무엇보다 하나님은 세상을 변화시키는 분이시다. 또 모든 생명을 화해시키는 분이시다. 모든 것을 단숨에 바꾸려고 하는 인간의 혁명과는 달리 하나님은 오래 참고 견디면서 변화를 이루어가신다. 우주의 포물선은 만물의 화해를 목표로 한다. 하지만—"주 예수여 오시옵소서"—그 포물선은 아주 길다. 마태복음 13장에 나오는 겨자씨와 누룩 비유는 하나님이 일으키시는 변화가 느린 동시에 내부로부터 밖을 향하는 성질의 것임을 알게 해준다. 즉각적 만족을 추구하는 시대에 오래 참음을 이야기하는 이 두 비유가 가리키는 삶의 방향은 어찌 보면 고집스럽고 도발적으로 보인다. 그러나 이것이 하나님이 일하시는 방식이다. 토저A. W. Tozer가 말했듯이 "그리스도를 믿는 것은 퀵서비스 버튼을 부여받은 것이 아니다. 믿음의 사람들은 하나님의 때를 기다려야 한다."

하나님이 오래 기다리고 참으시는 이유는 피조물에 대한 끝없는 사랑 때문이다. 고린도전서 13장에서 바울이 사랑의 첫 번째 속성으로 오래 참음을 꼽은 것은 결코 우연이 아니다. 실제로 교회사 초기부터 테르툴리아누스와 오리게네스를 포함한 수많은 주요 신학자가 오래 참고 견디는 하나님이라는 관점을 통해 성경을 해석하는 모습은 낯설지 않다. 아담과 하와는 성급하게 죄를 범했지만, 하나님은 묵묵히 기다리셨다. 아브라함을 불러서 흩어진 하나님의 백성을 다시 모으라는 명령을 내리기 전, 수 세기 동안 하나님은 인류의 도발이 잦아들기를 참고 기다려주셨다. 또 그분은 이스라엘 백성이 약속의 땅에 들어가기 전, 40년 동안 광야를 헤맬 때에도 그들을 기다려주셨다. 하나님은 이스라엘의 많은 왕—어떤 왕은 하나님께 반역적이었고 나머지는 좀 덜했다—에 대해서도 참고 또 참으셨다. 자신의 백성을 구원의 길로 돌아오게 하려고 예언자들을 보내는 동안에도 하나님의 기다림은 계속되었다. 마태복음 1장에 나오는 예수님의 족보를 통해 우리는 하나님이 얼마나 오래 참고 견디는 분이신지 알 수 있다. 그리스도의 탄생에 대한 기대감 때문에 예수님보다 앞서 태어난 믿음의 사람들에 대해서는 얼렁뚱땅 넘어가려는 우리의 태도와 달리, 하나님은 오래 참고 견디며 당신의 백성과 동행해오셨다는 것이 예수님의 족보를 통해 드러난다. 교회의 역사는 이스라엘이 걸어온 길과 많이 닮았다. 하나님을 향한 인간의 거센 반란, 소수의 신실한 사람들, 그리고 하나님의 확고부동한 기다림….

테르툴리아누스 같은 교부들은 하나님의 인내를 라틴어 파티엔티아*patientia*로 표현했다. 이는 오늘날 우리가 일반적으로 이해하는 인내, 즉 단순한 기다림 이상의 의미를 지닌다. 교부들은 이 단어를 사용할 때 킹제임스 영역 성경의 번역가들이 민수기 14:18("주는 오래 참고 긍휼이 많아 불법과 범죄를 용서하나")에서 이해한 뜻, 그리고 성령의 열매를 묘사하는 갈라디아서 5:22에 나오는 "오래 참음"longsuffering이라는 뜻에 더욱 가까운 의미로 사용했다. 하나님은 늘 신실하게 사역을 해오셨다. 그리고 그 과정에서 발생하는 모든 굴욕과 고통을 참고 견디셨다. 하나님은 어떤 고통에도 사랑과 화해의 사역을 마다한 적이 없으시다. 이 오래 참음의 가장 좋은 본보기는 예수님이 이 땅에서 행하신 사역이라고 할 수 있다. 예수님은 광야 시험에서부터, 잡히

시어 십자가에 못 박히시기까지 참고 인내하는 것이 무엇인지를 몸소 보여주셨다. 결국 하나님의 성품은 효율성을 우상숭배하듯 따르는 우리 시대의 삶의 방식과는 극명한 대조를 이룬다. 이 우상숭배의 근저에는 목적이 수단을 정당화한다는 확신—혹은 맬컴 엑스Malcolm X의 유명한 말처럼, 어떤 필수 목적을 위해 "가능한 모든 수단"을 동원해야 한다는 확신—이 자리 잡고 있다.

파티엔티아(오래 참음)의 의미에 대해서는 이 책의 4장에서 더 자세히 살펴볼 것이다. 그럼에도 우리가 하나님이 이 땅에서 이루어가시는 사역의 방식, 곧 느림의 미학이 어떤 것인지를 알아보는 일을 시작하면서 슬로처치의 풍성한 삶으로의 부르심이 하나님의 사랑과 인내와 오래 참음에서 비롯된다는 사실에 주목하는 일은 매우 중요하다.

인간과 함께 일하기 원하시는 하나님

독재자는 사람들을 무력으로 겁박해서 권위에 굴복시킨다. 하나님은 분명히 그런 폭군이 아니시다. 하나님이 세상에서 이루고자 하시는 화해는 그런 방식으로 이루어지지 않는다. 하나님은 완전하지 못한 인간과의 협력을 사랑과 인내로 이루어가신다. 이는 하나님의 구원 사역을 특징짓는 느림의 미학과 연결되어 있다. 인간의 아주 작은 노력이 모여 하나님이 기획하신 구원의 드라마를 조금씩 완성해간다. 물론 하나님은 망가진 세상이 근본적으로 변화되길 원하신다. 하지만 그 변화 방식은 인간의 방식과 완전히 다르다. 하나님의 방식은 폭력에 의지해서 인간과 자연을 모두 뒤집어엎는 것이 아니다. 그분은 당신을 끝없이 부정하고 당신의 뜻에 거역하며 근시안적 시야로 당신의 창조 세계를 파괴한, 부족한 인간인 우리와 함께 구원의 역사를 만들어가길 원하신다.

성경에는 이런 하나님의 모습이 자주 등장한다. 심지어 액면 그대로만 놓고 볼 때는 하나님의 화해 사역과 배치되는 상황에서도 하나님은 우리를 끝까지 놓지 않고 기다려주신다. 사무엘상 8장을 보면 이스라엘 백성이 주변의 이방 민족들처럼 왕을 허락해달라고 하나님께 매달리는 장면이 나온다. 하나님은 왕을 세우는 것이 이스라엘 백성에게 유익하지 않다는 사실을 알고 계셨다. 왕은 권력으로 백성을 지배하고 전쟁을 위해 남자들을 징집하며 궁궐의 허드렛일을 위해 여자들을 끌어가고 가장 좋은 과수원과 포도밭을 빼앗아갈 것이 너무나 명백했기 때문이다. 그럼에도 이스라엘 백성은 끈질기게 왕을 세워달라고 요청했고 결국 하나님은 백기를 드셨다. 하지만 우리가 이미 알고 있듯이 하나님이 옳으셨다. 이스라엘의 많은 왕이 백성들을 학대했다. 그러나 이것이 하나님의 사역을 궁극적으로 방해하지는 못했다. 요한계시록 5:1-10은 이렇게 증거한다. "유다 지파의 사자 다윗의 뿌리"가 "각 족속과 방언과 백성과 나라 가운데에서 사람들을 피로 사서 하나님께" 드리셨다. 심지어 예수님을 십자가에 못 박아 죽이는 상황에서도 부활의 하나님은 인간과 함께 일하기를 멈추지 않으셨다.

하나님의 계획은 구별된 사람들과 함께 화해 사역을 이루어가는 것에 항상 초점이 맞춰져 있었다. 하나님은 사람들에게 관심을 두신다. 물론 배타적인 의미에서 "오로지 하나님의 백성들만" 협력의 대상으로 본다는 뜻이 아니다. 중요한 것은 하나님의 주된 관심이 모든 사람과의 협력에 있다는 사실이다. 연극으로 비유하자면, 하나님과 창조 세계의 화해라는 주제를 가지고 하나님과 사람들이 함께 한 편의 작품을 만들어가는 것이다. 독일 가톨릭 신부이자 신학자인 로핑크Gerhard Lohfink는 하나님과 인간의 협업을 이렇게 표현했다.

> 오히려 인간의 지성, 자유 의지와 신념을 인정하고 의지한다는 점에서 하나님의 전능성이 가장 확실하게 드러난다.…하나님의 이야기 안에 있는 기쁨은 모든 탐욕과 관성보다 강력하다. 그래서 이 **기쁨이 끊임없이 사람들을 이끌어 그들을 하나님의 백성으로 만든다.**[7]

인간의 본성과 더딘 하나님의 화해 사역

하나님의 화해 사역이 더디게 진행되는 이유는 인간의 두 가지 본성에 기인한다. 첫째로 **인간의 반항심**이다. 천지창조 이야기에는 크게 두 가지 흐름이 존재한다. 하나님의 끝없는 인내가 한 축을 이루는 만큼이나, 아담과 하와의 불순종으로 대표되는 인간의 죄가 또 다른 축을 이룬다. 인간은 하나님의 뜻을 따르기보다 도리어 자신의 안위와 욕망을 위해 자신을 지키는 방향으로 어떤 일을 계획하고 실행하는 경우가 많다. 그것이 하나님의 뜻보다 더 낫다고 생각하면서 말이다. 이 거대한 연극에서 우리는 마치 하나님이 존재하지 않는 것처럼 자기 본위로 배역을 결정하고 거기에 맞춰 무대를 꾸민다. 하나님은 물론이고 무대 위에 존재하는 다른 피조물과 보조를 맞춰야 한다는 사실까지 까맣게 잊은 채 우리를—개인, 민족, 국가 혹은 내가 속한 집단을—다른 모든 것보다 우선에 두는 것이다. 그리고 이것은 결국 인간성을 말살하고 다른 집단을 억압하는 것으로 귀결된다.

인간의 반항심 이면에는 불신과 불안이 자리한다. 인간은 하나님이 신실하신 분이라는 사실을 믿지 못한다. 아담과 하와가 그랬던 것처럼, 우리는 하나님이 정말로 우리를 눈동자처럼 보살펴주고 있으신지에 대해 의심할 때가 많다. 또 하나님이 무언가를 금지하거나 알려주지 않으시는 것은 우리의 성장과 발전을 저해하는 것이라고 착각한다. 『실낙원』에서 사탄이 속삭였던 것처럼 말이다.

> 이 동산의 모든 것이 그들에게 허락된 것은 아니군.
> 오직 선악을 알게 한다는 나무가 운명적으로 저기에 서 있는데
> 먹지 말아야 한다니. 선과 악을 알면 안 되나?
> 정말 의심스럽고, 비논리적이네. 왜 그들의 하나님은
> 그들을 질투하지? 아는 것이 죄인가?
> 정말 죽을까? 그들을 지탱하는 것은
> 무지일 뿐일까? 그들의 행복,
> 그것이 순종과 믿음의 증거일까?

오, 이 진정 타당한 토대 위에 놓이는 것은
그들의 몰락이로구나![8]

앞서 샘 웰즈가 즉흥극에 대해 설명했듯이, 구원의 드라마는 하나님과 인간의 깊은 신뢰를 바탕으로 펼쳐진다. 무대 위에서 우리는 두려움과 불신이 아니라 하나님을 전적으로 믿고 의지함으로써 좀 더 자유롭게 자신이 맡은 역할을 충실히 이행할 수 있다. 즉흥극의 가장 큰 장점은 실수가 용납된다는 것이다. 한 배우가 돌발적인 상황을 만든다 하더라도 창의적인 방법으로 그 상황을 극복해나갈 수 있다. 물론 이것은 서로 간의 깊은 신뢰가 바탕이 되었을 때만 가능한 일이다. 이는 성경에 기록된 수많은 이야기를 통해 드러난다. 하나님은 인간의 반항으로 야기된 최악의 상황을 그대로 방치하지 않으시고 엉클어진 매듭을 인간과 함께 풀면서 엉망이 된 상황을 정리하신다.

악에서 선을 구별하려는 인간의 몸부림

하나님의 화해 사역이 천천히 일어나는 두 번째 이유는 **악에서 선을 구별하려는 인간의 몸부림**에 있다. 우리가 화해의 드라마에서 성실히 그 역할을 수행하려 할 때도 가끔 우리는 무엇이 옳은 행동인지를 확신할 수 없을 때가 많다. 신학자 존 하워드 요더John Howard Yoder는 인간이 타락 이후에 하나님의 창조 세계에서 어떤 부분이 하나님의 선함을 나타내고 또 그렇지 않은지를 구별할 수 없게 되었다고 주장한다.

그의 말에 따르면 "물론 우리는 하나님의 선한 창조에 다가갈 수 있다." 하지만 우리는 "왜곡되거나 하나님의 뜻에 반하는 것에서" 하나님이 창조하신 선을 발견하고 구별할 만한 "온전한 인지력"을 갖고 있지 못하다.[9]

우리는 얼마든지 우리 자신을 기만할 수 있다. 타락 이후 인간은 도덕적 분별력을 잃어버렸다. 우리는 무엇이 선이고 악인지를 명쾌하게 구별할 수 없다. 다만 자기 자신의 문제에서 벗어나 이웃에 대해, 나아가 다른 피조물에 대해 고민하는 가운데, "예수님이라면 어떻게 하셨을까"를 생각하며 답을 찾으려는 노력을 통해 분별력이 조금씩 향상되고 있을 뿐이다. 우리에게 분별의 능력이 전혀 없는 것은 아니지만, 그렇다손 치더라도 인간이 선과 악을 완벽하게 구별하는 분별력을 가졌다고 말할 수는 없다.

하나님이 우리와 함께 일하기 원하시는 이유는 우리가 선악을 구별하는 능력을 보유해서가 아니다. 오히려 우리는 무지하고, 하나님을 믿지 못할 때가 더 많으며, 하나님의 역사 앞에서 두려움을 느끼고 그 뜻에 불순종하기가 쉽다. 이렇게 우리가 불완전한 존재이기에 하나님의 화해 역사가 더디 일어나는 것이다. 소위 패스트처치, 즉 효율성과 편리함을 추구함으로써 교회의 빠른 성장을 도모하는 입장에서는 이런 불필요한 인간의 속성을 무시하거나 최소화해야 한다고 주장하겠지만, 하나님은 더디게 가더라도 부족한 인간과 함께 자신의 역사를 이루기 원한다고 말씀하신다.

화해의 사명과 하나님의 백성

하나님의 백성은 화목하게 하시는 하나님의 사역에서 핵심적인 역할을 맡고 있다. 서구 문화에 팽배하게 퍼져 있는 개인주의의 영향으로 인해 하나님의 백성으로서 공동체를 이루며 살아가라는 부르심은 낯설고 어색하며 진부하기까지 하다. 인간은 두려움과 편견, 중독과 잘못된 습관으로 자기 자신과 타인에게 해가 될 수밖에 없는 깨어진 존재다. 따라서 다른 사람의 삶에 말려드는 위험을 최소화하는 것이 (다른 사람들을 위해서라도!) 현실적이고, 편리하지 않은가 하는 생각이 들기도 한다. 하지만 우리가 아무리 서구의 개인주의에 찌들어 살아왔고 또 그런 식으로 성경을 해석하면서 신앙생활을 했다손 치더라도 하나님은 우리를 **공동체**로 부르셨다. 즉 하나님은 우리가 그리스도의 몸으로서 그리스도를 본받아 실제로 발 딛고 살아가는 그 지역의 이웃들과 함께 삶을 나누기 원하신다. 하나님의 백성은 일종의 시위 거점이 되어서 다른 사람들과 온 창조 세계에 하나님이 원하시는 바를 드러내야 한다.

로핑크는 『예수는 어떤 공동체를 원했나?』*Jesus and Community*(분도출판사 역간)와 『하나님은 교회가 필요하셨을까?』*Does God Need the Church?*에서 하나님의 백성이 화해의 사명을 위해 핵심적 역할을 감당해야 한다고 주장한다. 그렇다고 하나님의 백성이 다른 피조물이나 사람들보다 더 우월하다는 이야기는 아니다. 모든 인간이 다 하나님의 형상이고, 하나님은 모든 생명을 사랑하신다. 하지만 하나님은 타락한 인간을 구원하기 위해 특정 장소와 시간, 민족을 선택하셔서 화해의 사역을 시작하셨다. 하나님이 하시는 사역의 중심은 사람들을 모으는 데에 있었다. 그러한 하나님의 사역은 아브라함과 그의 후손을 하늘의 별과 바닷가의 모래처럼 번성하게 하겠다는 약속과 함께 시작되었다. 아브라함, 이삭, 야곱으로 이어지는 그의 자손들은 이집트의 노예로 지내다가 모세에 의해 해방되었다. 하나님은 이스라엘 백성에게 율법을 주셨다. 이것은 개인적 윤리나 교훈이 아니었다. 이것은 하나님의 백성이 주변 이방 민족의 포악하고 잔인한 삶과 구별된 거룩한 공동체로 살아가도록 하는 지침이었다. 이스라엘은 수 세기 동안 왕정 시대를 거치며 성장했고, 이스라엘 백성은 끊임없이 점령-유배-회복을 반복해서 경험해야 했다.

예수님은 다윗의 도시인 베들레헴에서 태어났다. 이곳은 이스라엘이 로마 제국의 지배를 받고 있던 누추한 곳이었다. 그러나 역설적이게도 바로 이런 후미진 뒷골목에서 예수님의 왕권이 확인된다. 일부 교회는 이스라엘 민족을 통해 이루어진 하나님의 사역을 부정하려는 잘못된 시도를 했다. 소위 "대체신학"supercessionism은 교회가 이스라엘을 대체했다는 주장으로, 예수님보다 앞선 하나님의 화해 역사를 인정하지 않았다. 하지만 이것은 명백한 오류다. 오래된 나무가 새로운 나무에 자리를 내어주기 위해 아주 잘려나간 것이 아니다. 사도 바울이 로마서 11:1-24에서 묘사했듯이, 이방인 그리스도인들은 이스라엘이라는 오래된 감람나무에 접붙임을 받은 것이다. 예수님의 화해 사역은 이스라엘 민족의 울타리 밖으로 뻗어 나가야 하지만 그 사실

이 이스라엘 백성 가운데 일어난 하나님의 역사를 부정한다고 이해하면 안 된다.[10]

예수님은 당시의 정치·종교 지도자들과 자주 충돌했지만, 그분 역시 1세기에 로마 제국의 지배를 받던 팔레스타인에서 살았던 한 명의 유대인이었다. 로핑크는 예수님의 사역이 열두 제자로 구성된 작은 공동체를 만들고 그들을 가르치는 것에 집중되어 있었다는 사실에 주목할 필요가 있다고 말한다. "12"라는 숫자에는 (구약) 이스라엘을 완성한다는 의미가 내포되어 있다. 예수님의 제자들은 모두 유대인이었지만, 그들의 삶의 배경은 매우 폭넓고 다양했다. 마태는 세리였고, 시몬은 열심당에 속한 혁명 운동가였다. 이 두 사람이 한 공간에 함께 있다는 것은 당시로써는 상상도 할 수 없는 일이었다. 이에 대해 로핑크는 다음과 같이 설명한다. "당시 이스라엘의 상황에 비추어볼 때, 세금을 걷어 로마에 바치는 사람과, 로마의 지배는 하나님의 뜻을 거역하는 것이므로 적극적으로 반대해야 한다고 주장하는 열심당에 속한 사람이 같은 그룹에 소속되어 있다는 상황 자체가 그들에게 상당한 압박이었다."[11]

제자들은 예수님에 의해 공동체로 부름을 받았다. 우리는 예수님과 제자들이 종교적인 의미—복음을 전하고 사탄을 쫓아내는 종교적 활동—뿐만이 아니라, 삶 전체를 함께하는 자들이었다는 사실을 잊어서는 안 된다. 그들은 먹고, 마시고, 걷고, 여행하는 등 모든 일상을 함께했다. 그리하여 이런 평범한 일상까지도 종교적으로 중요한 의미를 지닌다.

오순절 이후 제자들이 사방으로 흩어져 하나님의 사역을 일으키면서부터 이스라엘이라고 하는 경계선을 넘기 시작했다. 이스라엘의 경계를 넘어서 하나님의 모든 백성을 불러 모으시는 주님의 역사가 시작된 것이다. 이것은 이스라엘뿐만 아니라 모든 민족에게, 메시아를 통한 선택된 백성의 축복이 내려졌음을 의미했다. 그리고 이것이 하나님이 이 땅에서 일하시는 방식이다. 즉 하나님은 이스라엘 민족을 하나님 앞으로 부르시고, 그리스도의 사역을 통해 열두 제자를 세워서 이들을 통해 이방인과 유대인 모두에게 복음이 뻗어 나가는 방식을 사용하셨다. "교회는 이전의 모든 백성을 대신해서 하나님께 새로이 선택된 백성이 아니다. 오히려 교회는 **이스라엘**이다. 종말론적인 이스라엘의 시작과 성장의 중심으로 교회를 세우신 것이다. 교회는 예수님이 세우신 공동체가 부활 후에도 이어진 것으로 이해되어야 한다."[12] 더욱이 에스겔의 마른 뼈 골짜기의 환상을 주의 깊게 살펴보면, 우리는 개인적인 차원에서뿐 아니라 "이스라엘 온 족속"에 해당하는 자들로서 그리스도 안에서 죽고 부활한다는 사실을 발견할 수 있다(겔 37:11).

온전한 기쁨

예수님의 부활은 죽음의 공포를 이기게 해준다. "사망아 너의 승리가 어디 있느냐, 사망아 네가 쏘는 것이 어디 있느냐"(고전 15:55). 신약성경에서 하나님의 백성은 그리스도의 몸으로 부활한 사람들이다. 하나님이 창조를 통해 이루고자 하셨던 샬롬을 예수님이 몸소 구현하신 것처럼, 교회의 역할은 하나님의 샬롬을 이 땅에 온전히 실현해가는 것이다.

교회를 의미하는 헬라어 에클레시아*ekklesia*의 어원은 "불러내다"라는 뜻을 지닌 동사다. 우리는 죄에 갇힌 삶으로부터 풍요롭고 온전한 하나님의 새로운 창조물로 부름을 받은 사람들이다. 사도 바울은 고린도 교회에 이런 메시지를 보냈다. "누구든지 그리스도 안에 있으면 새로운 피조물이라. 이전 것은 지나갔으니 보라 새것이 되었도다"(고후 5:17). 그리스도 안에서 영생한다는 의미는 단순히 시간적으로 영원하다는 것만이 아니라 질적으로도 한계가 없는 삶을 산다는 것을 의미한다. 로핑크는 이렇게 설명했다.

> 형제와 자매를 사랑하는 자는 이미 사망에서 생명으로 옮겨졌다(요일 3:14). 사망과 생명의 경계는 단순히 육체적 죽음의 유무에 있지 않다. 왜냐하면 세례를 통해 이미 옛것은 죽었기 때문이다. [사도행전 2장에서] 누가는 이런 종말론적 인식을 "기쁨" 혹은 "승리의 기쁨"으로 표현했다. 함께 떡을 나누는 교회는 종말론적 기쁨을 경험하는 것이다.[13]

그리스도 안에서 다시 태어난 그리스도인의 가장 큰 특징은 삶에서 기쁨을 누린다는 점이다. 사도행전에 잘 묘사되어 있듯이 초기 기독교 공동체의 기쁨이 충만한 삶이야말로 많은 이방인의 마음을 움직인 가장 큰 무기였다. 그리고 이것이 오늘날에도 교회가 사회에 보여주어야 할 가장 큰 삶의 덕목이다(행 2:42-47). 복음은 기쁨의 소식이다. 그것은 지금 이 순간에도 또 앞으로도 영원히 우리에게 엄청난 기쁨의 소식이다.

복음의 기쁨이 사람들을 끌어들일 수밖에 없다는 것을 "교회성장론"이나 소위 "유명한 교회 만들기 전략"으로 생각한다면 큰 오산이다. 마이클 프로스트Michael Frost와 앨런 허쉬Alan Hirsch는 매력적인 교회란 "선교적 차원에서 기독교 공동체가 믿지 않는 사람들에게 좋은 영향력을 끼칠 수 있는 프로그램, 봉사, 모임 등의 건전한 생산 활동을 하는 공동체"라고 기술한다.[14] 그러나 불행하게도 95%에 가까운 서구 교회는 "성스러운 공간인 우리 교회에 와서 말씀 좀 듣고 가라"는 자기중심적 선교 방식에서 크게 벗어나 있지 않다. 좋은 교회는 효율적인 면에서 우수한 교회가 아니다. 오히려 흩어지는 교회, 찾아가는 교회가 좋은 교회다. 그리스도의 몸으로서 사회 저변으로 스며들어 부족한 부분을 채우는 것이 프로스트와 허쉬가 말하는 진정한 의미에서의 "매력적인" 교회다.[15]

슬로처치가 지향하는 교회의 방향은 교회 건물 안으로 사람들을 불러 모으는 것이 아니다. 오히려 내 주위의 형제와 자매와 이웃, 심지어 나의 원수까지 사랑하는 그리스도의 몸 된 자로서의 삶을 일구어가야 한다. 우리가 온전히 그리스도의 사랑을 구현할 때, 우리 삶에는 기쁨이 넘치고 사람들은 그리스도께 더 가까이 나아갈 것이다. 프로스트와 허쉬에 따르면, 교회의 위계적·이분법적 사고방식으로는 그리스도의 사랑을 표현할 수 없다. 편을 나누듯이 "경계"를 정하고

"너는 우리 편" 혹은 "너는 반대편 사람"이라는 식의 사고방식이 교회를 지배하는 정서가 되어서는 안 된다. 사람들은 우리와 그들을 나눌 수 있는 견고하고 확실한 울타리가 있어야 한다고 믿는다. 로버트 프로스트Robert Frost의 시 "담장 고치기"Mending Wall가 말하는 "담장을 잘 쌓아야 좋은 이웃이 된다"는 식으로, 사람을 대할 때 내 울타리 안에 있는 사람과 그렇지 않은 사람으로 나누어 생각한다는 개념에 나는 절대 동의할 수 없다.

담을 쌓기 전에 난 알고 있었지.
담장을 쌓아서 무엇을 넣고 무엇을 내보내야 하는지.
그리고 내가 누구의 감정을 해치게 될 것인지를.
담장을 좋아하지 않는 무엇인가가
담장을 무너뜨리고 싶어 한다![16]

내가 쌓은 담과 경계선의 안 아니면 밖에 있다는 식으로, 사람과 사람 사이에 보이지 않는 벽을 만들어서는 안 된다. 그리스도의 몸 된 교회는 안과 밖이라는 경계를 허물고 그리스도의 사랑으로 하나를 만드는 "구심점"이 되어야 한다. 사람들을 "내 편 혹은 네 편", "교회 안 혹은 밖"의 사람으로 보는 것이 아니라, 그리스도를 중심으로 하여 그곳에 가까운 사람과 아직 그렇지 못한 사람으로 보아야 한다. 그렇게 하면 세상의 모든 피조물이 전부 그리스도의 사랑 "안에" 존재한다는 사실을 깨달을 수 있다. 그 사랑 안에서는 누구도 소외되지 않는다. 물론 그리스도에게 좀 더 가까이 있는 사람과 조금 멀리 떨어져 있는 사람이 있긴 하겠지만, 넓은 의미에서 보면 잠재적으로는 같은 공동체에 속해 있는 것이다.

웬델 베리의 단편 소설에 나오는 벌리 콜터라는 인물은 이렇게 말한다. "우리는 서로에게 의미 있는 연결 고리로서 존재합니다. 인간을 포함한 모든 생명은 그렇게 존재합니다. 누군가는 그것을 인식하고 있고, 또 다른 누군가는 그것을 인식하지 못할 뿐이죠. 그러나 우리 모두가 하나의 생명 공동체의 구성원이라는 사실에는 변함이 없습니다."[17] 이 개념을 앞서 언급했던 연극 비유를 염두에 두고 다시 생각해보자. 모든 사람은 함께 연극을 만드는 배우다. 그것을 인식하는 사람들도 있고, 그렇지 못한 사람들도 있다. 함께 만들어가는 창조의 드라마를 인식하는 사람들은 사소한 역할에도 최선을 다한다. 그리고 천천히 그 지경을 넓혀가면서 점차로 많은 사람의 신뢰를 받게 된다. 또 이것은 다른 사람들이 자신의 역할을 충실하게 수행하는 데 좋은 영향을 준다.

슬로처치의 가장 중요한 비전은 하나님의 백성들이 화해의 사역을 잘 감당할 수 있도록 돕고, 모든 피조물이 각자가 부름받은 자리에서 함께 성장함으로써 샬롬의 기쁨을 온전히 누리게 하는 데 있다. 이제부터 본격적으로 믿음의 공동체가 뿌리내리고 있는 서로 다른 현장에서 하나님이 우리에게 주신 사명, 즉 모든 창조 세계와의 화해를 실현할 수 있는 슬로처치의 윤리·생태·경제에 관한 이야기를 시작해보도록 하자.

대 화 의 출 발

1. 하나님이 쓰신 대본(이야기)이라는 관점에서 우리가 받은 구원을 이해할 때, 하나님이 한 사람, 한 사람의 구원 이야기를 어떻게 써오셨는지를 나눠보자. 또한 현재 내가 속한 교회는 어떤 구원의 이야기를 공유하고 있는지 이야기해보자.

2. 하나님이 어떤 분이시라고 생각하는가? 하나님에 대한 그런 관점이 교회 공동체를 바라볼 때 어떤 식으로 영향을 끼칠지 나눠보자.

3. 오순절 성령 강림 직후, 교회가 자신들이 누리는 "기쁨"을 통해서 교회됨을 드러냈다고 한다면, 오늘날 교회는 세상을 향해 자신의 정체성을 어떻게 드러내고 있다고 생각하는가?

4. 이 책의 저자들은 세상을 교회로 불러들이려고 하지 말고, 교회가 세상을 향해 나가야 한다고 말한다. 자신이 속한 교회는 세상을 향해서 어떻게 나가고 있는지 구체적인 사례를 들어 이야기해보자.

5. 사람들을 그들의 신분이나 소유나 지식의 유무로 판단하지 않고 그리스도를 중심에 두고 바라본다는 것은 무슨 의미이며, 이것이 오늘 한국교회에 던지는 도전은 무엇이라고 생각하는가?

I

첫 번째 코스

윤 리

2장 테루아르: 맛보아 알지어다

"정해진 영역 안에 살라. 그리고 하나만 바라라.
아니면 몇 가지만을 진실로 사랑하고 아끼라.
그것에 끈질기게 매달려 모든 측면을 살펴보라.
그것의 사람이 되라—이것이 바로 시인,
예술가, 인간을 만든다."

_ 괴테J. W. Goethe

나John는 미국 중서부 지역에서 자랐다. 아버지의 직업 때문에 우리 가족은 자주 이사를 해야만 했다. 여기저기 옮겨 다니는 삶에는 이골이 나 있던 나로서도 고등학교 1학년 때 했던 이사는 정말로 힘들었다. 그때 우리 가족은 캔자스 주에서 네브래스카 주로 옮겨 갔다. 아주 조그만 전원풍의 마을에서 바쁘게 움직이는 대도시 링컨Lincoln으로 이사한 것이다. 새로 전학 간 학교에서 나는 친구를 사귀려고 무던히 애를 썼으며, 주어진 일을 성실히 해내려고 모범적인 생활을 했다. 그러나 돌이켜보면 어떤 것에 진심으로 관심을 기울이거나 무언가를 꿈꾸는 삶이 아니라, 단지 환경에 따라 보호색을 바꾸는 카멜레온처럼 살았다는 생각이 든다. 당시 나는 크게 튀지 않으면서 주변과 적절히 섞인 채 다른 사람을 따라다닐 뿐이었다.

완전히 존재감을 잃어가는 나를 구원해준 것은 바로 교회였다. 우리 가족이 "고향"이라고 부르게 된 그 교회는 매주 약 1,000명 가까운 성도가 출석하는 아주 큰 교회였지만, 우리 가족 모두가 그곳에서 편안함을 맛볼 수 있었다. 우리 가족은 매 주일 아침마다 그리고 주 중에도 최소 두 번은 왕복 50분 거리에 위치한 교회에 가기 위해 큰 승합차에 올라탔다. 그리고 교회가 위치한 교외 지역으로 차를 몰았다. 부모님은 소그룹 활동에 참여하셨고, 우리 다섯 형제는 어와나Awana라는 이름의 청소년부에 참여했는데, 이 청소년부는 교회 농구 대회와도 관련이 있었다. 나는 첫 여자친구를 거기에서 만났고, 그때부터 지금까지 17년간 우정을 이어온 가장 절친한 친구도 그 교회에서 만났다. 고등학생 때는 중등부를 도와주는 봉사를 했는데 정말 행복했다. 내가 페이스북을 하는 단 한 가지 이유는 그때 만났던 동생들과 연락을 이어가기 위함이다. 지금은 30대가 되어 대부분 결혼도 하고 아이들도 키우는 그 친구들과 계속 연락하면서 삶을 나누면 좋겠다.

이렇게 나의 교회 생활을 털어놓은 이유는 이제부터 교회를 향한 쓴소리를 하고자 함이다. 나는 교회 생활을 통해 기쁨을 만끽하고 살았다. 오늘날의 나를 만들어준 것이 교회라고 해도 틀린 말이 아닐 것이다. 하지만 교회를 아끼고 사랑하기 때문에 교회의 안타까운 현실을 이야기할 수밖에 없다.

링컨에는 네브래스카 대학교가 있다. 그 대학교에 다니는 많은 학생이 우리 교회에 출석했고, 나 역시 고등학교를 졸업하자마자 대학부에서 활동했다. 나는 대학부를 출석하면서 어느 순간 우리 교회가 시카고 근교에 있는 윌로우크릭Willow Creek 교회를 모방하고 있다는 사실을 알게 되었다. 윌로우크릭 교회는 주일에 평균 2만 4,000여 명이 출석하는 초대형 교회였다. 그 교회는 다양한 복합명사를 만들어 내는 것으로도 유명했는데 구도자 중심, 목적 중심, 프로그램 중심 등의 신조어로 교회 성장을 설명했다. 윌로우크릭 교회가 정의하는 교회 생활이란 비즈니스적인 관점에서 크게 벗어나 있지 않았다. 사실 그 교회의 목회자실 입구에는 "당신은 어떤 비즈니스를 하고 있습니까? 당신의 주 고객층은 누구입니까? 당신의 고객이 가장 우선시하는 것은 무엇입니까?"라고 묻는 포스터가 걸려 있었다.[1]

그러나 2007년 윌로우크릭 교회는 대단히 겸손하고 의미 있는 시도를 강행했다. 수년에 걸쳐 다각도로 연구한 교회 성장 이론과 관련한 자료를 발표한 것이다. 그들은 자신들이 전매특허처럼 여겼던 교회 성장 전략이—그래서 어떤 경우 수백만 달러를 투자했던 프로그램들이—실효성을 제대로 발휘하지 못하고 있다고 솔직히 고백하면서, 지금까지 출석률을 높이는 데 힘써왔지만 이것이 그들의 영적 성장과는 큰 연관성이 없었다고 발표했다. 그럼에도 불구하고 내가 1990년대 말에 다녔던 그 교회는 윌로우크릭 모델을 그대로 베끼기에 급급했다. 그 교회의 대학부 역시 자신들의 상황을 생각하지도 않고 윌로우크릭 교회에서 사용하는 커리큘럼과 프로그램을 답습하기 바빴다. 더 많은 젊은이가 교회에 와서 예수님을 알게 되는 것이 무조건 칭찬받을 일이라고 생각했던 것이다. 내가 보기에는 아마도 또 하나의 윌로우크릭 교회 같은 기적이 우리 교회에서도 일어나길 바랐던 것 같다. 당시 나는 교회의 이런 시도를 보면서 알 수 없는 **이질감**을 느꼈다. 뭐라고 딱 꼬집어서 확실하게 말할 수는 없었지만 그럼에도 "이건 아닌 것 같은데"라는 생각이 들었다.

어느 날 나는 "전국 그리스도인 연합 토론회"에 초대를 받았다. 그 행사의 초대 손님 중 우리 교회를 담당한 사람은 유명 작가이자 성경교사인 위어스비Warren Wiersbe 박사였다. 토론회가 끝날 때쯤 위어스비 박사는 친구와 내가 앉아 있던 테이블로 왔다. 그는 토론이 잘되어가는지, 대학부 운영에 대한 내 생각은 어떤지를 물었다. 나는 우리 교회가 윌로우크릭 교회를 단순히 모방하고 있는 현실이 불편하다고 말했다. 그러자 위어스비 박사는 내가 평생 잊지 못할 중요한 말이자 슬로처치의 근원이 된 메시지를 던져주었다. "이것 하나만 기억하세요. 하나님의 복은 절대로 프랜차이즈 형태로 받을 수 없습니다."

그 지역의 향미

하나님 나라는 프랜차이즈 형태로 임하지 않는다. 물론 하나님 나라의 몇 가지 특징은 재현될 수 있다. 악한 세력이 쫓겨나가고 병든 사람들이 치유되며 차별의 벽이 허물어진다. 이는 가난한 사람들을 향한 좋은 소식이다. 그러나 예수님이 마가복음 2장에서 새 술과 낡은

가죽 부대를 묘사하신 것에서 알 수 있듯이 복음은 기존의 패러다임을 해체한다. 또 하나님 나라가 누룩 혹은 겨자씨와 같다고 설명하신 것을 통해서 우리는 그 성장이 유기체적이며 대체로 맨눈으로 볼 수 없는 매우 신비한 것임을 깨달을 수 있다.

사도행전 8장에서 마술을 행하던 시몬은 돈을 주고 성령 임재 프랜차이즈 사업을 하려다가 베드로에게 호된 꾸지람을 듣는다. 우리는 누군가가 그 옛날 시몬처럼 돈을 주고 교회 안에서 권능과 영향력을 행사하려는 죄를 짓고 있다고 잘 생각하지 못한다. 그러면서도 하나님 나라는 돈으로 사고팔 수 있는 무엇이 아니라고 강하게 확신한다. 그러나 성장 운동에 매진하는 교회들을 위시한 수많은 교회는 기독교를 "잘 포장하고 전시해서 판매할 수 있는 상품"으로 전락시킬 가능성이 농후하다.

맥도날드나 버거킹 같은 패스트푸드점은 본질적으로 영양이 아니라 열량을 채우는 주유소다. 여기서 파는 음식들은 기름과 설탕 함유량이 많다 보니 낮은 가격에 높은 열량을 제공한다.[2] 패스트푸드 매장에서는 음식을 여유 있게 즐기는 일이 거의 불가능하다. 기계적인 절차에 따라 손님이 먹고 나가면 또 다른 사람들이 와서 배를 채우는 식이다. 차를 탄 상태에서 음식을 주문하고 받는 드라이브스루drive-through 매장은 고객의 체감 시간을 줄이기 위해 자동 인사말을 도입하고, 심지어 고객 지원 서비스는 해외 외주 업체가 담당한다. 그리고 모든 맥도날드 매장은 편안함을 느끼지 못하도록 설계된다. 식탁 배치, 조명, 인테리어 색상은 모두 사람들이 그곳에서 시간을 죽이지 못하도록 고안된다.

오늘날의 교회도 맥도날드와 비슷해졌다. 사람들은 주일날 잠깐 교회에 와서 영혼의 양식을 공급받고는 다시 다람쥐 쳇바퀴 도는 삶으로 돌아가는 일을 반복한다. 교회는 영적 상품을 만들어 파는 일종의 조제실이 되어버렸다. 교회는 이런 영적 상품을 팔기 위해 성도의 삶을 영적인 것과 비영적인 것으로 나눠버렸다. 슬로처치는 영적인 것과 영적이지 않은 것을 구분하는 교회의 패러다임을 철폐하려 한다. 십자가의 진리는 우리 삶의 모든 영역에 녹아 있어야 한다. 세상은 타락했으나 하나님은 그 세상을 다시 구원하기로 선택하셨다. 하나님은 곳곳에서 그분의 백성들을 모아 당신의 선한 뜻을 이루시고 당신의 사명인 샬롬*shalom*을 구현하는 방식으로 세상을 다시 회복시키신다. 이런 하나님의 구원을 생각할 때 우리의 삶을 이분법적으로 나눌 수 없음은 더욱 명확해진다.

슬로처치를 이해하는 열쇠 중 하나는 17세기 프랑스 관용구인 "구드 테루아르"le goût de terroir에서 발견된다. 이는 "그 지역의 향미香味"라고 번역할 수 있다. 슬로푸드의 창시자 중 한 명인 페트리니는 테루아르에 대해 종종 이렇게 말한다. "자연의 요소(땅, 물, 경사지, 해발 고도, 식물, 특정 지역의 기후)와 사람이 만든 것(전통, 문화, 관례)이 결합하면 각 지역의 농촌은 물론 거기에서 재배되고 만들어지는 음식에 독특한 특성을 부여한다."[3] 윌래멋밸리에서 생산한 피놋느와르 포도주는 그 지역만의 독특한 포도 질감과 땅의 기운, 술통과 늦서리의 영향으로 다른 지역의 포도주와는 완전히 다른 맛을 낸다. 마찬가지로 슬로처치는 지역의 고유한 맛과 향을 담아내는 믿음의 공동체를 지향한다. 자연, 문화와 풍습, 그리고 영적 수련의 방식들이 만들어낸 그 교회만의 독특한 풍미를 내야 한다는 것이다. 전 세계 교회는 그리스도의 한 몸이지만 각 교회는 해당 지역에 어울리는 방법으로 그리스도의 몸 됨을 드러내야 한다. "그 말씀이 살과 피가 되어 우리가 사는 곳neighborhood에 오셨다"(요 1:14, 메시지 성경).

교회가 자신이 자리한 지역을 사랑하고 또 하나님이 그곳에 허락하신 많은 선물에 감사하다 보면, 교회는 그 지역의 삶을 풍성하게 하는 중요한 촉매제가 된다. 교회가 지역의 공동 이익을 추구하면 그곳의 문화와 경제가 살아나는 것이다. 슬로처치는 교회의 양적 성장보다는 질적 성장을 우선하고, 자기 교회의 성도만큼이나 지역 주민을 함께 생각하는 방향으로 나아가야 한다.

앨런 록스버그Alan Roxburgh는 『선교: 사는 곳에서 하나님과 함께하기』*Missional: Joining God in the Neighborhood*라는 책에서 우리가 하나님을 알려면 "이웃들의 일상적인 삶으로, 우리가 자리 잡은 지역 사회와 공동체로 들어가야 한다"라고 말한다.[4]

> 우리가 사는 마을에서 이웃들과 인격적으로 만날 수 있는 현장 중심적이고 특별한 방식들이 회복되어야 한다. 내 생각에 그 회복이란 그들과 함께 생활하고, 함께 일하고, 그 지역 사람들과 한 밥상에 앉아 함께 먹는 것과 관계가 있다. 그들은 그저 말씀을 획 던져놓고 지나가 버리는 것이 아니라 개인적으로 관계를 맺어주기를 바란다.[5]

우리 모두는 보이지 않는 끈으로 묶여 있는 운명 공동체다. 그러나 빠른 속도를 우선시하는 문화는 마치 원심분리기처럼 우리를 양쪽 끝으로 밀어내려고 한다. 이런 소외를 극복해가기 위해서는 한 걸음 다가서서 정주定住하는 훈련을 하며 쉽게 공유할 수 있는 전통을 개발해야 한다. 이는 공동체를 위해 새롭고 공유할 만한 이야기를 만들어가는 방법으로서, 시간을 초월해 우리를 우주적 교회와 연결하고 하나님 나라를 예시하는 방법이다. 우리는 지역 공동체와의 연대를 통해 교회 "안"에 있는 사람들뿐만 아니라 교회가 위치한 지역의 모든 사람이 하나의 운명 공동체라는 사실을 깨달아야 한다. 예언자 예레미야는 바벨론에 잡혀간 이스라엘 백성에게 보낸 편지에서 다음과 같이 말했다. "너희는 내가 사로잡혀 가게 한 그 성읍의 평안을 구하고 그를 위하여 여호와께 기도하라. 이는 그 성읍이 평안함으로 너희도 평안할 것임이라"(렘 29:7).

10여 년 전 브루스 윌킨슨Bruce Wilkinson이 쓴 『야베스의 기도』*The Prayer of Jabez*(디모데 역간)는 역대상에 나오는 야베스의 이야기에 근거를 두고 있다. "주께서 내게 복을 주시려거든 나의 지역을 넓히시고 주의 손으로 나를 도우사 나로 환난을 벗어나 내게 근심이 없게 하옵소서"(대상 4:10). 윌킨슨은 독자들에게 30일 동안 야베스의 기도를 따라 하라고 권유한다. 그렇게 하면 삶에 중요한 변화가 분명히 일어나리라는 것이었다. 이 책은 수천만 권이 팔려나갔고 그 기세에 힘입어 『야베스의 기도 저널』, 『야베스의 기도-헌신자용』, 『야베스의 기도-성경 공부』, 『야베스의 기도-여성용』, 『야베스의 기도-어린이용』

등의 후속작이 출간되었다. 또 그와 관련된 찬양이 만들어지기도 했다. 그러나 이 책은 번영 신학의 잘못된 약속에 거의 근접했다는 강력한 비판을 받아왔다. 그런데 이런 (정당한) 비판의 홍수 속에서도 소비지상주의와 경제적 제국주의, 또 마틴 루터 킹Martin Luther King Jr.이 "거대주의"Jumboism라고 부른 현상에 대한 예리한 비판은 찾아보기 어렵다. 희생의 길을 걸어가신 예수님은 우리에게 거대주의를 거부하라고 분명하게 요청하신다. 패리쉬컬렉티브Parish Collective의 공동 설립자인 폴 스팍스Paul Sparks의 조언대로, 우리는 "뒤집어진 야베스의 기도"를 해야 한다.

하나님,
우리의 지경을 줄이시고
우리의 삶의 반경을 좁히셔서
우리의 존재가 진정 모든 이에게 축복이 되게 하소서.[6]

교회성장운동

슬로처치는 사람들이 있는 곳이라면 어디든 존재할 수 있다. 꼭 예배당 건물이 필요하지도 않다. 사람들이 함께 살면서 일하고 예배하며, 학교에 다니고, 먹고, 성장하고 배우며, 치유하고 즐겁게 노는 곳에 슬로처치가 세워질 수 있다. 이와는 반대로 교회 성장이 핵심 목표인 교회는 교회가 자리한 지역의 안위 따위에는 크게 신경 쓰지 않는다.

그런 교회들은 오히려 사회학이나 행동과학을 적용하여 특정 사회계층에게 얼마나 매력적으로 다가갈 수 있는지를 주로 연구한다. 따라서 이런 교회는 성장방법론, 공식, 수량화된 결과를 중요하게 취급한다. 대형 교회나 구도자 중심 교회들의 참여로 인해 교회성장운동의 영향력은 막대해졌다. 심지어 교회 성장을 전면에 내세우지 않는 중소 교회들도 그 영향에서 벗어날 수 없는 형세다. 이것이 바로 여기서 잠시 교회성장운동의 개괄적 흐름을 살펴봐야 하는 중요한 이유다.

교회성장운동의 대부는 도날드 맥가브란Donald McGavran이다. 그는 인도에서 3대째 선교 사역을 감당한 기독교 집안에서 1897년에 태어났다. 맥가브란은 예사롭지 않은 인물이었다. 그는 히말라야를 등반했고 유행성 콜레라를 박멸했으며 들짐승들과 싸워서 이긴 적도 있었다. 또한 예일과 콜럼비아 대학교를 졸업했으며 세 가지 언어를 능통하게 구사했다고 한다.[7]

1930년대에는 인도선교사연합회에서 사무국장 및 회계로 일하면서 선교사 80명과 병원, 학교, 나병 요양원 등을 관리하고 감독하는 일을 맡았다. 그가 보기에 선교 단체가 수십 수백만 달러의 돈을 투자하고 또 수많은 선교사가 몇십 년씩 수고하면서도 큰 성과를 내지 못하는 이유는 교회성장론의 부재에 있었다. 그는 "교회 성장과 관련 없는 모든 이론을 폐기하고, 많은 사람을 제자로 삼아 하나님의 백성을 늘릴 수 있는 생산적인 방법을 배우고 실천하는 것"에 자신의 인생을 걸어야겠다고 결심했다(맥가브란이 정의하는 **제자 삼기**란 우리가 말하는 전도를 말한다. 또 그가 말하는 영성 계발은 "양육"이었는데, 보통 말하는 제자 훈련과 같은 개념이다).[8] 교회 성장을 위해 그가 자신에게 던진 질문은 다음 네 가지다. 교회 성장의 원인은 무엇인가? 교회 성장을 가로막는 것은 무엇인가? 어떤 요인이 기독교 운동을 이끄는가? 모방할 만한 교회 성장의 원칙들은 어떤 것들인가?[9]

맥가브란은 항상 이 네 가지 질문을 염두에 두었다. 그리고 1955년에, 17년 동안 선교사 연합회 사무국장직을 수행하면서 깨달았던 원리들을 모아서 교회성장론에 관한 책을 출간했다. 이 책이 바로 교회성장운동의 대헌장이라 불리는 『하나님의 선교전략』*The Bridges of God: A Study in the Strategy of Missions*(한국장로교출판사 역간)이다. 그의 다른 책으로는 『어떻게 교회는 성장하는가』*How Churches Grow*, 1959와 대표 저서인 『교회성장이해』*Understanding Church Growth*, 1970(한국장로교출판사 역간)가 있다. 또 그는 1961년에 오리건 주 유진Eugene이라는 지역에 위치한 노스웨스트 기독교 대학에 교회성장연구소Institute of Church Growth를 설립했고, 그로부터 4년 뒤에는 풀러 신학교의 총장으로 임명돼 세계선교대학원을 개설했다. 그는 1981년에 퇴임해 92세로 숨을 거두기 직전인 1990년까지 강연과 집필 활동을 꾸준히 했다.

교회성장운동의 옹호자 개리 맥킨토시Gary McIntosh는 교회성장운동이 지난 60년 동안 수차례에 걸쳐 패러다임의 전환을 겪었다고 주장한다. 맥가브란은 주로 세계 선교에 중점을 둔 학문적 패러다임으로 교회 성장을 이해했다. 하지만 북미의 목회자들은 교회성장론을 자신들의 필요에 맞게 적용하면서 처음에는 사업적 패러다임을 적용했고 곧이어 상업적 패러다임을 접목하기 시작했다. 최근에는 릭 워렌Rick Warren의 『목적이 이끄는 삶』*The Purpose Driven Church*(디모데 역간)과 스티븐 매키아Stephen Macchia의 『건강한 교회를 만드는 10가지 비결』*Becoming a Healthy Church*(아가페출판사 역간)에서 드러나듯이, 교회성장론의 원칙들이 건강한 교회라는 패러다임으로 재해석되고 있다.

교회의 테크노크라시

맥가브란은 특별히 "족속운동"people movements에 관심을 가졌다. 어느 문화에서든 한 사람의 인생에서 중요한 사안들은 혼자 결정하지 않는다. 가족이나 종족이 공동체로서 중요한 일을 함께 결정한다. 그래서 맥가브란은 사람들을 회심시키는 전략으로 가족과 친지를 매개체로 사용하도록 권고했다. 그는 족속운동을 통해 교회가 양적으로나 질적으로 풍성해질 것이라고 믿었다. 그리고 다음과 같이 말했다. "처음부터 새로 알아가야 하는 서로 다른 배경의 회심자들을 함께 섞어 놓는 대신, 족속운동은 함께 일하고 함께 살아가는 익숙한 사람들을 모아 교회를 세우는 것이다."[10]

그런데 교회성장운동은 이런 이론에 뿌리를 두고 있었지만, 얼마 지나지 않아 지역 교회의 "테크노크라시"technocracy[11] 현상을 촉진하는 결과를 가져왔다. 교회도 강한 리더십, 위계적인 경영 방식, 강화된 전문성을 강조하고 마케팅 방식에 더욱 의존하며 과학적 방법을 적극적으로 도입한 것이다. 앞으로 살펴보겠지만 이는 새로운 종류의 구획화compartmentalization를 초래했다. 여기서 장황하게 교회성장운동의 단점을 전부 나열할 수는 없지만 현대 교회성장운동이 문제를 일으키는 세 가지 측면은 반드시 짚고 넘어가야 한다. 그 세 가지는 사회·문화적 동질성homogeneity에 대한 의존, 교회 생활에 대한 고정된 시야, 수량화 가능한 결과들에 대한 집중이다.

우선 **동질성**에 대해 이야기해보자. 맥가브란이 말하는 족속운동은 "동질집단원칙"에서 비롯된다. 그는 다음과 같이 기록했다. "사람들은 자신의 인종, 언어, 계급의 장벽을 뛰어넘으면서까지 그리스도인이 되고 싶어 하지는 않는다.…이것은 마치 모자이크처럼 서로 다른 색깔이 인접해 있으나 섞일 수 없는 것과 같다. 이 세상의 모든 사람은 유사한 배경을 가진 사람들끼리 그들만의 방식으로 살고 있기에 다른 문화나 생활 방식을 쉽게 수용할 수 없다."[12] 교회성장론 관련 문헌들은 "같은 부류의 사람들"our kind of people(맥가브란의 후계자로 불리는 피터 와그너C. Peter Wagner의 책 제목이기도 하다)에 대해 다루면서 복음 전파를 위한 "분리는 바람직한 목표"라고 주장한다.[13]

오늘날 교회 안에는 인종과 민족뿐 아니라 나이, 성별, 학력, 취미, 결혼이나 취업 여부, 자녀의 유무에 따라서 교회의 프로그램에 참여하는 사람들 간에 분명한 경계가 존재한다. 한마디로 끼리끼리 어울리는 것이다. 반대로 신약성경은 이런 동질성을 기초로 서로가 척을 지는 것을 경계하며 이질성이 하나님 나라의 특징이라고 말한다. 바울은 골로새서 3:10-11에서 이렇게 선언한다. "새 사람을 입었으니 이는 자기를 창조하신 이의 형상을 따라 지식에까지 새롭게 하심을 입은 자니라. 거기에는 헬라인이나 유대인이나 할례파나 무할례파나 야만인이나 스구디아인이나 종이나 자유인이 차별이 있을 수 없나니 오직 그리스도는 만유시요 만유 안에 계시니라."

슬로처치는 특정 지역에 오래 뿌리내리는 것을 지향하기에 이러한 동질성 집단 구성의 경향에서 완전히 자유로울 수는 없다. 그러나 신앙 공동체는 끼리끼리 뭉치는 것과 다른 문화를 받아들이지 못하는 것을 극복하기 위해 끊임없이 적극적으로 노력해야 한다. 이 지점에서 패리쉬컬렉티브가 제시하는 "뿌리내리고 연결된다"라는 말이 많은 도움이 된다. 그들의 비전은 교회와 선교적 공동체들, 그리고 신앙에 기초를 둔 여러 단체가 특정 지역에 **뿌리를 내리고** 다른 지역들과는 교구parish 개념으로 **연결되는** 것이다. 우리는 교외에 위치한 작은 교회가 도심에서 생겨난 사역 공동체와 함께하고, 신앙적 기반을 가진 시골의 예술가 단체가 외국인 노동자들로 구성된 교회와 협력하는 모습을 통해 하나님 나라의 핵심에 자리 잡은 다양성, 즉 조화를 이룬 다양성을 엿볼 수 있다.

물론 각 지역의 인구 구성은 바뀌기 마련이다. 그럴 때 교회들은 교회가 자기 구역에서 사람들을 위해 어떤 역할을 해야 하는지를 재확인하는 기회로 삼아야 한다.

다음으로 **선교 거점**mission station에 대해서 살펴보자. 맥가브란은 초기에 해외 선교에서의 "선교 거점" 전략에 대해 상당히 비판적이었다. 그가 보기에 그것은 식민주의의 살아 있는 유물이었다. 백인 선교사들은 새로운 지역에 들어가 병원, 고아원, 학교와 같은 선교 거점을 세웠다. 그러나 그런 거점들은 대개 현지 문화 및 생활과는 구별된 것으로서 선교사들은 자신들이 전도할 사람들과 떨어져 지내야 했다. 게다가 개종한 사람들은 본의 아니게 서구화의 압력에 시달렸다. 맥가브란은 이것이 교회 성장을 더디게 하는 원인이라고 생각했다. 개종한 사람들은 자신들의 가족들과 분리된 채 새로운 방식, 즉 예배하는 방식, 옷을 입는 방식, 문화적·윤리적 결정을 내리는 전혀 다른 방식들을 억지로 꾸역꾸역 받아들여야 했기 때문이다. 선교사들은 원주민을 문화적으로 완벽하게 다른 사람으로 만들기 위해 너무 많은 시간과 에너지를 낭비하게 되고 이것은 결국 교회 성장을 가로막는다. 맥가브란은 "선교 거점이란 사람들을 제자로 만들기 위한 수단임에도 불구하고 그 자체가 목적이 되어버렸다"라며 강도 높게 비판했다.[14]

아이러니한 것은 맥가브란이 이렇게까지 강도 높게 비판했던 선교 거점이 교회성장운동을 추구하는 교회들의 모습과 닮았다는 사실이다. 그 교회들은 적대적인 이방인의 땅인 이 세상에 자리 잡은 그리스도인의 식민지 혹은 피난처다. 교회들은 그 자체가 목적이 되어 종종 엄청난 돈과 시간과 정력을, "적절히 섞인 사역"—새로 만든 큰 건물, 세련된 설교, 감동적인 예배, 넓은 주차장, 탁월한 프로그램과 활기찬 소그룹 활동—을 찾아 교인을 늘리는 데 쏟아붓는다.[15] 이런 교회의 성도는 교회 리더십과 문화가 주도면밀하게 규정하는 전형적인 그리스도인의 모습을 따라야 한다는 집요한 압박감에 시달린다. 이런 교회들은 대부분 "와서 보라"는 식의 정서를 가지고 있다. 이들은 이웃에게 다가가는 선교에 힘쓰는 것이 아니라 사방이 벽으로 둘러싸인 성전에서 지내는 것이 교회 생활이라고 생각한다.

마지막으로 **신자 수**Countable People에 대해서 살펴보자. 맥가브란은 『교회성장이해』에서 양적 성장이 우리 노력의 성공 여부를 판가름하는 기준의 핵심이라고 말한다. 그는 다음과 같이 기록했다. "예수 그리스도, 우리 주께서 잃어버린 양을 구하러 이 땅에 오셨습니다. 잃어버린 양은 사람을 의미합니다. 그리고 사람은 숫자로 셀 수 있습니다." 그는 또 다음과 같이 말했다.

> 양적 접근법이야말로 교회성장이해에서 본질적인 위치를 차지한다. 교회는 숫자로 셀 수 있는 사람들의 모임이다. 그들을 수량화하지 않는 방식이 특별히 영적인 것도 아니다.
>
> 인간의 가치 있는 노력을 평가할 때마다 양적 접근법이 사용된다.[16]

그러나 교회 성장을 논하면서 양적 결과를 강조할 때 발생하는 심각한 문제점 하나는, 그것이 너무 실용적인 측면만을 염두에 두다 보니 사람들이 땅 끝까지 "가서 제자를 삼는 것"이 아니라 성공을 거둘 가능성이 있는 장소에서만 사역과 선교를 시작하려 한다는 것이다. 사실 안타깝게도 이것이 교회성장운동의 한 가지 원칙이 되어버렸다.

맥가브란과 와그너는 잃어버린 양에 대한 예수님의 비유를 교회가 수적으로 빠르게 성장해야 한다는 자신들의 이론을 뒷받침하는 것으로 이해했다. 그들은 "양이 있지도 않은 험한 산골짜기를 자세히 들여다보느라" 교회가 너무 많은 시간을 낭비한다고 비판했다. 하지만

나는 잃어버린 양의 비유가 그들이 말하는 것과는 완전히 다른 의미를 내포한다고 생각한다. 대개 하나님은 앞의 인용문에서 언급된 "인간의 가치 있는 노력"을 평가하는 기준, 즉 양적 접근법을 사용하지 않으신다. 잃어버린 양의 비유가 기록된 누가복음 15장에 등장하는 당시의 종교 엘리트들은 예수님이 자신들과 "같은 부류의 사람들"(피터 와그너의 표현이다)과 어울리지 않는 것에 불만이 많았다. 예수님이 삶을 나누는 사람들은 세리나 죄인들처럼 "이상한 부류의 사람들"이 아닌가! 그렇지만 예수님은 잃어버린 양, 잃어버린 동전, 잃어버린 아들의 비유를 통해서 분명하게 자기 입장을 밝히셨다.

레슬리 뉴비긴Lesslie Newbigin을 포함한 성경학자들은 예수님이 누가복음 18:8에서 "인자가 올 때에 세상에서 믿음을 보겠느냐"라고 말씀하신 것처럼 성경이 숫자보다는 신실함에 중점을 둔다고 본다.[17] 사도 바울 역시 교회의 크기에 연연하지 않았고 선교의 성공 여부를 교회의 양적 성장으로 판단하는 일도 없었다. 그의 진짜 염려는 자신이 예수님의 발자취를 얼마나 신실하게 따르고 있는가 하는 것이었다. 바울은 "이방인을 위하여 그리스도 예수의 일꾼이 되어 하나님의 복음의 제사장 직분을 하게 하사 이방인을 제물로 드리는 것이 성령 안에서 거룩하게 되어 받으실 만하게 하려"(롬 15:16) 하신 그 사명에 충만하게 응답하고 있는지에 온 마음을 두었다.

미니애폴리스Minneapolis에 위치한 트윈시티펠로우십 교회의 담임 목사였던 밥 드웨이Bob DeWaay는 교회성장론의 기준으로 보면 예레미야나 노아야말로 가장 실패한 인물들이라고 지적했다. 예레미야의 메시지는 철저히 외면당했다. 노아는 100년 동안 설교했지만 아무런 소용이 없었다. "이와는 반대로 요나는 교회성장운동의 측면에서 본다면 아주 큰 성공을 이룬 경우일 것이다. 그러나 성경은 그런 식으로 평가하지 않는다." 드웨이 목사는 요한계시록에 나온 서머나 교회와 빌라델비아 교회에 대한 칭찬을 다시 한 번 꼼꼼히 살펴보라고 권유한다. 이 두 교회는 각기 궁핍한 상황이었음에도 불구하고 자신을 지켜낸 것으로 칭찬을 받았다(계 2:8-11; 3:7-13).[18]

마지막으로 교회성장운동에서 사용하는 양적 기준 자체가 "유효하지" 않다는 사실을 밝혀야 할 것 같다. 앨런 허쉬의 분석에 따르면 서구 세계의 "교회 성장은 대부분 '스위처'switcher, 즉 프로그램이나 그 밖의 다른 이유로 이 교회에서 저 교회로 옮겨 다니는 사람들에 의한 것이다. 실제 회심자들은 거의 없다."[19]

맥도날드화되어가는 교회

교회가 "스위처"에 의존하고 있다는 사실은 초대형 상점이 한 동네에 치고 들어오는 것만큼이나 끔찍한 일이다. 초대형 상점은 새로운 소비자를 형성하는 것이 아니라 경쟁이 불가능한 가격과 물량 공세를 앞세워 작고 깜찍한 가게의 손님들을 모조리 빼앗아간다. 우리 가족이 사는 곳은 주립 공원에 인접해 있어 아름다운 경관이 그림처럼 펼쳐지는 실버톤이라는 마을이다. 실버톤은 매우 빠르게 성장했으면서도 가까스로 대형 호텔과 외식 업체들의 침입을 면해왔다. 2010년 인구조사 직전에는 실버톤에 이상한 소문이 돌았는데, 마을의 인구가 1만 명이 넘어가면 자연스럽게 기업들의 세력 확장 대상이 되어 어느 순간 갑자기 버거킹이나 홀리데이 인 호텔 등이 마구 들어설 것이라는 이야기였다. 그 소문이 사실이었는지는 잘 모르겠지만, 어쨌든 인구가 9,900명이라는 조사 결과에 많은 이들이 안도의 한숨을 내쉬었다는 사실만은 확실히 기억한다. 실버톤 주민들은 유명 음식점이나 호텔의 지점이 들어와 이 마을만의 독특한 문화와 운치를 망칠까 봐 노심초사했다.

이 책의 서론에서 사회학자 조지 리처가 말한 맥도날드화의 4가지 성격을 소개했다. 그 네 가지 성격 즉 효율성, 측정 가능성, 예측 가능성, 통제성은 교회에도 스며들어왔고, 그 결과 이 세상은 교회가 복음의 증인으로서 지녀야 할 독특한 맛을 상실해가는 모습을 지켜보고 있다. 이제부터 교회 안에 맥도날드화의 특징이 가장 도드라지는 몇몇 지점에 대해 자세히 살펴보자. 교회성장운동과 별다른 관련 없는 교회들도 여기에 해당할 수 있다.

먼저 **효율성**에 대해 이야기해보자. 이론적으로 말하자면 효율성은 어떤 결과를 얻기 위한 최선의 수단을 찾는 것이다. 그러나 직장이나 교회에서 "효율적이다"라는 말은 "지정된 것을 따른다"라는 말을 완곡하게 표현한 것에 지나지 않을 때가 많다. 패스트푸드점에서 일하는 직원이 좀 더 새롭고 창의적인 방법을 찾아낸다고 치자. 회사는 곧바로 이를 무시하고 정해진 방법대로 일하기를 요구한다. 바로 효율성이라는 이름으로 말이다. 우리는 수많은 기독교 서적에서도 동일한 현상을 확인할 수 있다. 그 책들은 성공, 행복, 심오한 기도의 삶, 하나님과의 친밀한 교제 등의 모든 신앙 과제가 "5단계 접근법"으로 해결된다고 주장한다.

이런 식으로 효율성에 집착하다 보니, 예수님의 제자가 되는 것도 아주 쉽고 간단해 보인다. 하지만 마태복음 7장에서 예수님이 말씀하신 "좁은 길"은 동계 올림픽 선수가 1인용 경주용 썰매를 타고 뛰어드는, 굴곡과 방향 전환이 미리 정해진 트랙이 아니다. 많은 성도가 그와 비슷한 트랙에 뛰어들어 결승선, 즉 천국에 이르기까지 필사적으로 매달려 있기만 하면 된다고 생각하는 것 같다(실제 선수들은 그렇게 하지 않는다). 오히려 좁은 길은 두려움 없이 함께 가는 여행길과 같다. 멈춰야 할 때가 있고 다시 시작해야 할 때도 있으며, 걷거나 뛰고 잠시 숨을 고르며 기다려야 할 때도 있다. 높은 산이나 깊은 계곡을 지나면 빛이 무한히 쏟아지기도 하고 캄캄한 어둠이 깔리기도 한다. 한 치 앞을 내다볼 수 없다가도 갑자기 엄청난 장관이 펼쳐지기도 한다. 좁은 길을 가기란 때때로 힘이 들지만 모험이란 원래 그런 것이다. 그것은 효율성과는 거리가 먼 일종의 대화다. 그 길은 시속 110km로 달리기보다 시속 5km로 걸어가야 할 때가 더 많다. 당신은 외롭다고 느끼겠지만 혼자가 아니다. 거기 하나님이 계시기 때문이다. 그리고 당신의 주위를 살펴보면 구름 같이 둘러싼 허다한 증인들이 당신과 함께함을 볼 수 있을 것이다.

맥도날드화의 두 번째 특징은 **측정 가능성**이다. 앞서 살펴보았듯이 측정 가능성—수량화 가능한 결과들에 대한 집중—은 교회성장운동 지지자들이 사역의 성공 여부를 판단하는 핵심 기준이다. 측정 가능성의 원칙은 우리를 빠른 속도의 노예로 만들어 항상 시간과 싸우도록 부추긴다. 모든 곳에서 통한다는 성공 모델은 어떤 공동체의 전통과 가치, 역사, 다양성, 필요, 자산 등을 따져볼 만한 시간적 여유를 조금도 허락하지 않는다(잉글우드 교회의 담임 목사였던 마이크 볼링은 그렇게 따져보는 것을 "현장에 대한 해석"이라 불렀다). 그런 성공 모델들은 양quantity과 질quality을 혼동해왔기 때문에 현장에 대한 분석과 해석에 시간을 **투자하지** 않는다. 그리고 우리는 우리가 역사의 마지막 때를 살고 있다고 믿기 때문에 시간적 여유를 **소유하지** 못한다.

슬로처치는, 우리 문화는 물론 교회에서도 이상하게 여길 만한 시간 개념에 뿌리를 둔다. 우리는 목적에 충실하게 움직이면서도 서두르지 않기를 힘써야 한다. 우리는 시간 속에서 일하시지만 시간에 제한받지 않으시는 하나님을 섬기므로 이웃의 이야기를 귀담아듣는 자세를 갖출 수 있다. 또 우리는 식탁에서 시간을 죽이며 앉아 있을 수 있다. 그리고 열매를 직접 확인할 수 없는 일에도 뛰어들 수 있다.

웬델 베리는 "세쿼이아를 심어라"Plant Sequoias라는 시에서 이렇게 말했다.

믿어라
나무 밑에서
천 년마다 쌓일
두 치의 퇴비를

이러한 슬로처치의 철학은 우리로 하여금 영적 형성을 위해 오랜 시간 선한 일을 감당할 수 있게 한다. 카일 차일드레스Kyle Childress는 텍사스 주 내커도처스Nacogdoches에 위치한 오스틴하이츠 침례교회에서 20년이 넘게 목사로 섬겨왔다. 그는 어떤 교인들은 주일 아침 11시에 와서 즉각적으로 깊은 영적 체험을 하기 원한다고 말한다. 그들은 화려한 조명, 이국적인 음악, 그리고 역동적인 설교자를 찾는다. 하지만 차일드레스 목사는 다음과 같이 단호히 말한다. "그리스도인이 된다는 것은 그런 것들과 거의 관련이 없다. 슬로처치는 대개 하나님과 시간을 보내는 것, 서로 시간을 보내는 것, 자기 자신과 시간을 보내는 것과 관련된다. 그것도 단순히 시간을 보내는 것이 아니라 아주 **오랜** 시간을 보내는 것. 그것이 아주 커다란 차이의 결과를 가져온다."

다음으로 **예측 가능성**에 대해 살펴보자. 예측 가능성이란 모든 사람과 사건들이 예측 가능한 범위 안에서만 행동할 때 성취되는 요소다. 조지 리처가 보기에 "합리적인 사회는 예측 가능성을 성취하기 위해서 규율과 명령, 시스템화, 형식화, 일상화, 일관성, 운용의 체계화 등을 강조한다."[20] 뉴욕에 있는 스타벅스 커피라테 맛이 어제 서울에서 먹었던 커피라테 맛과 동일하리라는 사실을 알면 무언가 정서적 안정감이 느껴진다. 아무리 멀리 떨어진 맥도날드 매장에 가더라도 똑같은 음식, 똑같은 환경, 똑같은 가격, 점원의 똑같은 "안내"를 만날 수 있다는 사실은 편안한 감정을 불러일으킨다. 예측 가능성은 사람들이 프랜차이즈를 다시 찾게 하는 요소다. 또한 많은 사람이 예측할 수 있는 결과를 기대하며 끊임없이 프랜차이즈 형태의 성공법에 매달리기도 한다.

애버딘 대학교 실천신학 교수이자 『맥도날드화된 교회』*The McDonaldization of the Church*라는 탁월한 책을 집필한 존 드레인John Drane 박사는, 다른 교회의 성공과 실패를 통해 우리가 배워야 할 점이 있겠지만 다른 교회를 무턱대고 똑같이 따라 해서는 안 된다고 말한다. 한 교회가 처한 상황은 심지어 바로 옆 건물에 붙어 있는 교회와도 다를 수 있기 때문이다. 각 교회는 그 교회가 처한 독특한 상황에서 무엇을 해야 할지를 고민해야 한다. 존 드레인은 다음과 같이 말한다. "잘 짜인 프로그램을 돌리려고 [우리가 모집한 사람들은] 사실 적절한 격려만 있으면 그들이 각자 처한 환경을 변혁할 수 있는 실험적인 예배와 증언의 형태들을 일구어낼 힘과 통찰력을 가질 만한 사람들이다.…다른 어떤 곳에서 일어난 하나님의 놀라운 역사를 부러워하는 동안 바로 지금 이 순간 여기서 일하시는 하나님의 역사를 놓쳐버린다는 것은 너무나 안타까운 일이다."[21]

마지막으로 살펴볼 것은 **통제성**이다. 통제성은 조지 리처가 말한 맥도날드화의 네 가지 요소 중 마지막 요소다. 그는 비인간적인 과학기술에 의해 인간이 통제당하고 있는 현상이 심화하고 있다고 보았다. 이에 대해서는 6장에서 더 자세히 다룰 것이다. 여기서는 비인간적인 과학기술이 기계뿐 아니라 물질, 기술, 규칙, 규제를 모두 포함한다는 사실을 확인하는 것으로 충분하다. 이런 모든 것들은 가장 비효율적이고 불확실하며 예측 불가능한 요소를 통제하기 위해 사용되는데, 그 요소란 바로 "사람"이다.[22]

존 드레인은 통제성이라는 요소를 맥도날드화의 나머지 요소와 따로 구분해서 말하기 어렵다고 강조한다. 왜냐하면 앞의 세 가지 구성요소인 효율성, 측정 가능성, 예측 가능성 안에 이미 "통제성"이라는 네 번째 구성요소가 전제되어 있기 때문이다.[23] 우리는 위성 시스템을 운영하는 교회—본 교회의 설교가 전송되는 동안 체계, 스타일, 분위기를 통해 특정 계층을 공략하는, 분리되고 "브랜드화"된 예배를 제공하는 교회—가 급증하는 현상에 통제성이 작용하고 있음을 확인할 수 있다. 또한 우리는 교회성장운동 진영에서 "선견지명이 있는 리더"라면 "권력을 갖는 것을 두려워하면 안 된다"라고 강조해온 모습에서 통제성이 작동하고 있음을 볼 수 있다.[24] 피터 와그너는 "[목사가 독재자처럼 보일 수도 있겠지만] 목사의 결정은 교회 전체의 결정이다. 성도는 목사가 거의 육감sixth sense을 가진 것처럼 교회가 나아가야 할 방향과 성도들이 무엇을 원하는지를 알고 있다는 사실을 깨달아야 한다"라고 말한다.[25]

존 드레인은 교회에서 통제성이 어떤 식으로 작용하는지에 대해 또 다른 사례를 들어 설명한다. 그는 강단의 가르침에 반응한 사람들이 어떻게 "광범위한 영성의 사회화와 통제"를 통해 십자군 운동과 비슷한 20세기의 여러 가지 운동에 참여하게 되었는지를 자세히 다룬다. 그는 위로부터의 엄격한 통제를 바탕으로 하는 셀 교회 전략들에 관해 이야기한다. 그런 전략들은 셀 그룹 자체가 서로 돕고 격려하며 치유하는, 충만하게 기능하는 하나의 교회로서 발전하는 것을 절대 허용하지 않는다. 그는 또 "평신도 사역"에 대해서도 언급한다. 사실 평신도 사역은 신약성경에 근거를 둔 개념이다.

> 하지만 평신도 사역이 하나님 나라를 확장하고 영적 성장을 돕기 원하는 순수한 헌신에 기초를 두지 않으면 문제가 생길 수 있다.…평신도의 은사를 드러내는 일에서 대다수 교회는 성직자들이 할 일들을 나누어 맡는 정도에서만 그치려 한다는 사실은 너무나 분명하다. 또한 평신도의 타고난 은사나 달란트가 교회의 관행에서 벗어나는 경우, 우리는 새로운 일이 일어날 공간을 창조하기 위해 교회의 체제를 바꾸는 일에 상대적으로 어려움을 겪는다는 사실 또한 분명하다.[26]

맛보아 알지어다

맥도날드화되어버린 교회가 효율성, 측정 가능성, 예측 가능성, 그리고 통제성을 바탕으로 한다면, 슬로처치는 "향미"를 바탕으로 한다. 특별히 "그 지역의 향미"를 중요하게 여기며 "여호와의 선하심을 맛보아 알지어다"(시 34:8)라는 말씀에서 영감을 얻는다. 미각은 오감 중에 가장 직접적인 감각이다. 시각은 나와 멀리 떨어진 사물을 대상으로 한다. 언덕 꼭대기에 올라 바라보는—인터넷 지도에서 뷰쉐드viewshed로 보는 듯한—드넓은 땅, 호수, 하늘을 생각해보라. 또한 우리는 청각을 통해 시각만큼 넓은 영역은 아니지만 주변에서 들리는 소리를 감지한다. 우리는 청각을 통해 벼락 치는 소리나 교회 첨탑에서 울리는 종소리를 들을 수 있다. 후각이 미치는 범위는 더 좁아진다.

촉감은 대상과의 간격이 사라질 때 느낄 수 있다. 사람의 촉감은 신체적·정신적·영적 건강에 매우 중요한 역할을 하지만 이 또한 표면과 표면의 만남일 뿐이다. 미각은 대상을 훨씬 더 깊이 느끼게 해주는 감각이다. 베네딕트 수도사인 스테인들레스트David Steindle-Rast가 미각에 대해 기록했듯이 "혀에서 녹아내리는 무언가를 맛본다는 것은 주체와 객체 사이의 장벽을 녹여버린다. 우리는 맛본 것을 '훤히' 안다."[27] 그러므로 한 지역의 향미를 안다는 것은 우리와 타자 사이에 있는 벽을 허물고 소외를 허락하지 않음을 뜻한다. 내가 우리 지역의 일부가 되면, 그것 또한 나의 일부가 된다.

시편 34:8은 실험으로 우리를 초대한다. 하나님을 맛보는 것은 하나님의 선하심을 더 깊이 알고 이해하는 길이다. 나는 어릴 적에 예수님이 말씀하신 산상수훈이 우리가 실제로 지켜내길 바라고 가르치신 것은 아니라고 배운 적이 있다. 곧 예수님은 도저히 지킬 수 없는 기준들을 제시하심으로써 우리가 더는 율법에 의지할 수 없다는 사실을 확연히 알 수 있게 하셨다는 이야기였다. 그렇다면 우리는 선택의 여지 없이 그분의 은혜에 의탁할 수밖에 없다. 그러나 지금 나는 그렇게 생각하지 않는다. 예수님은 분명히 산상수훈에서 말씀하신 것들을 우리가 지키면서 살아가길 원하셨다. 예수님은 실제로 그런 의지를 두 번이나 드러내셨다!(마 5:19; 7:24-27) 또한 요한복음 14장에서도 자신을 사랑하는 자는 그 가르침을 따르는 자라고 말씀하셨다. 또 다른 곳에서 예수님은 "제자가 그 선생보다 높지 못하나 무릇 온전하게 된 자는 그 선생과 같으리라"고 말씀하셨다(눅 6:40).

우리는 길 위에서 예수님이 누구인지를 확실히 알게 된다. 예수님과 함께 길을 걷는 이유는 단 하나, 예수님 자신이 길이시며 목적지임을 깨닫기 위해서다. 예수님은 자신의 가르침에 회의적인 사람들에게 한번 도전해보라고 초청하신다. "사람이 하나님의 뜻을 행하려 하면 이 교훈이 하나님께로부터 왔는지 내가 스스로 말함인지 알리라"(요 7:17). 이는 실험해보라는 격려이고 훈련생으로 참여해보라는 요청이다.

커피콩과 복음

하나님의 선하심을 맛보는 것과 값비싼 훈련은 서로 긴밀히 연관되어 있다. 우리는 예수님을 따를 때 하나님의 선하심이 보여주는 다양한 맛을 예상하지 못한 방법들을 통해 경험한다. 마찬가지로 이 세상은 예수님의 몸인 교회를 통해 부분적으로나마 하나님을 맛볼 수 있다. 이는 슬로처치가 질보다 양을 우선시하는 접근법을 거부하는 이유다. 효율성과 측정 가능성, 예측 가능성과 통제성이 교회 생활을 평가하는 주요 기준으로 작용하면 붕어빵을 찍어내는 듯한 제자 양육법이 쉽게 정당화된다. 그리스도인은 진품으로서의 독특성으로 주목받아야 하건만, 수많은 교회가 무미건조한 획일성으로 세간의 이목을 끄는 그리스도인들을 대량으로 찍어내고 있다. 교회 생활을 평가하는 궁극적 기준은 신실함이어야 한다.

하나님의 선하심을 맛보는 것과 교회의 **소금 됨**에는 모종의 연결고리가 있다. 예수님은 마태복음 5:13에서 우리가 "세상의 소금"이라고 말씀하셨다. 1세기 사람들에게 소금의 비유는 매우 강력한 의미로 다가왔다. 당시 소금은 방부제는 물론이고 제물에 뿌리는 첨가물로, 흙으로 만들어진 화덕의 불을 돋우는 재료로, 또 음식의 맛을 내는 조미료로도 사용되었다. 소금은 인간의 삶에 필수적인 자원이지만 사람들은 소금을 하찮게 여긴다. 소금은 음식이 원래 가지고 있던 풍미를 끄집어내 주면서도 본연의 맛을 잃지 않는다. 또 소금은 쉽게 녹아내리는데 그런 성향에는 그리스도와 닮은 무언가가 있다. 이는 사도 바울이 빌립보 교인들을 향해 쓴 편지 내용을 떠오르게 한다.

> 3아무 일에든지 다툼이나 허영으로 하지 말고 오직 겸손한 마음으로 각
> 각 자기보다 남을 낫게 여기고 4각각 자기 일을 돌볼뿐더러 또한 각각 다
> 른 사람들의 일을 돌보아 나의 기쁨을 충만하게 하라. 5너희 안에 이 마
> 음을 품으라. 곧 그리스도 예수의 마음이니, 6그는 근본 하나님의 본체시
> 나 하나님과 동등됨을 취할 것으로 여기지 아니하시고 7오히려 자기를
> 비워 종의 형체를 가지사 사람들과 같이 되셨고(빌 2:3-7).

커피 애호가인 나는 복음이 커피콩과 같다는 생각을 할 때가 가끔 있다. 원두 자체에서 직접 커피를 즐길 수는 없다. 우리는 커피콩을 볶고(말하자면 불에 통과시키는 것이다), 가루로 빻은 후 끓는 물에 적시는 간접적인 방법을 통해서 커피를 즐긴다. 우리는 하나님이 우리가 한 지역의 신앙 공동체에서 참 기쁨과 즐거움을 누리길 바라신다는 사실을 확신한다. 하지만 아무런 공정 과정을 거치지 않은 채 곧

바로 이 기쁨을 소유하려고 하는 것은 커피콩만을 갖고서 커피의 맛을 느끼려는 것처럼 미련한 짓이다. 복음의 가장 큰 역설은 우리가 뜨거운 불을 통과하고, 가루로 부수어져 서로에게 흘러나가는 간접적인 방법을 통해서 진정한 기쁨을 누릴 수 있다는 사실이다. 이처럼 서로를 위해 자기 자신을 포기하고 손에 쥐고 있던 것을 내려놓는 과정이야말로 예수님을 따르는 길의 핵심이다. 예수님은 "그 앞에 있는 기쁨을 위하여 십자가를 참으사 부끄러움을 개의치 아니하시더니 하나님 보좌 우편에" 앉으셨다(히 12:2).

성찬식에서 중요한 두 가지 요소—예수님이 친히 우리를 위해 자신을 주셨음을 상징하는 빵과 포도주—는 밀이 가루가 되어 불에 구워지고, 포도가 자근자근 밟힌 후 발효되는 오랜 과정을 거친다. 행복이란 지갑을 열어 물건을 사면 느낄 수 있는 감정이라고 끝없이 속삭이는 소비지상주의의 유혹 속에 살아가는 우리에게, 예수님은 완전히 다른 말씀을 하신다. "누구든지 제 목숨을 구원하고자 하면 잃을 것이요, 누구든지 나를 위하여 제 목숨을 잃으면 찾으리라"(마 16:25). 신앙 공동체가 자리한 지역의 정황을 고려하는 가운데 우리는 서로를 위해 그리고 이웃을 위해 무엇을 어떻게 내주어야 할지를 배울 수 있다.

대 화 의 출 발

1. "맥도날드화"의 특징이 무엇이며, 이런 특징이 교회를 잠식할 때 어떤 일이 일어나는지를 오늘의 한국교회 상황에 비추어 설명해보자.

2. 교회성장운동을 간략히 요약해보고, 그것의 허구성을 설명해보자.

3. 우주적인 교회가 되기 위해서는 역설적으로 가장 지역적인 교회가 되어야 한다는 말의 의미가 무엇인지를 토론해보자.

4. 인간 인식의 주요 기능인 오감의 특징과 차이를 부문별로 설명해보고, 이를 하나님과의 관계에 비춰 적용해보자. 또한 자신이 속한 교회는 현재 하나님을 어떤 식으로 인식하고 있는지를 진단해보자.

5. 슬로처치로 존재하기 위해서는 시간을 어떤 방식으로 이해하고 해석해야 하는가? 또 그것을 어떻게 사용해야 하며, 그 이유는 무엇인가?

정주: 사람과 공간에 대한 신의

"소망하라
다른 어떤 곳도 아닌 바로 이곳이 어떤지에 대한 당신 자신의 깨달음으로
당신의 터전에 온전히 소속되기를, 그리고 정성으로
다른 그 어디에도 정성을 쏟지 않는 듯한 정성으로"

_웬델 베리, "안식 6, 2007" Sabbath VI, 2007 중에서

내Chris's 책상 옆 책꽂이에는 『사과나무 공동체』*The Apple Tree Community*라는 작고 아름다운 책이 꽂혀 있다. 이 책은 1960년에 처음 출판된, 자연의 신비와 아름다움을 노래한 책이다. 저자인 조지 스미스George Smith는 자신의 농장에 있는 오래된 사과나무를 중심으로 형성된 생태 공동체를 짧은 글과 사진에 담아 소개하고 있다. 어느 날, 한 나무꾼이 도끼를 들고 스미스의 농장에 찾아와서 벌목을 제안한다. "오래되고 삐뚤어진 나무를 베어서 땔감으로 사용하고 그 자리에 곧게 자라는 새로운 나무를 심는 게 어떻겠어요?" 하지만 스미스는 그의 제안

을 정중히 거절한다. 나무꾼의 눈에는 그저 오래되고 꾸불꾸불한 나무에 불과할지 모르지만, 그 사과나무에는 그 이상의 의미가 있기 때문이었다. "그 오래된 사과나무는 벌꿀 공장이자 새들의 호텔이며, 여름에는 작은 카페요 겨울에는 음식 저장고가 되고, 콘서트 무대이기도 하며 새들이 알을 부화하는 곳이고, 아이들의 놀이터이며 안식처이자 꽃들이 전시되는 식물원이기도 합니다. 더욱 중요한 것은 사과나무가 데이지, 미나리아재비, 미역취, 달맞이꽃 등이 자라는 푸른 들판의 중심이라는 사실입니다."[1]

사과나무는 한 자리에 뿌리를 내리고는 그 자리에서 수십 년을 자라면서 열매를 맺고 "사과나무 공동체"에 유익을 끼칠 수 있었다. 마찬가지로 우리의 신앙 공동체들이 열매를 맺어 널리 유익을 끼치며 생동하는 공동체를 만들어내기 위해서는 **우리의** 삶의 터전에 긴 시간 동안 뿌리를 내리고 자라가야 한다. 하나님이 창조 세계에 바라시는 선하고 풍성한 삶은 피조물의 상호의존 속에서 성숙하고, 이 상호의존성은—사과나무 공동체가 말해주듯이—우리가 긴 세월 동안 그 자리에 머무를 때 강화될 수 있다.

화해의 사명이 펼쳐지는 방법

잠시 시간을 내어 하나님의 창조 세계의 다양성에 대해서 생각해보자. 생각의 범위를 지구—우주에는 **최소한** 1,750억 개의 은하계가 존재하며 하나의 은하계마다 약 1,000억 개의 행성이 있는데 지구는 그

중 하나일 뿐이다—와 수면 위로 제한해도 풍경과 기후, 민족, 언어, 문화가 얼마나 다양한지 말로 다하기 어렵다. 여러분의 집에 딸린 뒷마당만 해도 매우 다양한 생물들이 살고 있다. 존이 사는 오리건 주의 면적은 에콰도르와 비슷하지만 그 풍광은 정말 극에서 극으로 펼쳐진다. 그곳에는 바위 절벽으로 이루어진 해안가, 험난한 협곡, 비가 많이 내리는 호수, 백설이 덮인 산, 비옥한 골짜기, 우거진 온대 다우림 지역과 사막 고원 지대가 모두 있다. 미시적으로 살펴봐도 창조 세계의 다양성은 선명하게 드러난다. 정원에 있는 양질의 흙을 찻숟가락에 가득 뜬다고 치자. 그 속에는 수천 종의 생물과 수백만의 유기체가 존재하며, 균류가 수백 미터에 이르는 그물망을 형성하기도 한다. 건강한 흙에는 너무나 많은 종류의 생물이 살고 있어서 아직까지 흙 속에 사는 미생물 종의 1% 정도만 식별할 수 있다고 한다.

세상을 향한 하나님의 사역은 창조 세계의 다양성을 회복하고 화해를 이루는 것에 초점이 맞추어져 있다. 그렇다면 하나님은 어떻게 이 사명을 이루어가려고 하시는가? 맥도날드화의 가장 큰 결점은 포괄적이고 획일화된 문제 해결 방식을 선호한다는 점이다. 모든 매장의 구조가 같고 운영 방식도 같다면 각 매장은 좀 더 효율적이고 예측 가능하고 통제하기 쉬워지며 성공과 실패를 계량화하기도 편해질 것이다. 하지만 하나님의 창조가 지닌 놀라운 다양성에 대해 살펴보면 살펴볼수록 우리는 포괄적인 문제 해결 방식의 장점에 대해 회의적일 수밖에 없다. 하나님은 모든 창조 세계를 화해시키시지만 다양성을 무시하는 것이 아니라 다양성에 주목하는 방법을 통해 화해를 이루어가신다. 그리고 이 화해 사역은 특별히 하나님과 화해하고, 서로 화해하며, 이웃과 화해하는 지체들로 이루어진 신앙 공동체를 통해 구체화된다.

예를 들어보자. 예수님은 베들레헴에 있는 마구간에서 역사의 특정 시기에 특정한 사람들 사이에서 태어나셨다. 그리고 이스라엘의 열두 지파를 연상시키는 열두 제자를 모아 공동체를 만드셨다. 마른 뼈들이 서로 연결되어 힘줄이 생기고 살이 오르고 마침내 생기를 받아 살아나는 에스겔의 환상(겔 37:1-14)은 예수님의 삶과 사역을 통해 결실을 보았다. 즉 이스라엘은 한 백성으로 다시 부활하고 있었다.

예수님의 죽음과 부활 후, 그의 제자들은 온 세계에 흩어져 교회를 세웠다. 그 교회들은 각기 처한 특수한 정황 속에서 그리스도의 몸으로서의 정체성을 드러내기 시작했다. 초기 기독교 공동체들은 "그리스도의 장성한 분량이 충만한 데까지"(엡 4:13) 함께 삶을 나누며 성장해갔다. 오스트레일리아 신학자 로버트 뱅크스Robert Banks는 그의 탁월한 책 『바울의 공동체 사상』*Paul's Idea of Community*(IVP 역간)에서 "[바울 당시에 존재했던] 다양한 교회 공동체들은 천상적 교회의 현존이며, 본질적으로 영원하고 무한한 것을 나타내는 매개체였다"라고 말한다.[2] 교회는 오랜 역사 동안 그리스도가 성육신하셨다고, 즉 육체를 입고 이 땅에 오셨다고 고백해왔다. 그런데 그리스도의 성육신은 1세기에 국한되지 않는다. 그리스도의 성육신은 교회—그리스도의 몸—를 통해, 자신의 현장에 신실하게 뿌리를 내리고서 거기에 사는 특정한 사람들이 경험하고 알 수 있는 방법으로 그리스도를 드러내는 신자들의 공동체를 통해 오늘날까지 이어지고 있다.

슬로처치는 이처럼 계속되는 그리스도의 성육신이, 하나님이 화해를 위해 세우신 계획의 핵심이라고 이해한다. 하나님은 한 지역 한 지역을 온전하게 하실 때, 오래된 사과나무처럼 성숙해가면서 주변의 이웃들과 풍성하고 애정 어린 관계를 맺는 사람들로 이루어진 공동체를 불러 모으시는 방법을 사용하신다. 하지만 하나님의 선하고 기쁨이 넘치며 자유하게 하는 다스림이 이 세상에 임하는 것을 보기 위해서는 땅속 깊이 뿌리를 내리는 결단이 필요하다. 베네딕트 수도원에서는 예로부터 이를 **정주**stability의 미덕이라고 불렀다.

전통적으로 수많은 수도원에서는 수사나 수녀가 되기를 결심한 사람들이 정주의 서약을 한다. 그들이 살아갈 지역 공동체에서 평생을 머물겠다고 약속하는 것이다. 베네딕트 수도원의 규율에는 "우리가 [예수를 닮아가기 위해] 하는 모든 노력이 이루어지는 작업장은 수도원의 울타리와 공동체에 머무르는 정주다"라는 내용이 있다. 아이오와 주 더뷰크Dubuque에 위치한 미시시피 성모마리아 수도원에서 고백하는 정주의 서약은 다음과 같다.

> 우리는 지역 공동체와 끝까지 삶을 함께할 것을 맹세합니다. 우리는 함께 먹고 기도하고 일하고 휴식을 취합니다. 우리는 가장 이상적인 장소를 찾아 이곳저곳을 기웃거리는 욕망을 내려놓습니다. 궁극적으로 자기 자신에게서 벗어날 수는 없으며 다른 장소에 가면 더 잘되리라는 생각은 망상에 불과합니다. 사람들 사이에 갈등이 생기면 우리는 상황을 이해하고 다

시 평화를 회복하는 방법을 배우는 유익을 누립니다. 곧 우리는 사랑하는 법을 연습하면서 자신 안에 얼마나 공격적인 성향이 남아 있는지를 확인하고, 오로지 자신이 원하는 대로만 하려는 습성을 버리며, 용서하는 법을 배웁니다.

오래 참고 기다리는 가운데 가장 아름답고 멋진 방법으로 사역을 펼치셨던 예수님처럼, 우리도 그리스도를 증거하는 삶을 살기 위해서는 한곳에 오래 뿌리내리는 삶을 살아야 한다. 지금처럼 사람들이 교회에 밀물과 썰물처럼 빠르게 드나드는 식으로는 화해의 사역이 이루어지기란 쉽지 않을 것이다. 우리는 대부분 수도사로 부름받지는 않았다. 하지만 하나님의 백성과 공동체를 이루어 삶을 나누는 수도원 전통에서 우리는 많은 것을 배울 수 있다. 그중 정주는 하나님이 하시는 일에 대한 성육신적 이해에서 매우 중요한 덕목이다.

과잉이동성과 개인주의

오늘날 정주를 실천하는 데 있어서 가장 큰 걸림돌이 되는 것은 과잉이동성과 개인주의다. 과잉이동성hypermobility은 현대 서구 문화에서 빼놓을 수 없는 삶의 요소가 되어버렸다. 교통 체증으로 거북이처럼 기어가든 시속 110km로 시원스럽게 달리든, 우리는 점점 더 많은 시간을 차 안에서 보내고 있다. 미국인은 하루 평균 3시간 정도를 차에서 보낸다. 1960년에 자가용으로 출퇴근하던 사람은 4,100만 명이었다. 2009년에는 1억 2,000만 명으로 늘었다. 그 많은 사람이 교통 혼잡 속에서 앞차가 움직이기를 기다리며 한 해 평균 34시간을 허비하고, 수백 달러의 연료를 낭비한다. 도시들과 그 주변 지역은 대부분 자동차를 중심으로 정비되기 때문에 자전거를 이용하거나 걸어 다니는 사람들이 자기 동네에서 길을 잘못 들거나 위험에 처하기도 한다.[3]

나는 내가 과잉이동성에 얼마나 깊게 물들었는지를 깨닫지 못했었다. 그러다가 몇 년 전, 서평을 쓰기 위해 조너선 윌슨하트그로브의 『페이스북 영성이 우리를 구원할까?』*The Wisdom of Stability*(홍성사 역간)를 읽으면서 이 문제를 직시하게 되었다. 그때는 내가 잉글우드 교회에 출석한 지 5년쯤 되던 시기였다. 나는 책의 서평을 쓰면서 나 자신이 어떤 삶을 살아왔는지 반추해보았다. 잉글우드에 오기 전, 나는 10년 동안 4개의 주를 옮겨 다니며 11번의 이사를 했다. 개인주의 문화에서 자란 나는 그 10년 동안 나에게 최선이라고 여겨지는 기회들—대학, 기간제 인턴십, 다국적 기업의 일자리, 대학원, 교회의 인턴십, 다시 직장—을 쫓아다녔다. 내 삶은 오로지 나 자신만이 주인공인 이야기였다. 물론 그 과정에서 많은 친구를 만나기도 했지만, 이렇게 자신에게 초점을 맞춘 이야기만 따르며 살아온 결과, 나는 어떤 지역이나 공동체와도 연결되지 못하고 고립되었다. 너무 돌아다닌 나머지 그 어떤 곳에도 속하지 못하게 된 것이다. 이런 이야기는 나에게만 해당되는 이야기가 아니다. 어떤 통계를 보면 미국인은 평균적으로 평생 14번의 이사를 한다.

서구 문화에서 자란 사람들은 개인주의에 깊이 물들어 있다. 우리는 아주 어릴 적부터 무엇이든지 자기 자신의 이야기를 따라가라고 배운다. 오늘날 우리는 "놀라운 이야기", "스토리텔링storytelling의 힘", 더 흥미진진하고 의미 있는 "삶의 이야기 만들기" 등에 대해 자주 듣는다. 상징으로서의 **이야기**는 사람들의 공명을 불러일으키지만 거기에는 몇 가지 위험이 따른다는 사실 또한 알아야 한다. 첫 번째 위험은 자신이 세운 계획대로 되지 않을 때 사람들이 자기 자신을 지나치게 몰아세울 수 있다는 것이다. 인생을 살다 보면 전혀 예상치 못했던 일들이 생기곤 한다. 우리는 도저히 통제할 수 없는 운명적 사건들을 만나 시간과 에너지를 들일 수밖에 없다. 우리가 우리 삶을 통제하는 것이 아니라 삶이 우리를 빗어갈 때가 많다. 우리 이야기의 저자는 나 혼자만이 아니기 때문에 우리는 인생의 계획표에 너무 집착하지 않는 법을 배워야 한다.

이야기들을 쫓아다닐 때 빠지는 두 번째 함정은 우리가 관광객 인생을 살 수 있다는 것이다. "공원관리소"Parks and Recreation라는 TV 드라마의 한 장면이 이것을 잘 보여준다. 아주 작은 마을의 공원관리소에서 일하는 레슬리는 어느 날 관리소장인 론 스완슨과 연애 상담을 한다. 레슬리는 자신이 왜, 모든 면에서 품위 있고 성공적인 남자친구에게 진심으로 마음을 줄 수 없는지 고민한다. 이에 대해 론은 이렇게 말한다. "네 남자친구는 일종의 관광객이야. 그는 사람들의 삶 속에서 휴가를 보내고 있어. 사진을 찍어서 사진첩에 모으고는 또 다른 곳으로 움직이지. 그가 정말 관심이 있는 것은 삶이 아니라 사람들의 이야기야. 단순하게 말하면 그는 매우 이기적이지. 반면에 너는 그렇지 않으니 당연히 네가 그를 좋아할 수 없지."

핵심적인 질문은 이것이다. 우리가 자신의 삶을 만들어갈 때 중심이 되는 가장 중요한 이야기는 무엇인가? 아드레날린 중독자처럼 끝내주는 이야기를 좇아 이곳에서 저곳으로 옮겨 다니며 살아가면 성공을 이룰 수도 있고 세상에 유익을 끼칠 수도 있겠지만, 우리 삶의 발자취를 돌아보면 수없이 많은 관계가 깨어진 채 방치되었다는 사실을 깨달을 것이다. 멈추는 시간이 반드시 필요하다. 차분히 쌓아가는 영성, 예수의 제자로서 살아가는 매일의 삶, 한 지역의 고정된 사람들에 대한 장기간의 헌신은 너무나 중요하다. 일상의 분주함에 쫓기며 살아가게 되면 늘 쉼이 없고 불만족스런 삶을 살 수밖에 없다. 우리가 성경 이야기에서 우리 자신의 정체성을 발견한다면, 하나님이 그리스도의 지속적인 성육신을 통해 이루고자 하시는 창조 세계의 회복에서 지역과 공동체가 필수적이라는 사실을 이해할 수 있다.

탈현장화, 탈육화한 기독교

듀크 대학교의 신학부 교수인 윌리 제닝스Willie James Jennings는 『기독교적 상상력』*The Christian Imagination*에서 인간과 다른 생명과의 파괴된 관계 및 탈脫육화한disembodied 종교에 의해 무너진 서구 문화의 실상을 적나라하게 파헤쳤다. 그의 지적대로 "그리스도인들은 자신의 정체성을 땅, 풍광, 동물, 장소 및 공간과 거의 관계가 없다고 규정하는 기독교가 사회적 실천에서 얼마나 기괴한 성향을 띠는지를 깨달아야 한다."[4] 탈육화한 기독교는 장소를 포함한 실체들을 무시하는 대신 우리가 피조물과 맺는 관계가 성경과 전혀 상관없는 관점들, 즉 물질주의, 자본주의, 개인주의에 따라 결정되어야 한다고 확신한다. 이러한 생각은 엄청난 사회적 · 생태학적 불평등을 선전할 정도로 무르익는다. 식민주의를 예로 들어보자. 식민 통치 아래에서 죽임을 당하거나 쫓겨나고, 노예가 되어 종살이하는 원주민들의 삶을 통해 그 끔찍한 결과를 깨닫기란 어렵지 않다. 하지만 식민주의의 이면에는 자신들의 땅과 연결된 뿌리의 가치를 인식하지 못한 채 식민지 개발에 동원된—종종 탐욕의 관점에 동화된—유럽인들의 이주displacement라는 비극이 자리 잡고 있다.

20세기에 이르러 탈육화한 신앙은 자동차의 광범위한 보급과 맞물리면서 서구 기독교의 모습을 완전히 바꾸어놓았다. 패리쉬컬렉티브의 "풀뿌리 이야기꾼"으로 불리는 우리 친구 브랜든 로즈Brandon Rhodes는 자동차가 문화, 특별히 미국 기독교에 미친 영향에 대해 연구해왔다. 그는 다음과 같이 말한다. "자동차 안에서 예배를 드리는 '드라이브인' 교회와 길가에 세워진 전도용 광고판은 물론 구도자 중심적이고 시장의 판도에 민감해 여러 개의 지교회를 둔 초대형 교회에 이르기까지, 기독교는 교외를 중심으로 하는 생활 문화에 놀라울 정도로 적응해왔다. 즉 교회는 자동차를 중시하는 미국 문화에 맞춰 그 누구보다 발 빠르게 그에 적합한 종교적 상품과 서비스를 제공했다."

유동성의 증가는 교회의 구성 원칙에 큰 변화를 불러왔다. 과거 수백 년간, 교회의 구성에서 가장 중요한 요소는 접근성이었다. 사람들은 대부분 집에서 가장 가까운 교회에 다니거나 가정에서 모이는 교회에 참여했다. 하지만 자동차 사용이 대중화되면서 선택이 가장 중요한 요소가 되었다. 선택의 중요성이라는 원칙이 대두하면서 교회들이 동질성을 기준으로 분류되는 데는 그리 오랜 시간이 걸리지 않았다. 쉽게 말해 교회가 끼리끼리 모이는 모임이 되어버린 것이다. 로즈는 1962년에 출판된 깁슨 윈터Gibson Winter의 『교외에 갇힌 교회』*The Suburban Captivity of the Churches*를 인용하며 이렇게 말했다.

> 분명히 사회적·경제적 계층이 비슷한 사람들이 모여 교회를 이루는 현상이 심해지고 있다. 실제로 교회의 생존 여부는 성도의 동질성을 어느 정도로 유지하느냐에 달려 있는 것 같다. 몇몇 식자층과 소수의 교육 수준이 낮은 사람들이 끼어들 수 있겠지만, 그 교회가 살아남기 위해서는 중심 교인들이 비슷한 직업, 연봉, 교육 수준, 인종, 주거지를 가진 사람들이어야만 한다.

도날드 맥가브란과 피터 와그너가 말했던 "동질집단원칙"을 기억해보자. 선의善意에서 제안한 단일 문화 전략은 교회성장운동의 핵심 요소였다. 하지만 이는 결과적으로 서구 기독교가 탈현장화·탈육화하는 데 한몫을 담당했다.

교회에서 발생해온 "뭉치기"—동질성을 기준으로 한 재구성—현상은 경제, 정치, 동호회 활동, 구역 설정 등 사회생활의 다른 영역에서 발생하는 것과 비슷한 현상이다.[5] 과학기술 및 사회 기반시설의 발전과 순간의 행복을 중시하는 기풍이 결합하면서 교회 안에 갈등이 생길 때—이는 불가피하다—거기 머물면서 갈등을 해결하기 위해 노력하기보다는 바로 다른 교회를 찾아 나서기가 너무 쉬워졌다. (이와 비슷하게, "좋은 상품을 찾듯 교회 찾기"church shopping는 이런 현상이 얼마나 개인주의 및 물질주의와 깊은 연관이 있는지 잘 보여준다.) 하나님이 하시는 일에 대한 이야기보다 우리 자신의 이야기에 초점을 맞출 때, 우리는 먼저 어려운 상황을 헤쳐나갈 **동기**를 상실하고, 곧이어 그렇게 할 수 있는 **능력**도 잃어버린다.

우리는 교회 공동체 안에서 더 깊게 성장하고 삶의 현장에 더 굳게 뿌리내릴수록 서로를 더 신뢰하고 문제가 생길 때도 마음을 터놓고 이야기할 수 있는 여유를 갖는다. 갈등이 생기면 도망치듯 교회를 빠져나가거나 반대편 입장에 선 사람들을 공격해서 항복시키는 것이 아니라 문제를 함께 해결하는 방법을 배워가야 (혹은 다시 배워야) 한다. 잉글우드 교회는 15년 전부터 주일 저녁마다 모든 사람이 자유롭게 참여할 수 있는 토론 시간을 갖기 시작해서 지금까지 계속하고 있다. 처음에 교회에는 각각의 신학적 입장을 따르는 네다섯 개의 "분파"가 있었다. 토론회는 처음 몇 년간은 너무 불안정했기 때문에 몇몇 사람들이 교회를 떠나기도 했다. 그러나 이런 갈등 속에서도 교회를 떠나지 않고 대화에 참가했던 사람들은 점점 시간이 흐르면서 비록 신학적 입장이 조금씩 다르다 할지라도 그것이 그렇게 중요하지 않다는 사실을 깨닫기 시작했다. 오히려 토론회가 지속될수록 신학적 견해가 다른 성도 간에 신뢰가 형성되어 다른 의견을 존중하는 분위기가 생겨났다. 토론을 통해서 다른 것이 틀린 것은 아니라는 사실을 알게 되면서 서로를 이해하고 용납하는 방법을 배우게 된 것이다.

교회의 유동성

오늘날 교회는 성도들이 순간의 행복을 중시하는 성향을 가졌다는 문제와 더불어 과잉이동성의 문제를 안고 있다. 많은 교회가 자기 지역에 아주 얕은 뿌리만 내리고 있다. 아니, 아예 뿌리가 없다. 우리는 대부분 "만약 우리 교회가 어느 날 갑자기 20km 떨어진 곳으로 이사한다면 그 사실을 알아차리는 이웃이 있을까?"라는 질문을 한 번쯤 들어봤을 것이다. 그러나 지금은 이런 질문을 던져야 할 것 같다. "만약 우리 교회가 어느 날 갑자기 마술처럼 떠올라 20km 떨어진 곳으로 옮겨진다면 **우리**는 그 차이를 알아차릴 수 있을까?" 서구 교회는 이제 지역과 너무나 확실하게 분리되어 있기에 이 질문은 많은 신앙 공동체의 적나라한 모습을 거울로 비춰준다.

마술처럼 떠오르는 것은 아니라도 오늘날 대다수 교회는 "이동 중"이다. 인디애나폴리스, 링컨, 로스앤젤레스, 슈리브포트, 폴스처치, 세일럼 등의 도시를 비롯한 전국의 도시에서 교회들이 도심을 포기하는 현상을 확인할 수 있다. 교회들이 교외의 녹지에 매력을 느끼는 이유는 땅값이 싸서 넓은 주차장을 보유한 멋진 건물을 세울 수 있다는 점이다. 하지만 교회 이전을 고려할 때 우리는 다음과 같은 질문을 염두에 두어야 한다. "남겨진 이웃들에게 우리는 무엇을 보여주는가?"

로마 가톨릭교회의 전통 중 가장 훌륭한 유산은 아마도 교구 개념일 것이다. 가톨릭교회는 특정 지역에서 그곳에 사는 사람들 사이에 뿌리를 내린다. 개신교는 가톨릭의 이런 전통을 배울 필요가 있다. 내가 사는 인디애나폴리스의 필립네리St. Philip Neri 교구는 최근 창립 100주년을 맞았다. 이 교구는 수많은 역경에도 불구하고 같은 자리에서 살아남은 주목할 만한 역사를 가지고 있다. 초창기에는 KKK단으로부터 무차별 공격을 받았고, 최근 20여 년 동안에는 회중의 인구 구성이 급격하게(대부분 백인에서 남미 계통의 이민자로) 변했다. 만약 오늘날의 교회가 자기 지역과 사람들에 대한 책임감을 회복하지 못한다면, 윌리 제닝스의 지적대로 우리는 탈육화한 기독교를—거기에 수반하는 인종적·사회적·생태학적 불평등과 함께—선전하는 꼴이 될 것이다.

그렇다면 교회가 커져서 기존의 시설이 부족하게 되면 어떻게 해야 할까? 한 가지 방법이 있다. 엄청난 돈을 들여 새로 지은 더 넓은 건물로 이사하는 대신, 다른 지역에 뿌리를 내릴 교회를 세우는 것이다. 한 사람 혹은 소수의 몇 사람을 보내서 교회를 개척하는 식이 아닌, 특정 지역과 그 근처에 사는 사람들의 공동체가 그들만의 교회로 출발할 수 있도록 돕는 것은 어떨까? 이는 교회가 초기 수 세기 동안 들불처럼 번져나간 방법이었다. 파송하는 교회와 새로 세워지는 교회는 서로 건강하게 소통하면서도 자유롭게 자기 지역에 맞는 고유의 모습을 갖춰가야 한다. 개척 교회는 파송 교회에 의존된 혹은 종속된 관계가 아니다. 이것은 마치 장성한 자식이 독립하는 것과 같다. 모체가 되는 교회는 필요한 자원을 제공하고 조언해주되, 새로 세워진 교회가 자유롭게 성장하고 발전해서 자신만의 소명을 발견할 수 있도록 도와야 한다.

나Chris는 앞서 말한 방법대로 세워진 은혜형제Grace Brethren 연합에 속한 한 교회에서 성장했다. 모母교회는 워싱턴 근교에 있는 교회였는데, 1970년대 말에 성도 수가 최고조에 달해 시설이 모자랄 지경에 이르렀다. 그 교회는 워낙 유명한 곳에 자리하고 있어서, 교회를 확장할 수 있는 새로운 건물이나 토지를 근방에서 확보하기가 어려웠다. 그러나 싸고 넓은 땅을 찾아 교회를 뿌리째 옮기는 대신, 한 지역에 모여 사는 성도들 중에서 기꺼이 새로운 교회를 개척할 사람들을 찾았다. 이런 방법으로 최소 4개의 교회가 생겨났고 이 교회들은 모교회를 중심으로 동그란 원을 형성하며 자리를 잡았다. 우리 가족은 이 교회들 중 가장 남쪽에 세워진 교회에 참여했다. 새로 세워진 교회들과 모교회의 관계는 상당히 느슨했으며 각 교회는 자기 구역의 특성에 따라, 또 하나님이 그곳에 모으신 사람들 안에서 발견되는 은사와 달란트에 따라 다양한 모습을 띠었다.

우리John's 부모님은 세일럼 시내에 위치한 세일럼얼라이언스Salem Alliance라는 교회에 다니셨다. 기독교선교연합C&MA에 속한 이 교회는 우리가 사는 실버톤에서 약 25분 정도 떨어진 곳에 있었다. 그리 머지않은 과거에 세일럼 얼라이언스 교회는 도시 외곽에 땅을 살 기회가 있었다. 그곳으로 교회를 옮기면 훨씬 넓은 시설과 주차 공간을 확보할 수 있어서 늘어나는 신자들을 수용하기 쉬웠을 것이다. 그러나 그들은 과감한 결정을 내렸다. 교회를 옮기는 대신 교회와 이웃한 두 지구Grant/Highland의 가난한 이웃들을 향한 그들의 헌신을 강화하기로 한 것이다. 그들은 예배당 건축을 위해 모아둔 헌금으로 교회 맞은편의 땅을 사서 브로드웨이커먼스Broadway Commons라고 불리는 시설을 만들었다. 도로 이름을 딴 이 시민시설은 약 4,300m²의 부지 위에 세워졌다. 이곳의 진료소에서는 의료보험이 없거나 부분 의료보험만 있는 사람들을 무료로 치료(치과 포함)해준다. 회의실은 언제나 주민들에게 열려 있다. 라이프센터Broadway Life Center도 있는데, 주민들은 이 센터를 통해 저렴한 비용으로 양질의 수업과 직업 교육을 받을 수 있다. 사무 전용 공간, 계단식 원형 극장과 분수대로 꾸민 야외 광장, 다락방이라 불리는 기도실, 그리고 장인 정신을 발휘해 커피를 만들어 손님을 극진히 대접하기로 유명한 커피 전문점도 이곳에 있다. 브로드웨이커먼스라는 이름에 걸맞게 다양한 사람이 이곳에 모여든다. 세일럼얼라이언스 교회에서 담임 목사로 시무했던 존 스텀보의 말을 빌리자면, 브로드웨이커먼스는 "교회, 상권, 지역 공동체가 공공의 선을 위해 함께 모이는 장소다."

한 지역에 대해 공부하기

21세기 초 교회들에게 던져진 가장 부담스럽고 핵심적인 질문 하나가 있다. "개인적인 차원에서 또는 교회적인 차원에서 어떻게 정주의 미덕을 함양할 것인가?" 지금 당신이 사는 지역은 당신이 선택하고 싶은 곳이 아닐 가능성이 높다. 여러 가지 이유로 지금 당신이 사는 곳이 마음에 들지 않을 수도 있다. 이런 어려움과 씨름하는 방법 하나는 이웃과 친하게 지낼 방법들을 찾아서 이웃을 알아가는 것이다. 켄터키의 농부이자 시인인 웬델 베리는 "어떤 장소에서 편안함을 느끼려면 거기에 머무를 만한 어떤 가능성이 있어야 한다"라고 말했다. 그는 또 이렇게 말한다. "[소망하라] 다른 어떤 곳도 아닌 바로 이곳이 어떤지에 대한 당신 자신의 깨달음으로 / 당신의 터전에 온전히 소속되기를."[6] 장소는 우리 인생에 주어진 다른 것들과 마찬가지로 하나님이 우리에게 주신 선물이다. 따라서 우리는 우리가 속한 지역을 제대로 알고, 그곳이 하나님이 우리에게 주신 선물이라는 사실을 드러내야 한다. 그 터전 위에서 우리 안에 깊은 감사와 기쁨, 말하자면 예배가 넘쳐흐르게 할 사명이 우리에게 있다.

지금의 나Chris를 형성하는 데 큰 영향을 미친 책 하나는 파커 팔머Parker Palmer의 『가르침과 배움의 영성』*To Know as We are Known*(IVP 역간)이다. 이 책에 따르면 참된 교육의 목표는 진리 탐구다. 파커 팔머는 책의 첫 장에서 다음과 같이 설명한다. "[우리의 사고력은] 다른 목적들을 위해 우리에게 주어졌다. 그 목적들이란 공동체적인 자연의 현실에 대한 인식을 확대하고 앎, 즉 사랑을 통해 차별과 소외를 극복하며 지성을 사용해 생명의 연대를 인식하고 새롭게 하는 것이다."[7] 그가 말한 "공동체적인 자연의 현실"에 대해서는 5장에서 더 구체적으로 다루기로 하고, 여기서는 우선 어떻게 하면 우리가 발을 딛고 있는 지역을 제대로 이해할 수 있는지, 다시 말해 지역을 포용할 수 있는 성숙함에 다다를 수 있는지에 대해 살펴보자.

"앎, 즉 사랑"에 이르기 위해 우리는 사랑하고자 하는 사람이나 장소 혹은 사물의 운율을 배워야 한다. 운율을 아는 것이 배움에서 가장 중요하다. 음악을 배울 때는 물론이고 운동이나 언어를 배울 때도 운율은 가장 중요한 요소다. (구두법도 운율의 한 종류다. 예를 들어 "할아버지, 같이 먹어요"와 "할아버지같이 먹어요"는 완전히 다른 말이다.) 그런데 운율은 오랜 시간 집중해서 배워야만 익힐 수 있다. 이사를 너무 빈번히 다니거나, 어떤 지역에 살면서 그 지역의 특징과 역사를 잘 아는 오래된 주민들과 교류하려는 아무런 노력도 기울이지 않는다면 우리는 그 지역을 사랑하기가 점점 더 힘들어질 것이다. 어떤 지역의 운율을 아는 사람들은 그곳에서 여름과 겨울을 여러 해 보냈기 때문에 날씨가 철에 맞지 않게 변하면 금방 알아챈다. 그들은 그 지역에 수선화가 언제쯤 피는지, 철새들이 언제쯤 남쪽으로 날아가는지, 첫서리는 언제쯤 내리는지를 안다. 즉 그 지역이 가진 자연의 운율을 아는 것이다. 그들은 또한 선거일, 납세일, 명절 대목, 축제, 지역 공휴일, 지역 학교 행사에 따른 시민 사회와 경제생활의 운율도 알고 있다. 이런 운율들은 한 지역을 정의하는 특징들이다. 우리가 뿌리내린 지역의 운율을 배우고 거기에 몸을 맡겨 살아가는 것은 우리 시대의 과제임이 분명하다.

이는 지난 10년간 나[Chris]에게도 아주 큰 고민거리였다. 잉글우드는 도심 지역이 흔히 그렇듯이 범죄, 늘어나는 노숙자, 여기저기 움푹 패인 도로, 높은 유동성 인구 비율 등의 문제가 산적한 곳이다. 내가 살고 싶은 지역을 선택할 수 있었다면, 나는 아마 여기서 살지 않았을 것이다. 잉글우드의 분위기는 따분하고 거칠다. 경관이라고는 딱히 내세울 만한 것이 없어서 굳이 비유하자면 합판보다 더 밋밋한, 표면적으로는 죽은 장소라고 할 수 있다. 하지만 정주의 힘은 우리로 하여금 이런 표면적인 모습 깊숙이 존재하는 운율을 깨닫게 하고, 하나님이 사방에서 행하시는 일에 대해 더욱 민감하게 반응할 수 있게 한다.

나는 잉글우드를 고향이라고 부르고 난 다음부터는 이곳을 깊이 사랑하게 되었다. 이 지역이 조금 변하기도 했지만, 그보다는 나 자신이 정말 많이 변했다. 잉글우드를 이해하고 사랑하게 된 세 가지 중요한 계기가 있었다. 가장 중요한 계기는 우리 교회가 이 지역과 깊은 연관을 맺으며 이 지역을—투박하고 삭막한 겉모습에도 불구하고—하나님의 선물로 여긴다는 사실에 있었다. 우리 교회 공동체는 이웃의 주민들을 알아가기 위해 적극적으로 노력하는 가운데 사업과 여가 양면에서 그들과 함께하기 위해 애쓴다. 교회와 주민들은 함께 힘을 모아 지역을 발전시킬 수 있는 일에 주도적으로 참여한다.

두 번째 계기는 내가 잉글우드의 역사를 정리하는 프로젝트를 이끌었던 사건이다. 잉글우드 지역의 발전을 도모하는 단체인 잉글우드 주민연합Englewood Neighborhood Association과 공동으로 우리는 이 지역의 역사를 연대순으로 정리하는 일을 진행했다. 나는 이 지역에 대해 공부하면서 놀라지 않을 수 없었다. 미국인이라면 누구나 알 만한 사람들이 이 지역을 거쳐 갔거나, 이 지역에서 일어난 일에 영향을 받았던 경우가 아주 많았기 때문이다. 그중에는 카버George Washington Carver, 엘비스 프레슬리, 오바마Barack Obama도 있다. 잉글우드는 아주 작은 구역에 불과하지만 미국의 거대한 역사에서 제 몫을 하고 있었다.(알아보면 우리가 사는 지역들은 대부분 이처럼 유명한 역사와 연결 고리를 가지고 있을 것이다.) 예를 들어, 지금 우리 교회는 폐가로 변한 집 한 채를 고치고 있는데 그 집은 바로 렙 러셀Reb Russell의 집이었다. 러셀은 유명한 야구 선수로 "맨발의 조"라는 별명을 가진 조 잭슨Joe Jackson과 같은 팀에서 활동했고 베이브 루스Babe Ruth와는 친구 사이였다. 전해 내려오기로는 러셀과 루스가 이 집 현관에 앉아서 다음 날 이른 아침까지 술잔을 기울였다고 한다. 우리가 실행한 프로젝트를 통해 발굴된 여러 가지 이야기들은 이 지역, 즉 내가 속한 지역의 의미를 되살려주었다. 이는 개인적으로도 그렇지만 이 지역과 오랜 역사를 공유하며 역사의 한 부분이 된 교회의 지체로서도 의미 있는 일이었다.

잉글우드를 사랑하게 된 또 다른 중요한 계기는 주변의 자연을 탐구한 일이었다. 교회들은 정주의 미덕을 계발하기 위해서 그 지역에 속한 사람들과 생태계의 모든 면에 관심을 기울이는 훈련을 해야 한다. 농부이자 작가인 베일리Liberty Hyde Bailey에게 영감을 얻은 나는 눈을 크게 뜨고 하나님이 도심지인 우리 지역의 풀, 나무, 동물, 운율, 지형을 통해 허락하신 선물들을 탐구하기 시작했다. 동네 걷기, 사람들이 다니지 않는 길 가기, 새 관찰하기, 나무 올라타기, 특정 대상에 대해 공부하기 등이 나의 탐구 활동이었다. 몇 년 전에 우리 아이들은 또래 친구들과 함께 우리 집 마당 옆 공터에서 아주 오래된 개오동나무 한 그루를 발견했다. 그 나무는 오랜 세월 동안 비바람에 속이 패여서 아이들 2명이 쏙 들어갈 만한 크기의 구멍이 나 있었다. 이 나무는 아이들에게 정말 좋은 놀이터가 되어주었다. 그 옆에는 초여름에 열매를 맺기 시작하는 뽕나무가 있는데 그 열매를 만지면 옷에 얼룩이 지기 쉽지만 맛있는 잼을 만들 수도 있다.

교회가 지역에 대한 성도들의 이해를 깊게 할 방법이 하나 있다. 이 방법은 이미 진행 중인 교회 교육 프로그램과도 쉽게 접목할 수 있다. 주변 자연을 탐구하면서 가장 기억에 남는 일은, 홈스쿨링을 하는 교회의 아이들과 함께 몇 개월에 걸쳐 마을에서 가장 가까운 개천인 플레전트런을 탐구한 것이었다. 플레전트런의 가장 가까운 부분은 우리 동네 남동쪽 모퉁이에서부터 4블록 떨어진 곳에 있었다. 우리는 인터넷 지도를 이용해서 플레전트런의 전체 모양을 살펴보며 원천에서부터 시작해 인디애나폴리스 남쪽에 위치한 화이트 강과 만나기까지의 총 길이를 측정해보았다. 그리고 우리가 만약 쥐라면 작은 보트를 타고 어떻게 우리 동네에서부터 멕시코 만까지 갈 수 있을지를 논의했다. 우리는 걷기도 하고 차를 타기도 하면서 하천 주변의 동물들을 관찰하고 물살의 세기를 측정했다. 또 왜 하천이 오염되고 미처리된 하수의 악취가 올라오는지, 어떻게 이를 개선할지도 논의했다.

우리는 우리가 평소 가지고 있는 환경에 대한 욕망을 바꾸는 훈련을 해야 한다. 어딘가에 이상적 장소가 있을 거라는 허상을 좇으면 안 된다. 이런 훈련들은 개인이나 교회 혹은 지역에 따라 다양한 모습을 띠겠지만, 내가 변한 것처럼 여러분도 변할 수 있다. 교회가 지역에 내려오는 이야기들을 수집하는 프로젝트를 진행하면 어떨까? 구전으로 내려오는 지역의 역사를 수집하고, 창의적인 방법으로 그것을 기록한 다음 사람들에게 소개해보면 어떨까? 다큐멘터리 제작에 관심 있는 아이들을 지도하면서 이를 지역의 구전 역사와 연결하면 어떨까? 아이들은 오랫동안 동네에서 살고 계신 분들, 아니면 새로 이사 온 주민들을 직접 인터뷰하고(아이들에게 인터뷰 요령도 가르칠 수 있다), 오래된 사진이나 지도 등 관련 자료를 수집하면서 그 내용에 맞는 대본도 써야 한다(쓰기 교육이 따로 있겠는가!). 그리고 멘토 선생님의 도움을 받아 어떤 주민이나 특정 역사에 관한 미니 다큐멘터리 한 편을 제작한다. 이것을 지역 영화제에서—가능하면 교회에서도—주민들과 함께 관람하는 것이다. 이것은 하나의 예시에 불과하지만 환경에 대한 우리의 욕망이 얼마든지 전환될 수 있다는 사실을 알려준다. 이런 방법들은 적극성을 요구한다. 환경에 대한 욕망을 전환하는 것은 하나의 영적 훈련이 된다는 사실을 기억해야 한다. 모든 영적 훈련과 마찬가지로, 핵심은 우리가 사용하는 기법이 아니라 그 훈련의 목적이 무엇인가다.

하나님은 모든 창조 세계를 변화시키신다. 우리가 삶의 속도를 늦추고 충분한 시간 동안 뿌리를 내리고 기다린다면, 우리도 그리스도를 닮은 모습으로 변화될 수 있다. 우리가 꿈꾸는 비전의 영역도 달라진다. 우리는 추상적으로 세상을 바꿔야 한다고 말하는 대신 내가 서 있는 이곳을 바꿔갈 구체적인 방법을 자유롭게 상상할 수 있다. 우리가 신뢰하는 하나님은 모든 창조 세계의 회복을 총지휘하는 분이시며, 우리가 우리 지역을 돌보는 것처럼 다른 지역을 돌보는 그 지역의 사람들도 능히 일으키는 분이시다.

지역 문화를 살리는 촉매제

하나님의 풍성한 생명력은 교회 공동체의 담장을 넘어 계속 흘러가면서 우리 마을을 생명의 기운이 넘치는 곳이 되게 한다. 교회는 지역 문화의 촉매제가 되어야 한다. 『컬처 메이킹』*Culture Making*(IVP 역간)의 저자 앤디 크라우치Andy Crouch는, 문화 만들기란 농부가 땅을 일구는 것과 같다고 말한다. 농부가 농작물을 경작하기 위해 땅을 일구는 것처럼 우리도 하나님이 허락하신 현장에서 우리의 은사들을 일구어야 한다. 우리는 경작의 순환을 지속시키기 위해 우리에게 주어진 은사가 무엇인지 면밀히 살피고 힘을 모아 그것을 활용해야 한다. 크라우치는 다음과 같이 말한다.

> 오랜 시간 동안 숙련된 경험으로 식물과 땅을 이해할 때 농작물을 경작할 수 있다. 마찬가지로 문화적인 요소들을 경작하기 위해서는 우리 문화의 역사에 세심한 주의를 기울여서 무엇이 문화를 죽이는 위협이 되고 또 무엇이 문화를 꽃피우게 하는 기회가 되는지를 살펴야 한다. 경작은 또 다른 이름의 보존이다. 그것이 자연환경이든 문화든 적어도 우리가 상속받았던 만큼의 가능성과 탁월성을 후세에게 물려줘야 한다.[8]

공동체를 가꾸기 위해서 우리는 공동체가 위치한 지역의 운율을 살필 뿐 아니라, 일상의 반복적인 선택들이 지역에 미칠 영향에도 세심한 주의를 기울여야 한다. 우리는 어떤 지역에 깊이 뿌리를 내리면 내릴수록 그곳이 아름답게 번창하기를 바라게 된다. 물론 한 지역을 생명력이 넘치게 가꾼다는 것은 그 지역을 돌본다—청소하고, 정원을 가꾸고, 최대한 검소하게 살면서 땅을 잘 보존한다—는 것만을 의미하지 않는다. 한 지역을 생명력이 넘치게 가꾸려면 그곳에서 살아가는 사람들의 삶을 이해하고 그들에게 세심한 주의를 기울여야 한다. 이를 위한 가장 좋은 방법 하나는 동네 상점에서 음식이나 물품을 구매하는 것이다. 주민이 참여하거나 지역에서 생겨난 상권이 활성화되도록 하는 경제 활동은 내 이웃을 사랑하고 아끼는 한 가지 방법이 된다. 그렇게 되면 지역의 생산자와 제조업자들도 건강하고 좋은 음식과 상품을 제공함으로써 우리의 사랑에 답할 것이다.

음악가나 미술가는 자연, 언어, 역사, 문화를 이해하고 새롭게 해석하는 것을 도와주는 사람들이다. 나John는 업스트림메이커스컬렉티브라는 실버톤 현지 예술가 모임을 만들었다. 이 모임에는 시각·행위 예술가, 디자이너, 작가와 이야기꾼, 음악가, 농부, 정원사, 공예가 등이 참여하는데, 이들은 함께 예술적 재능을 계발하며 공동 작품 활동을 하면서 우리 지역과 이웃의 삶이 더욱 풍요로워지기를 희망하기로 헌신한 사람들이다. 우리는 우리의 활동이 공공선을 지향하며 지방 문화를 발전시키는 일이라고 생각한다. 그러나 이 활동은 우리 지역에 초점이 맞추어져 있다. 우리는 창의적으로 서로 활기차게 이야기하는 가운데 실버톤과 엔젤 산Mt. Angel, 스테이톤과 그 사이에 있는 마을들을 포함하는 몰랄라푸딩 강 "문화저장고"cultureshed를 만드는 일에 우리의 비전을 제한하기로 했다.[9]

업스트림메이커스컬렉티브가 하는 일은 다양하다. 공공장소에 작품을 전시하고 예술 자산 지도 만들기를 이끌며 지역의 역사를 전하는 방법을 계발하고 독서 모임을 만들며 문화와 예술 활동에 전념하는 사람들을 지원한다. 2014년에는 프레드FRED라는 컨퍼런스를 처음으로 개최했다. (이 컨퍼런스의 이름은 유명한 방송인이자 목사인 로저스 아저씨Mister Rogers의 본명에서 따왔다.) 이 컨퍼런스는 발제자가 이 지역의 예술에 대해 강연을 한 후 이에 관한 대화를 나누는 순서로 진행되었다. 우리는 예술과 문화로 우리 지역의 신앙 공동체들을 섬길 수 있는 프로젝트도 진행 중이다. 교회들이 예배실과 로비를 포함한 여러 장소에 시각 예술 작품을 전시할 수 있게 용기를 주고 성도들의 직접적인 창작 활동을 격려하면서, 예술과 이야기 나누기가 신앙 공동체의 삶과 통합하도록 돕고 있다. 우리는 예술가를 지원하고 교회 안에 있는 예술적 재능을 육성함으로써 공동체의 이야기를 예술로 승화시키고, 우리 지역을 지역의 고유한 특색이 묻어나는 방법으로 경작할 수 있게 돕고 있다.

환대와 너그러움

우리가 정주의 미덕을 이야기할 때 빼놓아서는 안 되는 것이 바로 환대와 너그러움이다. 환대hospitality와 너그러움generosity은 슬로처치가 지향하는 두 가지 경제적 실천으로서 이 책의 후반부에서 더 자세히 살펴볼 것이다. 다만 지금 여기서 환대와 너그러움을 이야기하는 이유는 정주에 대한 사람들의 심각한 오해 때문이다. 정주의 미덕은 자칫 다음과 같은 위험으로 치달을 수 있다. 첫째, 우리 지역으로 이주해 온 사람들, 특히 본인의 의지가 아니라 어쩔 수 없는 상황 때문에 옮겨 온 사람들보다 우리 자신이 우월하다는 생각에 빠질 수 있다. 둘째, 한 지역에 뿌리내림을 통해 힘과 권력을 축적하고 싶은 유혹에 빠질 수 있다. 뿌리내리기와 참호 속으로 들어가기는 전혀 다르다. 외지 사람들이 어떻게 이곳에 오게 되었는지 혹은 얼마나 머무를 것인지와 관계없이 그들을 환영하고 반기는 것이 바로 그리스도인의 환대다. 마찬가지로 너그러움—하나님이 우리에게 거저 주신 자원들을 사람들과 나누는 것—의 미덕은 정주가 기득권을 유지하기 위한 수단이 아니라는 사실을 확실히 알려준다. 정주란 우리가 거하는 지역을 건강하고 풍성하게 하기 위한 미덕이다. 절대로 그것 자체가 목적이 되어서는 안 된다.

우리에게는 생명과 문화를 풍성하게 해야 할 소명이 있다. 한 지역에 모인 하나님의 백성들은 하나님이 자신들에게 주신 독특한 은사들을 통해 치유하고 자유를 주시는 예수님의 복음을 함께 드러내야 한다. 우리는 하나님을 사랑하고 서로를 사랑함으로써—그리스도의 사랑을 행하는 것에 실패할 때 서로를 용서하고 회복시킴으로써—우리가 그리스도의 몸임을 드러낸다. 로마서 12장은 생생한 이미지로 교회가 일구어가는 일이 어떤 것인지를 알려준다. 우리는 서로 다른 은사를 가지고 있음에도 불구하고 "우리 많은 사람이 그리스도 안에서 한 몸이 되어 서로 지체가" 되었다(5절). 9-18절 말씀은 함께 살아가는 삶을 규정하면서 지향점을 알려준다.

9사랑에는 거짓이 없나니 악을 미워하고 선에 속하라. 10형제를 사랑하여
서로 우애하고 존경하기를 서로 먼저 하며 11부지런하여 게으르지 말고
열심을 품고 주를 섬기라. 12소망 중에 즐거워하며 환난 중에 참으며 기
도에 항상 힘쓰며 13성도들의 쓸 것을 공급하며 손 대접하기hospitality[환
대]를 힘쓰라.

14너희를 박해하는 자를 축복하라. 축복하고 저주하지 말라. 15즐거워
하는 자들과 함께 즐거워하고 우는 자들과 함께 울라. 16서로 마음을 같
이하며 높은 데 마음을 두지 말고 도리어 낮은 데 처하며 스스로 지혜 있
는 체하지 말라. 17아무에게도 악을 악으로 갚지 말고 모든 사람 앞에서
선한 일을 도모하라. 18할 수 있거든 너희로서는 모든 사람과 더불어 화
목하라(롬 12:9-18).

교회는 오늘날에도 치유하시는 하나님의 사랑이 주변으로 흘러가는 통로가 될 수 있다. 우리의 기쁨, 소망, 오래 참음, 너그러움, 환대, 겸손, 평온함—근본적으로 바울이 갈라디아서 5장에서 말한 성령의 열매를 반영하는 덕목들—은 사과나무의 사과처럼 오랜 기간에 걸친 돌봄과 정성으로 일구어야 할 하나님의 선물이다. 선정적인 문화가 지배하는 오늘날의 세상 속에서 우리는 사랑하고 사랑받는 것에 대

한 갈망이 심각하게 왜곡된 사람들을 자주 만나게 된다. 또 참된 기쁨에 대한 갈망을 약물 남용이나 과도한 소비를 통해 해결하려는 사람들도 많다. 우리는 예수님 안에 함께 거할 때(요 15:5-8를 보라) 굶주린 세상을 먹일 수 있는 좋은 열매를 맺는다.

우리는 과즙이 가득한 최고의 열매를 맺기 위해서 한 지역에 깊이 뿌리를 내린 가운데 예수님의 발걸음을 따르는 신앙 공동체와 삶을 나누어야 한다. 한 교회에서 다른 교회로 사람들을 파송—농사의 비유를 계속 사용하자면 이는 나뭇가지를 접붙이는 것이다—해야 할 때가 있다. 그러나 그러한 파송은 꼭 해야만 하는 규칙이나 원칙이 아닌 이례적인 선택이 되어야 한다. 또 그러한 파송은 개인의 목적을 충족하는 과정에서 발생하는 우발적인 사건이 되어서는 안 되고, 교회 사역의 하나로 분별과 축복 속에서 이루어져야 한다. 교회가 정말 그리스도의 몸이라면, 그리고 우리가 정말 그리스도 안에 거한다면 우리는 특정한 교회 공동체 안에 뿌리를 내리고 있어야 한다. 이제 교회는 공동체나 지역을 개의치 않는 현대 서구 문명의 환상을 선전하는 곳이 되면 안 된다. 사실 공동체와 지역은 하나님의 풍성한 창조 세계를 구성하는 조직 자체이며 창조 세계의 회복에서 빠질 수 없는 본질이기 때문이다.

대 화 의 출 발

1. 현대사회의 과잉이동성과 개인주의가 교회의 모습을 어떻게 바꿔놓았는지를 설명해보자.

2. 교회가 하나님의 화해 사역에 동참하기 위해서 한 지역에 뿌리를 내리고 그 지역 사회의 일원이 되는 것이 왜 중요한지를 이야기해보자.

3. 교회가 한 지역에 머물면서 그 지역의 운율을 깨닫고 배운다는 것이 무슨 의미인지, 또 이를 위해서 어떤 일을 할 수 있는지 말해보자.

4. 자신이 속한 교회가 위치한 지역의 내러티브(이야기)를 해보자. 또 같은 지역에 있는 다른 교회의 이야기를 얼마나 알고 있는지에 대해서도 말해보자. 왜 상당수 한국교회가 자신이 속한 지역 사회의 이야기나 다른 교회의 이야기에 무관심하거나 냉담하다고 생각하는가?

5. 최근 1년 동안 교회의 성도 중 교회를 옮기거나 멀리 이사 간 사람들이 있다면 누구인지, 그들이 왜 그렇게 했는지 알고 있는가? 만일 모른다면 그 이유가 무엇인가?

4장
인내: 타인의 고통에 동참하기

"〔인내는〕 믿음을 굳건히 하고 평화를 지켜내는 파수꾼입니다.
자비를 베푸는 마음을 북돋우고 겸손한 마음을 갖게 합니다.
회개를 오래도록 기다리고 고백에 인을 칩니다.
육체를 다스리고 영을 지키며 세 치 혀에 굴레를 씌웁니다.
우리의 손을 제어하고 유혹들을 발로 짓밟으며
부끄러운 일들을 멀리 쫓아버립니다.
…가난한 자를 위로하며, 부유한 자에게 절제를 가르칩니다.
약자에게 지나친 짐을 지우지 않고 강자를 피폐하게 만들지 않습니다.
인내는 믿는 자의 즐거움입니다."

_테르툴리아누스, 『인내에 대하여』*Of Patience* 중에서

현대인이 살아가는 집안에는 즉각적인 만족이라는 복음을 위해 만들어진 제단들이 많다. 부엌에서는 전자레인지가 단 몇 분 만에 음식을 데워준다. 냉장고는 음식을 항상 신선하게 보관하면서 바로 꺼내먹을 수 있도록 해주고 식기 세척기는 산더미처럼 쌓인 설거지거리를 간

단히 처리할 수 있게 해준다. 뜨거운 물이 집안 곳곳에서 나오고 요즘 세탁기로는 빨래를 바로 말릴 수도 있다. 실내에 설치된 수세식 변기는 분뇨를 바로 처리해주기 때문에 추운 겨울에 화장실에 가거나 요강을 비우기 위해 집 밖으로 나갈 필요가 전혀 없다.

놀고 싶으면 TV를 켜면 된다. 말 그대로 수백 개의 채널이 항상 당신을 기다리고 있다. 리모콘을 들고 하는 게임기도 있고, 각종 방송 서비스 덕분에 가족 모두가 취향대로 선택하는 수천 가지 영화와 프로그램을 밤낮으로 즐길 수도 있다. 스마트폰과 컴퓨터로는 우리가 원하는 모든 뉴스와 정보를 찾을 수 있다. 구글은 검색어를 넣으면 검색 시간을 0.01초까지 계산하면서 온라인상에 기록된 모든 정보를 순식간에 나열한다. 책이든 공예 재료든 무언가 필요한 것을 구매할 때는 단지 마우스를 몇 번만 클릭하면 주문이 끝나며 그 물건은 며칠 안으로 집 앞까지 배달된다.

편리함이란 결국에는 조급증impatience으로 유지되고 강화되는데, 우리가 만들어놓은 환경—집, 일터, 교회 건물, 쇼핑몰, 길거리—은 편리함에 대한 우리의 욕망을 충족시켜주기도 하고 또 우리가 얼마나 편리함을 추구하며 살고 있는지를 여실히 보여주기도 한다. 헨리 나우웬Henri Nouwen과 도널드 맥닐Donald McNeill, 더글러스 모리슨Douglas Morrison은 『긍휼』*Compassion: A Reflection on the Christian Life*(IVP 역간)이라는 책에서 조급증을 다음과 같이 정의했다. "조급증은 쉬지 못하는…[즉] 현재를 공허하고, 부질없고, 의미 없는 것으로 경험하는 내면의 상태다. 지금 바로 이 순간을 가급적 빨리 벗어나고 싶어 하는 욕망이다."[1]

우리가 하나님의 백성으로서 좀 더 느리게 살면서 하나님의 풍성한 선하심과 그분이 허락하신 생명의 부요함을 맛보고자 한다면 우리 마음속에 깊이 자리한 조급증에 대해 심각하게 고민해볼 필요가 있다.

나우웬과 맥닐과 모리슨이 말하듯이, 우리는 인내를 강박fight과 회피flight라는 두 극단 사이에 놓인 제삼의 길로 이해할 수 있다. 인내를 통해 우리는 현재에 머무는 법을 배운다. 현재는 공허한 것이 아니라 하나님의 은혜로 가득한 것이다. 우리는 어떻게 하면 쉬지 못하는 상태를 강화하는 환경을 극복하고, 우리를 인내하는 백성으로 부르신 하나님의 뜻 가운데 더 깊이 성장할 수 있을까? 이것이 우리가 이번 장에서 나누려는 이야기다.

조급증 문화의 출현

현대 서구 문화 그리고 범세계적인 문명의 추세는 우리의 조급증에 기반을 두고 형성되어가고 있다. 인류의 쉬지 못하는 상태가 완전히 새로운 것은 아니지만, 최근 200년 동안 빠르게 진행된 일련의 기계화와 산업화는 즉각적인 만족—이는 불만 또한 즉각적이라는 이야기다—을 추구하는 문화 속으로 우리를 밀어 넣었다.

18세기 후반부터 영국에서 일어난 산업혁명은 생산 방식의 새로운 패러다임을 제시했다. 가정에서 인간이나 가축의 힘을 이용하던 방식은 공장에서 기계를 사용하는 방식으로 전환되었다. 이런 급격한 변화가 가장 먼저 시작된 분야는 직물산업이었다. 산업혁명 이전에는 직물을 생산하기 위해 양이나 면화로부터 섬유를 얻은 다음 그것을 실로 만들고 다시 옷감으로 완성하는 수많은 과정을 거쳐야 했다. 주로 지방의 수공업자들이 집에서 이 복잡한 과정을 통해 옷을 만들었기 때문에 이런 생산 방식을 "가내수공업"이라고 한다.

1733년에는 직물 짜는 속도를 획기적으로 높인 플라잉셔틀flying shuttle이 개발되었는데, 이는 산업의 기계화에서 중요한 사건이었다. 이후 화석 연료를 사용하는 증기기관이 발명되고 다축 방적기 등이 개발되면서(1764년) 직물 생산 방식은 완전히 기계화되었다. 농업과 금속공업과 같은 산업들도 이런 절차를 밟으며 기계화되어갔다. 또 산업화한 운송 수단—증기선, 기차, 자동차—을 통해 상품들은 값싸고 빠르고 쉽게 퍼져나갔다.

기계화는 상품 생산 속도를 높였고, 몇몇 사람들은 기계화 덕분에 큰 부자가 되었다. 그러나 부작용도 만만치 않았다. 환경오염이 증가했고 노동자들은 박봉에 시달렸으며 노동 착취는 점점 심해졌다. 사람들이 산업혁명을 생각할 때마다 윌리엄 블레이크William Blake가 말한 "사탄 같은 검은 제분소"dark satanic mills라는 이미지를 늘 떠올리는 것은 결코 우연이 아니다.

산업혁명은 미래주의 선언의 주요 기조였던 "빠름에 대한 맹신"을 탄생시켰다. 그리고 이는 마침내 조급함의 문화에서 중심적 위치를 차지하게 되었다. 조급함의 문화가 인간의 쉴 수 없는 상태를 처음 만들어냈다기보다는 키웠다고 말하는 것이 더 정확하다. 처음에 조급함의 문화는 쉴 수 없는 인간을 **돕는 듯했지만**, 결국에는 인간이 그 문화에 **종속되고 말았다**. 조급함은 성경이 이야기하는 능력이나 원리와는 거리가 멀다.

물론 인간의 쉬지 못하는 상태는 창조 세계에 전방위적인 영향을 주고 있다. 과학기술이 제공하는 편리함을 향유하기 위해 지불해야 하는 대가는 우리의 과도한 에너지 사용을 살펴보면 분명하게 드러난다. 자동차를 움직이는 휘발유, 발전소에서 사용하는 석탄(산을 통째로 파괴해야 비로소 얻을 수 있는 자원이다), 반감기가 수천 년인 폐기물을 만들어내는 원자력으로 인한 모든 위협과 쓰레기들을 생각해보라. 자동차를 몰고 전기 제품을 사용하는 일체의 순간마다 우리는 크든 작든 공해를 만들어낸다. 스리마일 섬Three Mile Island의 원자력 발전소 사고와 멕시코 만을 죽음의 바다로 만든 브리티시석유회사BP의 석유 유출 사고와 같은 대형 참사는 우리의 에너지 사용과 연결되어 있다. 물론 석탄이나 석유를 전혀 사용하지 말자는 이야기는 아니다. 단지 우리의 조급함 때문에 치러야 할 대가가 어떤 것인지를 돌아보고, 예수님을 따르는 제자로서 편리함을 내려놓는 것에 대해 생각해보자는 것이다.

우리의 고통 혐오증

무조건 빠른 속도를 선호하고, 일하는 시간을 줄이기 위해 기계와 과학기술에 의존하는 우리의 삶(이에 대해선 6장에서 더 자세히 다룰 것이다)에 대해 이런 질문을 던져보자.

- 우리는 어떤 목적으로 일하는 시간을 줄이고자 하는가?
- 우리는 일하는 시간을 줄여서 어떤 종류의 여가를 만들어내는가? 그 여가를 사용해 무엇을 하려고 하는가?
- 노동을 줄이거나 회피하면서 게으르고 나태하게 지내는 시간이 더 늘어나고 있지는 않은가? 섬세한 부분에는 신경을 쓰지 않으면서 일이 제대로 될 기회들을 흐지부지 흘려보내는 것은 아닌가?

나중에 더 자세히 다루겠지만, 인간은 노동을 위해 만들어진 존재다. 기계 문명이 발달하면서 발생하게 된 중요한 긴장 중 하나는, 노동의 선함과 과로로 인한 참담함 사이에서 발생하는 긴장이다. 신학적인 용어로 설명하자면, 노동의 선함과 필요성이 하나님의 백성으로서 살아가야 하는 안식의 삶과 충돌하는 지점에 이 긴장이 있다. 『나는 사랑하는 사람을 잃었습니다』*Lament for a Son*(좋은씨앗 역간)라는 책은 니콜라스 월터스토프Nicholas Wolterstorff가 등반 사고로 먼저 세상을 떠난 아들의 죽음에 대해 신학적으로 묵상한 내용을 담고 있다. 이 책에서 그는 과학기술과 그 경계에 존재하는 긴장에 대해 인상적인 관점을 제시한다.

> 우리는 날이 갈수록 삶에서 무언가 불편한 일들을 대면할 때 그것에 반응하기보다 그것을 극복해야 한다고 생각하는 시대에 살고 있습니다. 우리는 종종 성공합니다. 그러나 대다수는 그런 사치를 누려오지도 않았고 누

리고 있지도 않습니다. 죽음은 우리가 반응하지 않고도 견딜 수 있다는 환상을 산산이 부숴버립니다. 우리는 전화 한 통으로 함께 있지 못함을 극복하고, 비행기로 날개 없음을 극복하고, 에어컨으로 더운 여름 날씨를 극복합니다. 그러나 우리가 결코 피하지 못하고 반응할 수밖에 없는 두 가지가 남아 있습니다. 바로 우리 마음속에 있는 사악함과 죽음입니다. 어떤 사람은 과학기술을 통해 마음속의 사악함을 극복할 수 있다는 망상을 하기도 합니다. 하지만 죽음을 극복하게 할 과학기술이 없다는 사실은 누구나 알고 있습니다. 죽음은 하나님이 극복하시기 위해 남겨져 있습니다.[2]

월터스토프의 말을 빌리자면, 엄청난 과학기술에 사로잡힌 서구 문화는 고통을 극복하기 위해 온 힘을 쏟아왔다. 물론 가능하면 극복되어야 할 종류의 고통이 있다. 하지만 우리가 하나님께 받은 소명은 긍휼compassion—"고통을 함께하다"to suffer with라는 의미의 라틴어에서 유래한 단어—이다. 과학기술의 발달이 가져온 엄청난 비극은 고통을 모면하려는 문화가 생겨났다는 것, 나아가 우리가 타인의 고통 속으로 함께 들어갈 의지와 능력을 상실해버렸다는 것이다. 신학자 필립 케네슨Philip D. Kenneson은 이렇게 설명한다. "물론 타인의 고통에 동참한다는 것이 말처럼 쉬운 일이 아니라는 사실은 잘 알고 있다. 하지만 우리 문화의 세 가지 최고의 미덕[생산성, 효율성, 빠른 속도]은 고통받는 자와 함께 우는 것을 짜증 나는 일로 만들어버렸다. 느리게 살아가면서, 홀로 우는 자와 진정으로 함께하려는 사람이 거의 없는 것 같다. 결국 우리 중 대다수는 진정으로 함께함은 고사하고, 그 어떤 인간적인 접촉도 없이 지독한 적막 속에서 혼자 고통을 당한다."[3]

고통을 회피하는 우리의 태도는 사랑으로 인류의 고통을 대신 짊어지신 예수님을 증거하는 제자로 사는 삶과 배치된다. 우리가 우리의 형제자매와 이웃의 고통에 동참하지 못하면, 우리가 이웃들에게 드러내는 그리스도는 성경이 말하는 예수의 천박한 변종이 되고 만다. 그리고 우리가 전해야 할 책임이 있는 복음의 깊은 맛은 흐려질 수밖에 없다. 고통을 거부하려고 할 때 우리는 인간의 아픔, 난감한 상황들, 상처 입은 사람들을 피해갈 수 있는 지름길을 찾게 된다. 정신질환을 앓거나 집이 없어서 고생하는 이웃들에게 필요한 것은 친구, 즉 함께 걸으면서 자기들의 짐을 조금이라도 나눠서 짊어져 줄 사람들이다. 그러나 이런 친밀한 교제와 나눔은 우리에게 너무 과한 요구로 느껴진다. 우리의 신앙 공동체들은 대부분 깊은 관심 대신 음식이나 옷, 돈을 가난한 사람들에게 나눠주고, 그들을 제 길로 돌려보낼 뿐이다.

인내란 긍휼이 우리 삶에서 구체화되는 방식이다. 나우웬, 맥닐, 모리슨에 따르면 "인내는 우리가 긍휼의 하나님을 따르고자 할 때 풍성한 열매를 맺게 하는 어렵고도 필수적인 훈련 방법이다." 또한 그들은 인내란 수동적 기다림이 아니라고 말하면서, 인내를 수동적 기다림으로 보는 관점은 소외 계층을 통제하려는 권력층에 의해 왜곡된 개념이라고 밝힌다. "사회의 영향력 있는 [많은] 사람들이 사회와 교회에 꼭 필요한 변화를 막기 위해 인내라는 개념을 사용해왔다.…[그보다] 인내란 능동적으로 삶에 깊숙이 들어가는 것이고, 우리 가운데 있는 고통과 우리를 둘러싼 고통을 온전히 감당해내는 것이다."[4]

인내라는 개념을 이렇게 정리하고 나니, 우리가 그동안 가지고 있었던 두 가지 오류가 명백하게 드러난다. 타인의 고통을 피하는 것은 인내가 아니다. 또 타인의 삶으로 깊이 들어가지 않고 고통을 바로잡으려는 것도 인내가 아니다. 치유와 화해를 향해 가는 길은 예수님이 걸어가셨던 인내와 긍휼의 길이다.

초기 그리스도인들의 인내

예수님의 인내와 긍휼을 닮아가며 성장하기 위해서는 초기 그리스도인들의 삶을 들여다볼 필요가 있다.

인내는 초기 기독교 공동체의 뼈대가 되는 중요한 가치였고, 오리게네스와 테르툴리아누스와 같은 교부들은 인내에 대한 자세한 소론들을 기록하기도 했다. 초기 기독교 공동체는 파티엔티아라는 라틴어를 우리가 21세기에 사용하는 인내patience라는 말보다 더 엄중한 의미로 사용했다. 그들에게 인내란 우리가 말하는 오래 참음longsuffering에 가까웠다. 그들이 예수님의 삶과 죽음과 부활에서 온전히 드러났다고 본 파티엔티아는 해를 끼치는 것보다 고통을 당하는 것이 낫다고 가르쳐주었다. 초기 기독교 공동체가 예수님의 파티엔티아를 실천할 수 있었던—또 그럴 수밖에 없었던!—이유는 구성원 간의 사회적 유대가 긴밀했기 때문이었다. 서구 개인주의의 영향 아래 있는 우리에게는 그들의 실천이 낯설고 생소하다. 초기 기독교 공동체는 실제로 하나님이 새로운 가족을 만드셨다고 믿었다. 교회는 한 아버지를 섬기는 형제와 자매로 맺어진 공동체로서 어려운 제자의 여정을 함께 걸으며 누군가의 짐이 혼자 감당하기 힘들 때면 서로 짐을 나누어 졌다.

테르툴리아누스는 파티엔티아가 공동체 생활에 얼마나 중요한 덕목인지를 묵상집에서 생생하게 묘사한다. 그는 먼저 하나님의 인내에 대해 강조한다.

> [하나님]은 선한 자나 악한 자 모두에게 공평하게 빛을 내려주십니다. 하나님은 햇빛과 비와 눈을 통해 주어지는 계절의 유익과 자연이 주는 모든 축복을 존귀한 자와 비루한 자에게 허락하십니다. 하나님은 제 손으로 만든 우상을 숭배하며 하나님의 이름과 그 백성들을 박해하는 가장 배은망덕한 민족들을 품으십니다. 하나님은 모든 사치와 탐욕, 부정과 모든 악, 매일같이 쌓여가는 오만함을 참으십니다.

테르툴리아누스는 인간이 가져야 할 인내에 대해 말하면서, 파티엔티아란 복수를 향한 열망을 접는 것이라고 강조했다. 이는 사랑의 개념과도 깊은 관련이 있다. 고린도전서 13장에서 사랑은 무엇보다 먼저 **인내하는 것**(오래 참는 것)이다. 테르툴리아누스는 예수님이 우리에게 죄지은 자를 7번이 아니라 7번을 70번까지라도 용서해야 한다고 가르치셨다는 사실을 상기시킨다.

테르툴리아누스는 영적 인내만큼이나 육체적 인내도 중요하다고 말했다. 그가 말하는 육체적 인내란 식단을 간소하게 하고 금식함으로써 육체의 욕구를 절제하는 것을 의미하는데, 교회는 이러한 육체적 인내를 통하여 "베옷을 입고 재에 앉아" 회개하는 태도를 견지한다. 그는 또한 우리가 육체를 훈련함으로써 감옥에 갇히거나 순교를 당하는 박해—이는 당시 매우 실제적인 위협이었다—의 상황에 대비할 수 있다고 보았다. 순교자를 뜻하는 영어 "마터"martyr는 "증인"을 뜻하는 그리스어에서 유래했다. 신앙을 위해 죽임을 당한 그리스도인들은 죽음을 이기신 그리스도를 통한 부활을 증언하는 증인들이다. 오늘날 서구의 그리스도인들은 박해를 거의 혹은 전혀 받지 않지만 초기 그리스도인들이 보여주었던 육체적 인내를 배움으로써 예수 그리스도의 복음을 증언하는 일에 큰 도움을 얻을 수 있을 것이다.

금식과 여러 가지 훈련은 꼭 우리를 더 나은 개인으로 만들어주기 때문에 중요한 것이 아니다. 금식과 훈련들은 우리의 정체성이 꼭 우리 자신과 우리의 소망에만 관련된 것이 아니라는 사실을 일깨워주는 놀라운 **이야기**를 각인시키기 때문에 중요하다. 예컨대 우리가 단순하고 검소한 삶을 살아가면 남은 자원을 다른 사람과 나눌 수 있으며, 이것은 하나님의 관대하심을 증언하는 일이 된다. 또 건강하게 살고자 힘쓰는 사람은 건강한 몸으로 다른 사람들을 돌볼 기회가 더 많아지며, 이를 통해서 그리스도의 긍휼의 복음을 부지런히 나눌 수 있다.

테르툴리아누스는, 유혹과 핍박에 시달렸지만 영적·육체적 인내를 끝까지 지켰던 성경 인물들의 이야기로 인내에 대한 글을 마무리한다. 그 가운데에는 스데반, 이사야, 욥이 포함되는데, 그는 특별히 욥의 인내에 주목한다.

> 모든 고통에도 불구하고 [욥은] 하나님을 향한 경외를 포기하지 않았습니다. 대신 그는 영혼에서뿐만 아니라 육체에서도, 마음뿐 아니라 몸에서도 온전한 인내를 이룸으로써 우리에게 본보기와 증거가 되었습니다. 그는 정신과 육체, 영혼의 고통을 온전히 인내했습니다. 우리는 물질의 손해를 보고, 세상에서 가장 아끼는 사람을 잃고, 육체가 고통받아도 굴복하지 않았던 욥의 인내를 본받아야 합니다.[5]

순교자들의 이야기는 초기 기독교 공동체에 널리 회자하였다. 초기 기독교 공동체는 순교자들이 당한 박해와 고난을 통해 로마 제국의 악랄한 이교적 삶의 방식에 대한 가슴 저미는 대안을 지치지 않고 제시할 수 있었다. 이제 현대 교회들도 마음을 내어주는 예수님의 사랑을 보여줄 수 있는 오래 참음의 미덕을 회복해야 할 것이다.

지역 교회에서 인내 배우기

지역 교회는 인내하시는 하나님을 따르는 사람들의 삶이 단련되는 대장간이다. 우리는 예수님의 삶과 죽음, 부활과 승천을 통해 서로 하나가 되었다. 우리가 그리스도의 장성한 분량이 충만한 데까지 이르고자 한다면(엡 4:13), 오랜 시간 한 지역에 머물면서 용서하고 화해함으로써 인내를 배워야 한다. 우리의 형제나 자매가 우리를 끊임없이 괴롭힐 수도 있다. 그러나 우리는 그리스도 안에서 사랑하고 서로 화해하도록 부름을 받았다. 결혼 서약이 어려운 시기에 부부를 하나로 지켜주는 언약이 되는 것처럼, 우리가 인내를 배우고 정주의 미덕을 실천하고자 한다면 신앙 공동체에 대한 우리의 헌신은 필수적이라고 할 수 있다. 인내는 믿음의 지체들을 갈기갈기 찢어놓는 여러 가지 사건들 속에서 우리를 하나로 지켜준다.

분열의 단초는 다른 이의 고통에서 불거지는 경우가 많다. 경제적 어려움, 외설물 중독, 불륜, 혹은 인종·나이·성적 기호 등으로 인한 소외가 문제될 수 있다. 아니면 뒷말이나 세력 다툼 같이 분열을 초래하는 행동으로 드러나는 두려움이 문제될 수 있다. 이런 어려운 상황에 봉착했을 때 한 걸음 물러서서 문제를 해결하려 하거나 모두 내팽개치고 도망가버리고 싶은 마음이 드는 것은 인지상정이다. 그러나 우리는 그 가운데로 뛰어들어 인내해야 한다. 고통받는 자와 함께 신실하게 동행해야 한다. 예를 들어 친구의 결혼 생활이 파탄에 이르렀을 때 충고를 하거나 판단하기는 쉽다. 그러나 그 부부와 마주 앉아 이야기를 들어주고, 많은 대화가 필요한 더딘 치유의 과정에 함께하며, 화해를 축하하거나 이혼을 통탄하면서 함께 있어주기란 훨씬 복잡하고 부담이 큰 일이다.

교회의 지체 중 누군가는 불가피하게 교회를 떠나게 된다. 어딘가로 파송되거나 먼저 하늘나라로 가기도 한다. 하지만 이곳에서 만난 그 사람들과 더 깊이—어떤 어려움이 있어도—성장하기로 결단하는 우리의 헌신은 하나님이 허락하실 성령의 열매(갈 5장)를 맺게 하는 훌륭한 환경을 조성한다. 식물은 뿌리가 뽑힐 때마다 약해지고 열매 맺기가 힘들어진다. 마찬가지로 우리가 지역 공동체의 장에서 떠날 때마다 인내의 성장은 방해를 받는다. 우리가 지역 교회에서 긍휼을 실천함으로써 배우는 인내는 교회 밖으로 퍼져나간다. 바로 우리가 이웃과 직장 동료 및 공무원들이나 다른 교회 성도들에게, 혹은 친교 모임이나 사업을 통해 알게 된 모든 사람에게까지 더 인내하기 때문이다.

잉글우드 교회를 다닌 지난 10년 동안 교회의 형제자매들은 나Chris에게 긍휼이 무엇인지를 풍성하게 가르쳐주었다. 우리 부부에게 그 처음 5년은 말로 다할 수 없이 힘든 시기였다. 세 아이가 아주 어릴 때였는데 입양한 막내는 걸음마를 배우는 중이었다. 그러던 와중에 출산한 딸아이는 사산되었고 유치원에 다니던 아들은 암 판정을 받았다. 게다가 장인어른이 급작스럽게 세상을 떠나셨다. 우리는 슬픔과 충격에 빠져 있었다. 하지만 이 모든 일을 겪을 때 교회 공동체는 우리 곁을 지켜주었다. 그때그때 일거리를 제공해주거나 금전적인 도움을 여러 번 주었고, 딸 헤이즐의 장례를 치를 땐 비용을 포함한 일체의 절차를 옆에서 손수 챙겨주었다. 그러나 무엇보다 중요한 사실은 그들이 우리 **곁에** 있어주었다는 것이다. 그들은 종교적이고 진부한 이야기들을 쏟아놓을 필요가 없었다. 월터스토프의 말처럼 슬픔은 고독이다. 우리 가족은 고독을 경험했지만 동시에 그리스도 안에 있는 형제와 자매들이 그 고통 속으로 들어와 함께한다는 큰 위로와 안도감을 얻었다.

신학자 필립 케네슨은 슬로처치를 주제로 한 최근 강연에서 자신이 다니는 연합감리교회에서 있었던 일을 이야기해주었다. 테네시 주

동부에 있는 이 교회는 1989년 크리스마스 전야제 행사를 준비하고 있었는데, 바로 그때 교회 맞은편의 10층짜리 건물에서 화재가 발생했다. 이 건물은 도시에서 제일 큰 건물로 저소득층 주민들과 노인들이 사는 아파트였다. 교회는 즉시 모든 행사를 취소했다. 교회는 소방대와 구조대를 위한 본부가 되어 부상자를 분류하는 장소로 활용되었고, 심지어 임시 시체 보관소가 설치되기도 했다. 이 화재로 16명이나 되는 사람들이 생명을 잃었다. 캔손은 다음과 같이 말했다.

> 두말할 필요 없이 정말 충격적인 크리스마스이브였습니다. 하지만 이 사건은 장기적인 측면에서 교회에 긍정적인 영향을 끼쳤습니다. 교회가 이웃들에게 더 많은 관심을 쏟게 되었기 때문입니다. 종종 우리의 관심은 세상의 아름다움에 쏠립니다. 하지만 어떤 때는 처참한 현실이 우리의 발길을 멈추게 합니다. 그전까지만 해도 대다수의 성도는 우리가 모이는 장소의 맞은편에 사는 사람들에게 거의 관심이 없었습니다.…교회는 바로 맞은편에서 오랫동안 무시를 당했던 사람들에게 좀 더 좋은 이웃이 되는 여러 가지 방법들을 고민하기 시작했습니다. 그렇게 해서 교회는 [10년 정도 후에] 도심을 벗어나 교외 지역으로 교회를 이전하자는 [이야기가] 나온 그때쯤에서야 비로소 처음으로 이웃과 관계를 맺기 시작한 것입니다. 그리고 우리 교회는 결국 존슨 시의 도심에 남아서 자리를 지키기로 결정했습니다. 우리는 우리가 그곳에 자리를 잡게 된 데에는 어떤 이유가 있다고 믿게 되었습니다. 교회의 이전은 단순히 주소와 땅을 포기하는 문제가 아니었습니다. 그것은 우리가 관계를 맺고자 애쓰기 시작한 이웃들

을 포기한다는 의미였습니다. 그래서 우리는 남기로 했습니다.[6]

성만찬은 긍휼이 풍성하신 그리스도의 삶으로 우리가 부름을 받았다는 사실을 깨닫게 해주는 중요한 통로다. 진짜 음식을 나누는 예식인 성만찬에서 밝히 드러나는 것은 만물을 화해시키시는 하나님과 관계된 "생태학"과(이는 5장에서 더 자세히 다룰 것이다), 우리를 더 인내심 깊고 성실한 백성으로 만드시는 "하나님의 변화시키심"이 어떻게 연결되는가 하는 것이다.

윌리엄 캐버너William Cavanaugh는 『소비됨』*Being Consumed*이라는 책에서 우리가 성찬식에서 빵과 포도주를 먹지만, 성찬에서 소비되는 것은 바로 우리 자신이라고 주장한다. 우리는 성찬 행위를 통해 상호 연결된 창조 세계의 생명 속으로 흡수된다. 그리스도가 우리를 위한 빵과 포도주가 되었듯이, 우리 자신도 타인에게 기꺼이 음식이 되어주어야 한다. 우리는 일방적인 소비자—주지 않고 받기만 하는 존재—가 될 수 없음을 깨닫는다. 또한 (맥도날드화한 사회를 지탱하는 과학기술, 프로그램, 그리고 모든 장비를 포함한) "사물"을 판단할 때 그것이 우리를 하나님과 인류에 대해 어떠한 결속으로 이끄는가 하는 관점에서 바라보아야 한다는 사실도 깨닫게 된다.

우리는 사물에 집착해서는 안 된다. 다만 공동선을 위해 그것을 사용하는 데 집중해야 한다.…우리는 자신이 소유한 사물이 어디에서 어떻게 생산되는지를 반드시 알아야 한다. 사물 자체는 인격이나 어떤 생명력을 가지고 있지 않다. 그러나 생산과 분배의 구조 속에 있는 그 사물들은 우리로 하여금 긍정적이든 부정적이든 다른 사람의 삶과 관계를 맺도록 한다.… 동시에 성례론적인 관점에서 볼 때 사물들은 하나님과 타인에 대해 선한 연대를 증폭시킬 때에만 온전한 의미가 있는 지표로 이해된다.[7]

우리의 갈망은 예수님의 성만찬적인 삶에 우리 자신을 굴복시킬 때에야 비로소 변화된다. 나아가 캐버너가 말했듯이, 우리 삶의 모습을 결정하는 선택 앞에서 물어야 할 질문은 "이것이 나에게 고통과 아픔을 줄 것인가?"가 아니라 "이것이 우리의 삶을 공동선을 이루는 방향으로 이끌고 갈 것인가?"여야 한다.

목적에 부합하는 수단

마키아벨리에 대한 선호로부터 "민주주의를 위한 안전한 세상을 만들려는" 수많은 군사 작전에 이르기까지, 우리는 목적이 수단을 정당화한다는 생각에 사로잡혀 있다. 그러나 체제 전복적인 예수님의 가르침은 정반대다. 예수님은 칼을 가지는 자는 다 칼로 망한다고, 즉 수단이 목적을 결정짓는다고 말씀하셨다. 그 반대가 아니다.

이것은 우리가 힘써 추구하는 선한 목적을 우리가 채택하는 수단과 분리할 수 없다는 의미다. 슬로처치의 "생태학"은 피조물의 상호의존성과 하나님이 이루시는 만물의 화해라는 명제 안에서 그 의미를 갖는다. "생태학"은 다음 2부의 주제이지만, 이는 긍휼의 마음으로 타인의 고통에 동참하는 교회로 우리를 부르신 사건과 직접적인 연관이 있는 개념이다.

거의 10여 년 동안 잉글우드 교회는 지역 주민들에게 음식과 옷, 각종 가구를 제공하는 보급소 역할을 했다. 우리는 이웃을 사랑하는 마음으로 매주 수백만 원어치의 물건들을 나눠주었다. 하지만 몇 년 후 살펴보니 우리가 한 일이 우리 지역을 변화시키는 데 별 영향력이 없었다는 사실을 깨달았다. 우정이 자라나지 않았고, 누군가의 삶이 급진적으로 변화된 것도 아니었다. 어떤 경우는 오히려 그들에게 좋지 않은 영향을 주기도 했다. 우리가 주는 물품에 의존하다 보니 삶의 의지를 상실하는 사람들이 생겨난 것이다. 그래서 우리는 보급소 역할은 점차 그만두기로 하고, 그 대신 우리 이웃에게 좀 더 가까이 다가갈 수 있는 참신한 방법이 없는지를 찾기 시작했다. 도움이 필요해 교회로 오는 사람들에게 물건만 나눠주고서 그냥 돌려보내는 것이 아니라, 그들과 인격적으로 만나기 위해 노력했다. 또 잉글우드가 더 살기 좋은 곳이 되도록 하는 포괄적인 발전 계획에 지역 주민과 파트너가 되어 적극적으로 참여했다. 이런 변화가 가능했던 이유는 우리가 목적(이웃을 돌보는 일)뿐 아니라 예수님의 사랑과 평화를 가장 잘 반영할 방법에 대해서도 점점 더 관심을 가지게 되었기 때문이었다.

요한복음 14장에서 예수님은 자신이 곧 "길이요 진리요 생명"이라고 말씀하셨다. 유진 피터슨Eugene Peterson은 『그 길을 걸으라』*The Jesus Way*(IVP 역간)에서 다음과 같이 말한다.

방법? 한마디로 예수다. 예수, 단순하고 명료하다. 우리가 진정 예수의 길에 참여(길모퉁이에서 그만두지 않고 직접 예수의 일을 수행하는 것)하고 마지막과 구원 그리고 하나님 나라에 참여하기 원한다면, 우리는 이 목적에 부합하는 방법으로 그 일에 참여해야 한다. 우리는 예수를 따르는 자들이다.…우리의 선호에 따라 방법과 수단을 선택할 수는 없다.[8]

"가능한 모든 수단"을 동원한다는 논리가 인내하는 법을 잊은 서구 교회를 지배하고 있다. 십자가를 지고 예수님을 따르는 것은 너무 골치 아프고 고통스럽고 느리기 때문이다. 그래서 교회는 효율을 추구하는 모든 수단의 사용을 정당화하기 시작했다. 그것이 하나님 나라로 이끄는 방법이 되기를 기대하면서 말이다. 예를 들어 조나단 봉크Jonathan Bonk의 탁월한 책 『선교와 돈』*Missions and Money*(대한기독교서회 역간)을 보면 외국인 선교사가 선교지 주민과 비슷한 경제 수준에서 살지 못했던, 아니 살지 않았던 수많은 사례가 나온다. 그 결과는 재앙에 가까운 것으로서 이런 선교사들의 삶은 유사 식민주의의 선동이나 다름없었다. 많은 교회가 이런 종류의 삶이 주는 부수적 폐해를 인식하지 못한다. 오히려 그들은 이렇게 반문한다. 예수의 이름이 선포되고 있는데 왜 선교사의 삶이 문제가 되는가?

인내하는 하나님의 백성

우리는 이제 "예수님이 길Way이시라고 고백하는 것이 과연 무슨 의미인가?"라는 질문을 피할 수 없다.

첫째, 이 말은 교회가 그리스도의 몸으로 세상 속에서 이루어지는 하나님의 사역에서 핵심적이라는 고백이다. 사역 공동체, 가정 교회, 지역 연합회, 그 이상의 총연합회 등을 포함하는 모든 교회는 그리스도의 제자들이 세상 속에서 사역을 해나갈 수 있는 기본적인 통로way다. 유진 피터슨은 "그리스도인 공동체, 즉 당신의 지역에 있는 교회는 예로부터 지금까지 늘 예수의 **길**과 **진리**, **생명**이 고백되고 구현되는 주요 거점이었다"라고 말한다.[9]

수도원 공동체는 예수 그리스도의 길을 자신들의 삶의 현장에서 일상적으로 구현하기 위해 오랫동안 노력해왔다. 그들은 단순히 일주일에 한 번 만나는 개인적인 신앙인들이 아니라 공동체 안에서 삶을 함께 나누기 때문에 삶의 모든 측면—집, 일터, 예배 등—에서 "이것이 과연 화목하게 하시는 예수님의 길인가"를 고민해야 한다. 현재 우리 교회들이 가지고 있는 전통이나 상황, 지역적 특색은 수도원의 운율과는 많은 차이가 있겠지만, 한 지역에서 예수님의 몸 됨을 구현하려는 수도원 공동체의 삶은 우리에게 많은 교훈을 주고 있다.

둘째, 예수님을 따른다는 것은 우리가 모든 창조 세계를 화목하게 하시는 하나님의 사역에 항상 주의를 기울여야 한다는 의미다. 미움, 탐욕, 편을 가르는 당파심에 근거한 행위는 절대로 예수님의 길이 될 수 없다. 우리는 우리가 올바른 방향으로 나아가고 있는지를 점검하고 분별하기 위해 교회 공동체 안에 열린 토론의 장을 만들어야 한다. 우리에게 필요한 지혜는 하나님이 교회 공동체 전체를 통해 드러내신 다중manifold 지혜다. 우리는 이런 공동의 지혜를 통해 전 창조 세계를 향한 하나님의 사랑하심과 화목하게 하심에 주목하는 결정을 내릴 수 있어야 한다.

다양한 인종으로 구성된 수많은 교회가 전 인류를 화목하게 하신 그리스도를 증언하는 일을 감당하고 있다. 예를 들어 시카고 로저스 파크Rogers Park 근처에 있는 리빙워터 공동체 교회는 "교회, 이웃, 그리고 세계에 일어나는 예수님의 화해"에 참여하는 일에 헌신하기로 했다. 이 교회에서는 크메르(캄보디아)어, 네팔어, 영어 예배가 드려지고 스와힐리어로 찬양하는 성가대가 섬기는 등 다양성이 드러난다. 교회가 자리한 도시 지역의 다양한 인종을 반영하는 이 교회는, 정기적으로 식사를 함께하고 함께 예배하며 중요한 일들을 함께 결정함으로써 우리가 예수 안에 하나라는 사실을 증언하는 법을 배우고 있다. 또 어떤 교회들은 다른 방법으로 화목하게 하시는 예수님을 드러낸다. 인디애나 중부에 있는 여섯 교회는 최근 연합하여 교회 건물에 태양전지판을 설치하는 보조금을 획득했다. 아미쉬Amish가 아닌 대다수 교회는 전기를 사용한다. 많은 교회가 전기를 얼마나 쓰는지에 대해 점점 민감해지고 있기는 하지만, 이 여섯 교회는 우리가 자연을 망가뜨리는 전기 생산 방식에 영원히 종속될 필요가 없다는 사실을 명확히 보여주었다. 물론 여기서 말한 두 가지 예가 만물을 화목하게 하시는 그리스도를 모두 보여준다고 말할 수는 없다. 그러나 이 이야기들은 우리가 화목하게 하시는 예수님의 넓은 사랑 안에서 끊임없이 자라갈 수 있게 노력해야 한다는 사실을 가슴 깊이 새겨준다.

마지막으로, 우리가 예수의 길을 따른다면 우리는 예수님의 모든 가르침을 진지하게 받아들여야 한다. 여기에는 따르기 힘든 말씀들, 즉 "오른편 빰을 치거든 왼편도 돌려 대라"(마 5:39), "너희 원수를 사랑하라"(마 5:44), "옷 두 벌 있는 자는 옷 없는 자에게 나눠줄 것이요"(눅 3:11) 등의 말씀도 포함된다. 우리가 예수님의 가르침을 신앙공동체와 우리의 지역에서 실천하려고 애쓰기보다, 그것을 따를 필요가 없는 이유를 따지기 시작하면 우리의 토대는 흔들릴 수밖에 없다. 예수님의 길을 분별하기 위해 우리는 예수님이 누구시며 무엇을 가르치셨는지를 깊이 알아야 한다. 우리는 여러 가지 활동을 통해 그리스도의 화목을 증언하는 자로 부르심을 받았지만, 동시에 교회에 모여 예수님을 더 잘 알기 위해 끊임없이 성경 말씀을 공부해야 한다. 그래야만 우리는 삶의 현장에서 더욱 신실하게 예수님을 드러낼 수 있을 것이다.

교회가 건강하고 열정적인 모습으로 그리스도를 드러내는 성숙한 모습으로 자라가기를 꿈꾼다면, 우리는 함께 일상생활 속에서 지속적으로 그리스도를 따라 긍휼을 베풀기 위해 힘써야 한다. 물론 우리가 그리스도를 닮기 위해 사용하는 수단은 그 목적에 부합해야 한다. 수단 자체에 집중하면서 우리가 겪는 많은 실패는 믿지 않는 사람들은 물론이요 다른 신자들에게도 위선으로 비칠 수밖에 없다. 우리는 예수님을 따르는 자들로서 보통은 하나님 나라에 대해 깊은 열망을 가지고 있다. 그러나 우리가 화목하게 하시는 하나님의 사역을 드러내기 위해 사용하는 수단들은 예수님이 우리에게 따르라고 요청하신 길과는 거의 상관이 없는 듯하다. 슬로처치는 그것이 불편하고 불가능해 보일 때에라도 매일의 삶 속에서 예수님의 길을 따라가려고 애쓰는 교회다. 교회가 속도를 늦추고자 할 때 가장 중요한 점은 예수님의 삶과 가르침을 진지하게 수용해야 한다는 것이다. 그의 가르침을 무시하거나 논리적으로 따져서 불가능함을 논하기보다는 각각의 교회가 처한 특수한 상황 속에서 예수님을 드러내기 위해 함께 애써야 한다.

그렇다면 고백은 슬로처치의 중요한 특징이 된다. 우리는 우리 자신에 대한 진실과도 마주해야 한다. 먼저 자신이 얼마나 서구 문화에 찌들어 살아왔는지, 그래서 인내하는 삶에 대해 얼마나 무지한지를 고백해야 한다. 그리고 지역 교회 안에서 우리를 변화시키시는 하나님 앞에 우리 자신을 내려놓아야 한다. 우리가 속한 교회는 우리가 사는 특정 지역에 자리 잡은 그리스도의 몸이다. 우리는 그곳에서, 고난당하신 그분의 길을 따라야 한다. 그 길은 육체적·정신적 인내와 슬픔, 심지어 고문과 죽음으로 점철된 긍휼의 길이었다.

인내하시고 화목하게 하시는 예수님의 길에 집중하면서, 그 길을 따라 성숙해가는 사람들의 공동체로서 우리는 필연적으로 우리 삶의 속도를 줄여야 한다. 우리는 예수님의 길에 집중할수록 복음의 풍성함을 드러내는 삶을 살 수 있다. 우리가 한 지역 공동체로 당신의 백성들을 모으신 하나님의 부르심에 더 깊게 응답하면서 정주와 인내의 삶을 실천한다면, 우리는 회복—하나님의 백성들 사이에서뿐 아니라 온 인류와 모든 창조 세계를 포함하는 회복—하시는 하나님의 역사에 대해 점점 더 깊이 알아가게 될 것이다. 이와 관련된 화목의 생태학에 대해 이어지는 두 번째 코스에서 알아보도록 하자.

대 화 의 출 발

1. 현대의 조급증 문화를 성찰하면서 이런 현상이 교회에 미친 영향에 대해서 이야기해보자. 특별히 조급증이 복음에 대한 이해를 어떻게 변질시켰는지, 또 성도 상호 간의 관계에 어떤 영향을 미쳤는지를 이야기해보자.

2. 효율과 조급증에 대한 숭배 현상은, 사람들이 고통을 느끼는 것을 회피하는 삶의 방식을 추구하게 했다. 그렇다면 이런 문화가 성도들로 하여금 교회 안팎의 사람들의 고통을 바라보고 이해하는 방식에 어떤 변화를 가져왔는지를 이야기해보자.

3. 인내의 본을 보이신 예수님의 삶이 주는 교훈이 무엇인지를 이야기해보고, 우리가 예수의 제자로 인내의 덕목을 함양하기 위해서 지역 교회에 소속되는 것이 왜 중요한지를 서로 나눠보자.

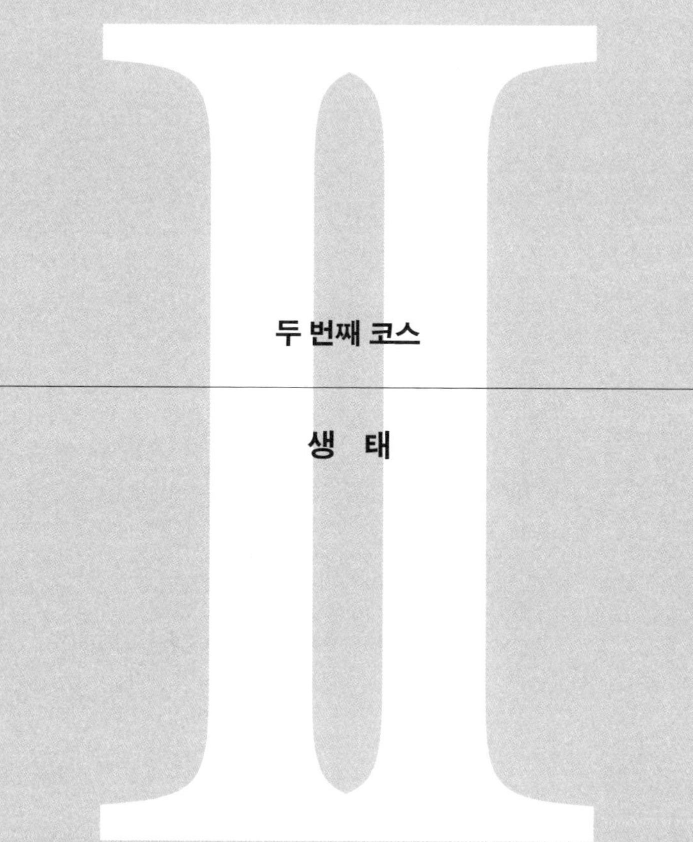

두 번째 코스

생 태

5장

온전함: 만물의 화해

"나의 건강을 나머지 세상과 분리할 수 있을까?

나의 좋은 영양 상태를 수십억 인구의 영양 결핍과 분리할 수 있을까?

나의 평화를 향한 염원을 중동…아니면 다른 어떤 곳의 전쟁과 완전히 분리할 수 있을까?

한낱 나비의 날갯짓도 은하계 너머까지 전달될 수 있는 이 우주 속에서,

나만을 분리할 수는 없다. 나를 분리한다면 굶주림과 분노와 폭력이 증가할 것이다."

_매들렌 렝글Madeleine L'Engle 『돌베개』*A Stone for a Pillow* 중에서

대런 아로노프스키Daren Aronofsky의 심리 스릴러 영화인 "파이"*PI*는 내Chris가 좋아하는 영화 중 하나다. 이 영화는 맥스 코헨이라는 특이한 인물을 중심으로 이야기가 펼쳐진다. 맥스는 고립된 삶을 살면서 다른 사람들과 거의 대화를 나누지 않는다. 그는 숫자에 집착해 모든 사물이 숫자로 환원된다고 믿으며 자신의 엄청난 수학 실력을 주식시장을 예측하는 데 활용하려 한다. 마침내 그는 세상의 비밀이 216자리 숫자에 담겨 있다는 사실을 알게 되지만, 그 숫자에 집착할수록 비

현실적인 상황들이 벌어지면서 점점 더 미쳐가게 된다. 이 영화는 맥스가 전기 드릴로 자신의 관자놀이에 구멍을 뚫어 손수 뇌수술을 하는 장면으로 끝난다.

영화 "파이"는 우리 시대의 소외와 환원주의—모든 것을 숫자와 공식으로 단순화하려는 맥스의 무모한 충동—가 어떻게 정신이상으로 귀결될 수 있는지를 생생히 묘사한다. 따라서 맥스의 이야기는 재난 영화이기도 한 셈이다. 매들렌 렝글은 『돌베개』*A Stone for a Pillow*라는 책에서 재난disaster이라는 영어 단어가 "분리"를 뜻하는 디스dis와 "별"을 뜻하는 에스터aster가 합쳐진 말이라고 설명한다. 즉 재난이란 별에서 떨어져 나가는 것, 즉 창조 세계가 파편화되고 하나님이 상호 연관성을 지닌 전체로서 지으신 무엇인가가 흩어져버림을 의미한다.

"파이"라는 어둡고 기괴한 분위기의 영화가 어쩌면 오늘날 우리의 슬픈 현실을 가장 잘 드러내 주고 있는지도 모른다. 서구 문화는 어느 때보다도 강력한 과학기술과 개인주의의 영향 아래 발전되어왔고, 현대 문명은 사람 및 삶의 현장과의 분리를 극대화하는 방향으로 진행되어왔다. 동시에 우리는 삶을 더 잘 구획해서 구분하고 좀 더 좁은 시야로 세상을 바라보도록 훈련되어왔다. 우리는 맥스 코헨처럼 삶을 광범위한 일반성으로 환원한다. 우리는 다른 사람에게 다가갈 때 하나님이 지으신 독특한 개인으로 그 사람을 바라보지 않고 일반적인 범주 안에서 그 사람을 바라본다. 가령 아프리카 혈통인지, 남미 혈통인지, 여성인지, 동성애자인지, 부자인지, 노숙자인지, 좌파인지, 우파인지 등의 딱지를 붙이면서 말이다. 특히 우리와 다른 부류의 사람이라고 생각할 때 이런 식으로 사람을 분류하는 성향은 훨씬 강해진다. 물론 누군가와 소통할 때 그 사람의 특징을 일반화하여 생각하는 것은 자연스러운 일이다. 하지만 지나치게 분류 딱지에 의지하는 태도는 **우리**와 **그들** 사이에 벽을 쌓아 올리는 결과를 초래할 수 있다. 이런 태도는 우리가 가진 공통점보다는 우리가 어떤 점에서 다른지에 과도하게 집중하면서 그 사람의 인격을 무시하게 한다. 그런 의미에서 환원주의는 세계를 창조하실 때 다양하면서도 그 근본에서 통일되게 지으신 하나님에 대한 반역이다.

상호 연관성의 파괴

우리 삶의 분절은 재난이고 소외이며 광기다. 그리고 우리는 지난 50년간 개인주의, 소비주의, 속도제일주의의 결과로 발생한 문화의 균열과 붕괴를 인식하기 시작했을 뿐이다. 이런 문화적 여건들이 정신질환의 원인이 된다는 주장이 주제넘어 보일 수도 있겠지만, 두 요소가 관련이 있다는 사실은 이미 널리 받아들여지고 있다. 또 개인주의와 소비주의와 속도제일수의는 지구의 환경을 파괴하는 직접적인 원인이 되었다는 사실도 부인할 수 없다. 예를 들어 미국 인구는 전 세계 인구의 약 5% 정도지만, 세계 전체 자원의 30%를 소비하고 있다. 시에라 클럽Sierra Club의 데이브 틸포드Dave Tilford에 따르면 소위 "행복한 삶"을 추구하는 평범한 미국인 1명이 소비하는 자원의 양은 35명의 인도인이나 53명의 중국인이 사용하는 자원의 양과 같다고 한다.[1]

이런 분열은 창조 당시부터 구조적으로 이미 존재했던 것일까? **그렇지 않다**고 단호히 말할 수 있다! 삼위일체이신 하나님—구별된 세 인격이시나 온전히 하나이신 존재—은 모든 생물과 무생물을 뚜렷이 구별되는 형태로 만드시되 우리가 창조 세계라고 부르는 상호 연관된 전체로 만드셨다. 우리가 최근 수십 년간 이러한 상호 연관성에 대해 더 잘 이해하게 된 것은 생태학자, 수학자, 물리학자들의 연구 덕분이었다. 그중 가장 명쾌한 예를 하나 들자면 나비효과를 꼽을 수 있다. 1961년, 수학자이자 기상학자인 에드워드 로렌츠Edward Lorenz는 컴퓨터로 기상 예측 시뮬레이션을 하고 있었다. 그는 어떤 날씨 패턴을 다시 불러오기 위해 데이터를 입력하면서 시간을 절약하려고 소수점 이하 6자리 수 0.506127을 소수점 이하 3자리 수 0.506으로 대체했다. 그는 사실상 거의 차이가 없는 숫자를 입력했기에 똑같은 날씨 모형이 나올 것으로 기대했지만, 낸시 마티스Nancy Mathis의 말처럼, 나타난 결과는 근본적으로 달랐다. "로렌츠는 1만 개 중 하나의 차이는 미미하기 때문에 최소한 이전의 그림과 비슷한 결과를 보여주는 그림이 출력되리라고 예상했다. 그러나 결과적으로 두 가지 그림은 서로 공통점이 전혀 없었다."[2] 로렌츠는 이 실험을 토대로 카오스 이론의 토대가 되는 연구 논문을 쓸 수 있었다. 그는 우리가 보기에는 중요하지 않을 것 같은 작은 움직임도 아주 큰 변화를 가져오는 요인이 될 수 있다고 말한다. 그는 자신의 이론을 대중이 쉽게 이해할 수 있도록 새로운 예를 들었는데 이 말은 카오스 이론의 상징이 되었다. "브라질에서 펄럭인 나비의 날갯짓이 텍사스에 토네이도를 일으킬 수 있을까?"

하나님의 삼위일체를 글로 표현할 수는 있지만, 독립된 세 분의 인격이 정확히 어떻게 하나로 연결되고 상호 작용하는지는 우리에게 여전히 신비일 수밖에 없다. 마찬가지로 우리는 창조 세계가 어떻게 통일된 전체로서 서로 깊이 연관되어 있는지를 완벽히 이해할 수 없다. 다만 거대한 창조 세계의 그물망에서 몇 가지 관계도를 파악해 설명할 수 있을 뿐이다. 예컨대 우리는 먹이 사슬(이 동물은 저 식물을 먹는다)이나 생태 분포도(어떤 생물은 또 다른 어떤 생물 주변에 산다) 등을 그릴 수 있다. 그러나 이런 이해는 아주 피상적인 수준일 뿐, 헤아릴 수 없는 수많은 종류의 피조물이 창조라는 그물망에 어떻게 빼곡히 엮여 있는지에 대해서는 그 누구도 충분히 알지 못한다.

창조 세계는 상호 의존으로 엮인 하나의 통일체일 뿐 아니라 모든 피조물이 예수님의 죽음과 고통, 부활과 승천을 통해 이미 화해를 이루었다. 지금도 하나님은 그 화해를 성취하기 위해 일하고 계신다. 바울은 이렇게 말한다. "만물이 그에게서 창조되되 하늘과 땅에서 보이는 것들과 보이지 않는 것들과 혹은 왕권들이나 주권들이나 통치자들이나 권세들이나 만물이 다 그로 말미암고 그를 위하여 창조되었고…그의 십자가의 피로 화평을 이루사 만물 곧 땅에 있는 것들이나 하늘에 있는 것들이 그로 말미암아 자기와 화목하게 되기를 기뻐하심이라"(골 1:16, 20).

신학자 하워드 스나이더Howard Snyder는 최근 『구원은 창조 세계의 치유다』*Salvation Means Creation Healed: The Ecology of Sin and Grace*라는 책을 통해

망가진 창조 세계에서 하나님이 어떻게 화해의 역사를 이루어가시는지를 다루었다. 그는 생태학의 언어를 빌려 다음과 같이 설명한다.

> 생태학적 관점에서 보면 모든 것이 서로 연결되어 있다. 생태계에 대한 연구를 통해 우리는 이러한 상호 연관성을 이해할 수 있고, 생태계를 오랜 시간에 걸쳐 파괴하거나 생태계에 해를 끼치는 여러 가지 병폐를 극복하면서 생태계를 안정적으로 번창시키기 위해서 어떻게 해야 하는지 알 수 있게 된다.…[이런] 생태학적 개념은 그 본질에서 성경적이며 우리가 복음의 치유 메시지를 포괄적으로 이해하는 데 중요한 도움을 줄 수 있다.[3]

하나님의 백성인 우리의 삶은 상호 연관된 창조 세계를 화목하게 하시는 하나님의 생태학적 이야기 속에 자리한다. 그러나 우리는 희한할 정도로 이 이야기에 시선을 고정하지 못하고 엉뚱한 곳에 초점을 맞춘다. 산업화의 일 처리 방식은 특정 문제만을 취급하면서—더 빠르고 더 값싼 장치를 만들어내기 위해—그 문제의 해결법을 찾는 데 몰두하는 것이다. 이 과정에서 전체 창조 세계가 감당할 비용이나 영향 따위는 거의, 아니 전혀 생각하지 않는다.

새로운 문제들이 도사린 판도라의 상자를 열어버린 산업화의 "문제 해결법" 중에서 몇 가지를 짚어보자.

- 산업화한 농업은 음식 가격을 내려놓았다. 하지만 산업화한 농

업으로 말미암아 풍광은 황폐화하고 겉흙은 사라지며 가축들은 비참한 꼴을 당한다. 또 독이나 다름없는 비료와 살충제가 사용되고 전통적인 농법이 사라지며 농민들은 "큰돈을 벌든지 그만두어야 한다"는 압력에 밀려 어마어마한 빚더미에 앉아 파산하게 된다. 결국 많은 사람이 농촌을 떠나가고 다국적 종자 회사가 엄청난 권력을 쥐고 이 나라에서 생산되고 소비되는 농산품의 종류를 결정하기에 이르렀다.

- 자동차는 우리에게 어디나 갈 수 있는 자유를 선사한다. 하지만 각종 오염, 환경 위기, 이상 기후 현상 등 의도치 않은 폐해가 뒤따른다. 또한 출퇴근이 가능한 교외로 사람들이 몰리기 때문에 도심 지역은 물론 수많은 작은 마을들이 폐허가 된다.
- 플라스틱 사용은 위생과 유통 문제에서 중요한 변화들을 가져왔다. 하지만 이는 석유에 대한 의존을 증가시켰다. 또한 플라스틱은 사실상 없앨 수 없다. 우리는 썩지 않는 플라스틱을 적절히 처리할 방법을 아직 찾지 못했다.
- 우리가 필요한 만큼의 옷을 살 수 있다는 사실은 참 감사하다. 하지만 이 옷들은 대부분 동남아시아에서 노동력 착취를 통해, 심지어 어린아이들에 대한 착취를 통해 만들어진다.

경제 성장의 지름길은 광범위한 환경 파괴는 물론 인간의 삶과 문화의 후퇴를 불러온다. 지금 이 순간에도 북극의 얼음이 녹고 있으며, 전 세계가 물 부족 문제에 시달린다. 땅은 독소로 오염되고, 생태계를 이루는 수많은 동식물이 멸종되어간다. 우리는 이번 장을 쓰면서 그린피스Greenpeace가 내놓은 흥미로운 통계를 접했다. 지구의 나이는 약 46억 년 정도인데, 이를 46시간으로 생각한다면 인류가 지구에 머문 시간은 4시간 정도다. 산업혁명은 고작 1분 전에 시작된 셈인데, 그동안 우리는 지구의 삼림을 절반이나 파괴하고 말았다.

이 모든 재앙에 대해 알고 있음에도 불구하고, 그것이 자신의 신앙 및 실천과 관련이 없다고 여기면서 "어차피 모든 것이 불에 탈 것이다"라고 말하는 그리스도인들이 적지 않다. 여기서 우리는 다시 한번 삶과 생각의 분열을 보게 된다. 이런 입장에 서면 우리의 삶은 영적인 삶과 물질적인 삶으로, 또 가정과 직장과 교회 생활로 분리된다. 잘사는 나라와 가난한 나라가 서로 상관이 없다. 나아가 교회의 삶과 사역조차 창조 세계 전체와 화해를 이루고자 하시는 하나님의 열심과 상관이 없는 분열된 사고에 깊이 영향을 받는다.

예를 들어 예수님과의 "인격적인" 관계에만 집중하다 보면 우리는 우리의 행동이 우리의 초점을 벗어난 영역에서 어떤 결과를 초래할 수 있는지에 대해 무심해진다. 아일랜드의 철학자이자 신학자인 피터 롤린스Peter Rollins는 이런 근시안적 시야가 21세기 초 서구 교회가 직면한 위기의 핵심이라고 지적한다. 그는 교회를 향해 몇 가지 날카로운 질문을 던진다.

> 만약 당신이 단언하는 사랑과, 당신이 매일의 삶 속에서 나누려고 하는 성령의 열매들이 실제로는 구조적인 측면에서 정반대의 열매들을 맺게

하는 이면의 문제를 숨기는 기능을 한다면 어떻게 하시겠습니까? 진짜 문제는 오염된 어떤 한 부분이 아니며 그런 부분이 사실은 훨씬 깊고 폭넓은 오염의 증상일 뿐이라면 어떻게 하시겠습니까?[4]

예수님은 산상수훈에서 이렇게 말씀하셨다. "눈은 몸의 등불이니 그러므로 네 눈이 성하면 온몸이 밝을 것이요, 눈이 나쁘면 온몸이 어두울 것이니 그러므로 네게 있는 빛이 어두우면 그 어둠이 얼마나 더 하겠느냐"(마 6:22-23). 여기서 사용된 "나쁘다"unhealthy라는 말은 "인색하다"stingy로도 번역할 수 있다. 하나님의 창조 세계를 구성하는 관계망에 주의를 기울이지 않는—예를 들어 우리가 입는 옷을 만드는 방글라데시의 12살 난 여자아이가 옆집 아이만큼이나 우리의 이웃이라는 사실을 깨닫지 못하는—눈은 인색한 눈이다. 하나님은 우리가 눈을 크게 뜨고 살아가기를 원하신다. 우리는 환경을 더 깊이 생각하는 삶을 살아야 할 뿐 아니라, 새들을 먹이고 백합화를 입히기 위해 몸을 굽히시는 하나님의 놀라운 손길을 더욱 깊게 경험할 수 있어야 한다(마 6:25-34).

이분법

우리 삶의 분열이 드러나는 경우를 몇 가지 살펴보고 이러한 분열이 교회에 어떤 손해를 끼치는지 알아보자. 아마도 가장 유서가 깊고 제일 중요한 분열은 물질과 정신(육체와 영혼)을 나누어 생각하는 이분법일 것이다. 자신이 그러한 삶을 산다고 아주 자신 있게 주장할 사람이 별로 없긴 하겠지만, 영적인 것을 물질적인 것보다 우위에 두면, 우리의 본향은 하늘에 있으며 하나님이 결국에는 이 세상을 멸망시키신 후 다시 만드실 것이기 때문에 우리가 지구에 무슨 짓을 하든 별문제가 되지 않는다는 사고방식으로 나아가게 된다.

퓨Pew 연구소의 2010년 설문 조사에 의하면 환경 정책에 대한 의견을 형성하는 여러 가지 요인 중 종교는 영향력이 거의 없었다. 가장 영향력이 큰 요인으로 종교적 신념을 꼽은 응답자는 단 6%뿐이었으며, 이는 26%를 차지한 미디어, 29%를 차지한 교육과 대비되는 수치였다. 이와 비슷하게, 1990년대 후반에 진행된 퍼듀Purdue 대학교 연구에서는 복음주의 계열의 그리스도인들이 미국인 평균보다 높은 비만율을 보여주었다. 심지어 성경을 문자주의적으로 해석하는 그리스도인들도 높은 비만율을 보였다. 그들은 성경에 나오는 "육체에 대한 경계들"(롬 8:1-13; 갈 5:16-24)을 문자 그대로 받아들인다고 하면서도 자기 자신의 몸을 단속하는 일에는 거의 신경을 못 쓴 것으로 보인다.

특별한 신학적 근거가 있는 것은 아니지만(게다가 많은 면에서 우리 문화의 개인주의를 반영한다) 새들백 교회의 릭 워렌 목사가 이끄는 체중 조절을 위한 "다니엘 플랜"Daniel Plan은 올바른 방향을 제시한 중요한 시도다. 이 프로그램은 우리 몸이 중요하다는 사실을 전제한다. 게다가 새들백 교회의 경험—성도들은 다니엘 플랜을 시행한 첫해에 총 11만kg의 체중을 감량했다—은 교회가 총체적이고 건강한 삶을 함께 나누며 나아갈 수 있다는 매우 희망적인 신호다. 릭 워렌은 새들백 교회가 이 프로그램을 성공시킬 수 있었던 가장 큰 이유가 각 소그룹 안에서 일어난 연대와 격려, 책임감 때문이었다고 밝힌다. 그는 다음과 같이 기록했다. "다니엘 플랜에 참가하겠다고 신청한 사람 중에서 소그룹에 속한 사람들이 그렇지 않은 사람들보다 2배 정도의 체중 감량에 성공했다는 사실을 알게 되었습니다."[5]

신앙과 나머지 삶을 구분하는 실수를 범하면 이분법에 빠진다. 많은 사람이 주일에 교회에 나가지만, 그들의 신앙이 나머지 삶—예를 들어 직업을 선택하거나 그 직업이 요구하는 필수적인 일들을 어떻게 할지를 결정하는 것—에 결정적인 영향을 끼치지는 않는다. 대다수 그리스도인이 자신의 신앙에 어울리는 양심적인 일을 원하지만, 신앙과 삶이 분절된 채 자기 자신의 기준을 가장 중시하고 진로를 결정하며 직업을 찾고 일상 업무를 수행한다.

내Chris's 경우도 이와 크게 다르지 않았다. 진로를 결정하면서 부모님의 조언을 듣기도 하고 부모님이나 교회를 통해 무엇이 옳고 그른가에 대한 성경적 원칙들을 알아보긴 했지만, 나에게는 스스로 직업을 알아보고 선택할 수 있는 훨씬 더 큰 자유가 있었다. 그 누구도 나에게 교회와 지역을 염두에 두고 직업을 알아보라고 권유하지 않았다. 나는 홀로 남겨져 어두운 조명 속에서 길을 찾듯이 추상적인 개념들을 지팡이 삼아 직업의 방향을 더듬어갔다. 내가 세운 기준은 기독교적 원칙들을 훼손하지 않고 괜찮은 급여(참 추상적인 경제 지표다)를 주는 좋은 직장을 찾는 것이었다. 일단 직장 생활이 시작되자, 나는 내 직업이 교회의 삶과 어떻게 어울리는지에 대해서 전혀 생각하지 않았다. 이런 나의 이야기는 우리 문화가 안고 있는 분절의 문제를 보여준다. 나는 지금 한 교회 공동체와 한 지역에 근거를 둔 직업을 찾고 있지만, 내 인생 초기 30년 동안 주입된 개인주의적 의사 결정 방법을 극복하기란 여전히 어렵다. 돌이켜보면, 나는 내가 아는 **사람들**과 내가 사는 **지역**과 분리된 채 인생의 중요한 결정들을 내려야 했다. 내가 직업을 결정할 때 나를 도와줄 공동체가 없었던 것이다. 나는 **경력**—삶의 다른 영역으로부터 직업을 추상화시키는 단어—이 가장 중요하지, 선한 일을 추구할 장소가 중요하다고 생각하지는 못했다.

이처럼 우리의 삶은 온통 분열되어 있다. 직업이 신앙과 어긋나지 않는다고 해도 여가를 즐기는 방식은 신앙과 어긋나 있을 가능성이 높다. 만물을 화목하게 하시는 그리스도의 관점에서 우리의 여가 문화를 자세히 검토해본 적이 있는가? 닐 포스트만Neil Postman이 쓴 유명한 책의 제목 그대로 우리는 "죽도록 즐기고 있는 것"*Amusing Ourselves to Death*이 아닐까? 수많은 전자 기기들(스마트폰, MP3 플레이어, 휴대용 게임기 등)이 그렇듯이 우리가 즐기는 여가 활동이 우리와 타인을 갈라놓는 것은 아닐까? 우리가 즐기는 여가 활동의 사회적·생태학적 비용은 무엇인가? 그 비용에는 우리가 단순히 재미삼아 하는 일에 들어가는 전기와 석유가 포함되고, 컴퓨터와 휴대폰에 들어가는 콜탄이라는 광물도 포함된다. 콜탄 채굴은 콩고 분쟁의 자금이 유입되는 경로다.[6]

물론 여가 활동 전체가 다 잘못되었다고 말할 수는 없다. 그러나 우리는 우리 삶의 모든 측면을 자세히 검토하는 일에 최선을 다해야 한다. 그리스도가 모든 창조 세계를 화해시키는 분이시라면, 변화시키는 그리스도의 빛을 막으려 우리 삶의 특정 영역에 담을 쌓는 것은 매우 위험한 행보임이 틀림없다. 예수님은 다음과 같이 말씀하시는 분이다. "나는 세상의 빛이니 나를 따르는 자는 어둠에 다니지 아니하고 생명의 빛을 얻으리라"(요 8:12).

국가주의

국가주의는 다른 국가들은 배제하고 특정 국가에 특혜를 주게 함으로써 우리 삶을 분열시킨다. 지난 수 세기 동안 국가와 하나님을 동일시하는 신학은 거의 전례 없는 수준으로 죽음과 파괴를 정당화해 왔다. 나치 독일의 폭력과 중동에서 이어진 전쟁들은 근래에 발생한 아주 단순한 예일 뿐이다. 미국 예외주의에 따라 미국은 명백한 운명Manifest Destiny을[7] 부여받았고 아메리카 원주민에 대한 극악무도한 살상을 신학으로 포장해 정당화하기도 했다. 그리고 사실 이런 해석은 지금까지도 건재하다.

국가주의의 방패 아래로 들어가는 순간 모든 창조 세계의 화해를 원하시는 하나님 따위는 우리의 시선에서 사라져버린다. 나아가 우리는 다른 나라를 악마 취급하면서 가능한 모든 수단을 동원해 그 나라를 파괴하려 들 수도 있다. 1, 2차 세계대전에서 미국 그리스도인들과 유럽 그리스도인들이 서로를 죽여댄 것은 이와 같은 이유 때문이었다. 또한 에마뉘엘 카통골레Emmanuel Katongole는 『거울에 비친 교회의 모습』Mirror to the Church이란 책에서 르완다의 후투족 그리스도인이 투트족 그리스도인을 대량 학살한 사건을 기록했다. 르완다는 아프리카에서 기독교인이 가장 많은 국가 중 하나다. 그러나 사실은 하나님이 그리스도 안에서 모든 인류와 온 창조 세계를 화목하게 하셨다는 신앙에는 국가주의가 들어설 공간이 없다.

신문의 국제면을 살짝 들여다보라. 시리아와 말리 공화국에서 벌어지고 있는 내전, 긴장이 고조되고 있는 팔레스타인과 한반도, 바그다드와 카노와 모가디슈 등지에서 일어나는 폭탄 테러, 그리고 아프가니스탄에서 계속되는 미국의 전쟁 소식이 지면을 가득 메우고 있다. 어느 보수 라디오 방송 진행자는 전쟁이란 사람을 죽이고 사물을 박살 내는 것이라고 말하곤 했다. 이처럼 피로 물든 파괴 현장에서 그리스도의 화목이 어떻게 완성될 수 있을까를 상상하기란 힘든 일이다. 하지만 바로 이런 환경이야말로 우리가 "슬로"의 개념을 적용해야 할 "하나님의 선교"Missio Dei 현장이다. 국가주의적인 신앙은 화해의 사역을 이루시는 하나님에 대한 신앙을 단순화시키는 지름길이다. 그런데 우리는 화목하게 하는 자들이 되라고 부름받은 사명을 너무 쉽게 국가주의라는 지름길로 대체해버리고는 한다.

모든 인류의 화목을 이루어가는 하나님의 사역에서 주인공은 하나님뿐만이 아니다. 교회도 중심적인 역할을 감당한다. 우리는 화목하게 하는 대사로서 부르심을 받았다(고후 5:20). 엄밀하게 말하면, 한 나라의 대사가 서 있는 땅은 그 나라의 영토가 된다. 만약 영국 대사가 서울 시내의 식료품 가게에 줄을 서 있다면 그 대사가 서 있는 그 자리는 영국 영토로 인정된다는 말이다. 우리는 하나님 나라의 대사들로서 우리가 가진 권한은 폭력과 소외와는 전혀 상관이 없다. 우리가 충성을 바치는 대상은 어떤 국가가 아니라 한 인격이신 예수님이기 때문이다.

9.11 대참사로 인해 미국 전역의 교회 안에 국가주의 바람이 거세게 일어나기 불과 몇 달 전인 2001년 5월이었다. 17만 7,000여 개 교회의 4,200만 교인이 소속된 세계침례교연맹Baptist World Alliance은 "베를린 선언"Berlin Declaration을 통해 국가주의에 저항할 것을 천명했다. 세계침례교연맹은 이 선언을 통해 자신들이 국가주의에 공모하고 있는 현실을 개탄했다. "우리는 침례교 신자와 교회로서 고백하는 바입니다. 우리는 지금까지 여러 차례 국가주의에 연루되어왔습니다. 그리고 이방인을 사랑하고 말과 행동을 분명히 하며 평화를 이루고 화목하게 하는 일에는 [실패해왔습니다.]" 이 선언문은 한 걸음 더 나아가 "특정 국가를 다른 국가보다 우위에 두는 국가주의 혹은 국가 이데올로기의 고수는 일종의 우상숭배로서 기독교 신앙과 양립할 수 없습니다"라고 밝혔다. 그리고 침례교 신자들을 향해 "모든 이를 위한 정의와 평화를 위해 일하며, 국가나 민족 간의 분쟁을 해결하려는 명목으로 사용되는 전쟁과 폭력에 적극적으로 반대해달라"고 강력히 요청했다."[8]

슬로처치를 꿈꾸는 것은 그리스도 안에서 모든 피조물과 화평을 이루어오신 하나님을 믿는 것이며, 국가 숭배에 저항하는 것이고, 화목하게 하는 자로 부름받은 우리의 사명을 이루어가는 것이다. 그리고 이 모든 실천은 그리스도 안에서 성취하신 하나님의 화목을 우리가 속한 특정 지역에서 증언하는 가운데 이루어진다.

교회성장운동과 동질집단원칙

우리는 이 책의 2장에서 교회성장운동이 일종의 분리를 전제한다는 사실에 대해 잠시 알아보았다. 실제로 우리 주변에는 동질집단원칙을 적용해 특정 부류의 사람들에게 집중하면서 대형 교회로 성장한 사례들이 많다. 그러나 그 대가는 무엇인가? 그들이 상정한 동질 집단에 맞지 않는 부류에 속하는 사람들이 감내해야 하는 고통은 무엇인가?

대형 교회가 동질성을 유지하면서 교회 성장을 이루었다는 것은 매우 넓은 지역에서 교인들을 끌어모았다는 이야기다. 집에서 교회까지 30분 이상 차를 몰아야 갈 수 있다면, 여기서 발생하는 생태학적 대가는 얼마나 클까? 멀리 떨어져 있는 더 좋아 보이는 교회에 가기 위해 우리가 사는 지역에 있는 교회들을 휙 스쳐 지나갈 때 우리는 그 교회들을 향해 무슨 이야기를 하는 것일까? 대형 교회의 성도들은 함께 살아가는 삶의 깊이라는 측면에서 어떤 손해를 입고 있을까? 차로 1시간 이상 걸리는 거리에 사는 교회 지체들은 현실적으로 얼마나 삶을 나눌 수 있을까? 잉글우드 교회에 처음 출석하게 되었을 때 아내와 나Chris는 교회에서 약 1.6km 떨어진 곳에 살고 있었다. 별로 멀지 않은 거리에 살고 있었지만, 교회와 같은 블록에 사는 사람들만큼 교회 활동에 적극적으로 참여하기란 쉽지 않았다. 교회 활동에 참여하고자 할 때, 교회와 멀리 떨어져 사는 사람일수록 더 많은 에너지를 사용할 수밖에 없다.

맥도날드화한 교회의 모습은 교회성장운동에서 가장 노골적으로 드러난다. 남미의 신학자인 르네 파딜라René Padilla는 이를 다음과 같이 꼬집었다고 한다. "교회성장운동을 주장하는 사람들은 자동차나 소시지를 만들 듯이 그리스도인들을 만들어낼 수 있다고 착각하는 것 같다."[9] 교회성장운동은 19-20세기의 산업화와 마찬가지로 실제로 어떤 지역, 특히 북미의 교외 지역에서 성공을 거두었다. 하지만 우리는 또다시 질문할 수밖에 없다. "그것을 위해 어떤 희생이 따랐는가?"

교회를 양적으로 성장시키기 위해 동질집단원칙을 빌려 쓸 수 있다. 대형 스크린과 최신 기계 설비를 갖추고 최근에 유행하는 찬양과 가장 주목받는 설교자를 내세워 교회에 그럴듯한 옷을 입히는 것이다. 그러나 그 열매는 무엇일까? 대형 교회의 외양적 성공을 위해 그 주변에 있는 교회들과 시골 지역에 있는 오래된 교회들이 감당하는 희생은 어떤 것일까? 여러 가지 통계 자료를 보면 교회성장운동을 모델로 한 대다수 교회의 성장은 "'스위처', 즉 프로그램이나 그 밖의 다른 이유로 이 교회에서 저 교회로 옮겨 다니는 사람들에 의한 것이다."[10]

나는 인디애나폴리스의 도심 지역에 살면서 그 지역의 주민들이 교외로 훌쩍 떠나버린 교회와 그리스인들로부터 깊은 상처를 받았음을 알게 되었다. 그들은 교회와 그리스도인들로부터 무시를 당해온 것이다. 교회가 한 지역에서 다른 지역으로 옮겨 갈 때, 그곳에 남겨진 이웃들에게 어떤 영향을 끼칠까? 지역이 가진 어려움과 난관을 함께 극복하기 위한 시도조차 해 보지 않고 도망치듯 다른 곳으로 떠난 교회가 남겨진 이웃들에게 전한 복음이란 무엇일까? 우리가 정말 원하는 것은 만물을 대상으로 하는 하나님의 화해인가 아니면 교회가 동질 집단으로 구성되는 것인가? 동질성에 대해 강조하는 교회성장 운동은 온 인류와 모든 창조 세계를 향한 하나님의 화목에 전혀 주목하지 않는 것으로 보인다.

정치적 당파성

나John는 보수 공화당 지지자의 집안에서 자랐기 때문에 낮에 러시 림보Rush Limbaugh의[11] 방송을 들으면서 테이프에 녹음해두었다가 그것을 밤에 다시 듣기도 했다. 의사들은 내가 어린이답지 않게 과도하게 정치에 몰두해서 궤양이 생겼다며 걱정했다. 15살 때는 민주당의 빌 클린턴이 대통령으로 당선된 충격으로 잠들 때까지 울었을 정도였다. 그러나 나는 성인이 되고서는 민주당으로 돌아섰고 2004년에는 존 케리를, 2008년에는 오바마를 지지했다. 문제는 보수적인 정치 성향을 가진 친척들과의 대화에서 드러났다. 그들은 총기규제법, 이민법과 시민권 문제와 같은 정치적으로 중요한 이슈들에 대해 내가 민주당을 지지하는 이유를 설명할 때마다 자동반사적으로 내 이야기를 무시했다. 나는 정치적 색깔보다는 그런 대화 자체가 훨씬 중요하다고 판단했기 때문에 가벼운 마음으로 "무소속"을 자처했다. 마침내 나는 대화를 불가능하게 만드는 카드를 버렸고 지금은 친척들과 공감대를 찾고자 할 때 이데올로기적 마찰이 거의 발생하지 않는다.

미국에서 정치적 당파성은 교회와 그리스도인들을 공적으로 분열시키는 사고방식으로, 국가주의와 비슷한 형식을 가지고 있다. 이것은 그리스도인을 정치 성향이라는 스펙트럼의 좌우 극단으로 갈라버린다. 여기서 문제의 핵심은 그리스도인들이 특정 정당을 지지하는 현상 자체라기보다는, 정치적 성향을 그리스도의 제자로서의 정체성보다 우위에 두면서 공동선을 위한 협력에 실패한다는 점이다.

자신을 좌파 혹은 우파로 간주하는 사람들은 대부분 자신의 정치적 지향을 합리적·신학적으로 설명할 수 있다. 문제는 이 책에서 다루는 모든 분열과 마찬가지로 더 큰 그림을 보지 못하는 근시안적 사고다. 가장 엄밀한 신학적인 용어를 동원해서 화해를 정의하기는 쉽지만, 좀 더 유용하게 사용할 수 있도록 실제적인 정의를 내려보자. 화해란 "다른 사람들"과 함께 공동선에 관해 이야기하고 협력할 수 있는 우리의 능력이다. 이 정의를 염두에 두면서 당파성의 문제가 가장 극심하게 드러나는 국회를 한번 살펴보자. 민주당이나 공화당 모두 서로에게 귀를 기울이거나 협력하려고 하지 않는다.

지난 몇십 년 동안 이 두 당의 갈등의 골은 점점 깊어졌다. 빌 비숍Bill Bishop은 『거대한 분류』*The Big Sort: Why the Clustering of Like-Minded America Is Tearing Us Apart*라는 책에서 이 현상을 자세히 다루었는데, 그가 보기에 "미국인들은 자본과 기술을 이용해서 분쟁이 없는 안전한 공간을 만들어내려고 노력해왔다. 다시 말해, 자기와 비슷한 사람들끼리 교류하는 데 많은 시간을 들여온 것이다. 정치인들의 극단적인 당파성은 지지자들의 동질성을 반영한다."[12]

물론 이런 당파성을 정치인들의 괴벽이라 치부해버릴 수도 있다. 하지만 개인이나 교회가 당파성에 영향을 받는 현실에 눈감아서는 안 된다. 당파적 경쟁의 근간에는 권력의 문제, 즉 누가 이 나라(혹은 지방자치단체)의 방향을 통솔할 것인가의 문제가 놓여 있다. 논의의 핵심을 파악하기 위해 권력 쟁취를 위한 당파적 경쟁과 예수님의 모범을 비교해보자. 예수님은 하나님이시지만 겸손히 자신을 비우셨고 다른 사람들 위에 군림하기 위한 목적으로 권력을 휘두르지 않으셨다. 오늘날 하나님의 백성은 한 손으로는 공동체국가*polis*의 안녕과 공동선을 추구하면서, 다른 한 손으로는 정당 정치의 핵심인 권력에 대한 욕망에 저항하는 긴장을 유지해야 한다. 이 긴장을 제대로 다루기 위해서는 창의성이 필요하다. 그리고 무엇보다 지역 교회에서 우리의 형제자매와 하나가 되는 법을 배울 때 우리는 이 긴장을 제대로 다룰 수 있다.

2012년 대통령 선거철에 있었던 흥미로운 사건 중 하나는 교회에서 일어난 "선거일 성찬식"Election Day Communion 운동이었다. 메노나이트Mennonites 교인 두 명과 성공회 교인 한 명이 제안한 이 운동은 선거 당일 저녁에 성도들이 교회에 모여 성찬을 거행하도록 촉구했다. 이를 통해 우리가 정치적 성향이 다르더라도 그리스도 예수 안에서 하나라는 사실을 기념하자는 것이었다. 당시 선거일 성찬식을 거행했던 어느 메노나이트 교회의 목회자는 이렇게 말했다. "[선거철이면] 표현법이나 논쟁의 수위가 점점 분열을 일으키는 방향으로 흘렀습니다.

이때 성도들이 그리스도 안에 자리 잡은 자신의 정체성을 기억하면서, 우리가 화평을 이루며 하나가 되도록 부르심을 받았다는 사실을 되새기는 일이 중요하다고 생각합니다. 우리 교회에는 공화당 지지자도 있고 민주당 지지자도 있으며 어느 정당도 지지하지 않는 사람도 있습니다. 우리는 사람들이 오직 예수님 안에서만 궁극적 희망이 존재한다는 사실을 기억하면 좋겠습니다."[13]

교회에서 누군가를 배제하기

마지막으로 다룰 분열은 교회가 특정 부류의 사람들, 특히 인종, 민족, 경제력, 혹은 성적 기호가 다른 사람들에게 친절과 환대를 베푸는 일에 거리낌을 느끼는 것이다. 어떤 신학이든지 환대의 대상을 확장해가는 것을 거리끼는 신학이라면 그 신학은 온 인류를 향한 하나님의 사랑과 화해를 깊이 고려하지 못한 신학임이 분명하다. 마틴 루터 킹 목사는 주일 오전 11시가 일주일 중 가장 차별이 극심한 시간이라고 말했다. 킹 목사의 죽음 이후 많은 교회가 다양한 문화를 수용하려고 노력해왔지만 인종차별은 여전히 미국의 그리스도인이 안고 있는 심각한 문제다. 오늘날의 인종차별은 옛날처럼 특정 인종의 사람들을 교회에서 배제하는 식이 아니라 더 교묘한 방법으로 이루어진다. 교회 건물이 자리 잡은 지역의 인종 (혹은 경제 계층) 구성이 바뀌기 시작할 무렵이 되면 교회가 다른 곳으로 이사를 가버린다.

한편 오늘날 교회에서 가장 날카로운 대립 양상을 보이는 문제는 성적 기호와 관련된 것으로 이 문제 때문에 여러 기독교 교파들이 갈라서기 직전까지 가기도 했다. 물론 지금도 세계의 여러 교파와 수많은 교회에서 이에 대한 복잡하고 다양한 질문이 논의되고 있다. 동성애는 죄인가? 하나님이 그렇게 창조하셨는가? 같은 동성애라 하더라도 어떤 형식(예를 들어 언약을 맺은 배타적인 두 사람의 관계)을 갖추는 것이 더 낫다고 할 수 있는가? 이 책에서 이런 문제들을 전부 다 다룰 수는 없지만, 교회가 모든 종류의 동성애를 죄라고 간주할 때는 반드시 자기 눈 속에 있는 들보, 곧 죄와 왜곡의 들보에 대해서도 신경을 써야 한다. 교회는 모든 사람이 하나님의 형상으로 창조되었으며 환대를 받을 자격이 있다는 사실을 받아들여야 한다. 앤드류 마린Andrew Marin은 멋진 일을 해왔는데, 그는 그리스도인들이 동성애자를 향한 뿌리 깊은 두려움과 혐오에서 벗어날 수 있도록 도우면서 동성애자들에 대한 환대를 확장해왔다. 『사랑은 지향이다』*Love is an Orientation*에서 그는 다음과 같이 말한다.

> 우리가 세운 가설이 옳다고 주장하기 위해서 어떤 이론들을 상정하는 것은 우리의 사명이 아니다. 얼굴도 모르는 다른 사람들의 유전자나 발달 과정, 심리적 억압을 추측하는 것도 우리의 사명이 아니다. 우리의 사명은 성경을 바탕으로, 성령의 능력을 힘입어 다리들을 놓는 것이다. 우리의 사명은 하나님이 그분이 지으신 피조물의 하나님이 되시게 하는 것이다. 또한 우리는 성령님이 각 사람의 마음속에 진리를 속삭일 수 있게 하려고 부름을 받았다. 그리고 조건 없고 실제적이며 분명한 사랑을 드러내

라고 부름을 받았다.[14]

우리가 진정 온 인류와 모든 창조 세계를 화목하게 하시는 하나님을 믿는다면, 우리는 반드시 마음속에 걸어둔 빗장을 열고 그들을 향해 환대의 손을 내밀어야 한다. 화해로 가는 문을 열고서 그 누구도 배제해서는 안 된다. 더 많은 교회가 시카고 도심에 있는 라셀 교회를 본받았으면 좋겠다. 자칭 "에큐메니컬 복음주의" 교회인 라셀 교회는 다음과 같이 선언했다.

> 라셀 교회는 모든 사람을 환영합니다. 나이, 인종, 문화, 성별, 결혼 상태, 성적 기호, 종교적 배경, 장애의 유무, 특이한 능력 등에 상관없이 당신을 환영합니다. 당신이 돈이 있건 없건, 학위가 있건 없건, 집이 있건 없건 당신을 환영합니다. 라셀 교회는 예수 그리스도의 복음을 바탕으로 사랑을 실천하는 신앙 공동체가 되기로 작정했습니다. 당신이 우리와 함께하면서 사랑으로 치유되고 그리스도의 환대를 맛보게 되길 기도합니다.[15]

분열을 탄식하다

기독교는 역사에 등장한 이후 계속해서 분열로 몸살을 앓아왔다. 바울 서신에 나타난 유대인과 이방인의 갈등 또한 하나님의 사역을 총체적으로 이해하지 못한 결과였다. 바울은 유대인과 이방인 모두에게 한 하나님의 백성으로서 평화롭게 함께 살아갈 것을 끊임없이 호소했다. 그러나 바울이 살았던 1세기가 지나가기 전에 교회는 유대교 전통에서 완전히 돌아섰고, 이런 분열은 수 세기를 거쳐 반복되었다. 그 실례로는 콘스탄티누스주의Constantinianism, 반 개신교주의, 반 가톨릭주의, 인종차별 등이 있다. 그리스도인은 오래전부터 이런 원자론적 사고와 행동의 지배를 받아왔다. 이것은 우리가 짊어져야 할, 쉽게 사라지지 않을 멍에다. 하지만 이런 멍에 때문에 하나님의 전방위적인 화해를 받아들이지 않거나 거기에 걸맞은 삶을 포기할 수는 없는 노릇이다. 이제 이런 분열의 역사를 끝내고 온 인류와 모든 창조 세계를 화목하게 하시는 하나님을 마음속 깊이 모시는 생태학적 백성으로 변모해가는 것은 어떨까? 또 분열이나 권력이 아니라 사랑의 방법으로 하나님 나라를 구현해내는 것은 어떨까? 슬로처치는 탄식 혹은 회개에서 시작해 생태학적으로 생각하고 행동하며 모든 생명과 더불어 살아갈 수 있는 건강한 공동체를 세우는 방법들을 강구한다.

탄식이란 슬퍼하는 사람들 곁으로 다가가 조용히 그들과 (실제로든 상징적으로든) 자리를 함께하는 것이다. 또 탄식은 그들과 우리가 하나님이 엮으신 창조 세계에서 서로 연결되어 있기에 그들의 슬픔이 우리의 아픔이라는 사실을 깨닫는 것이다. 침묵 속에서 우리는 어떻게 아픔을 나누는지를 알게 된다. 탄식은 위로의 말을 전하거나 문제의 해결과 재발 방지를 위해 애쓰는 것과는 거리가 있다. 예를 들어 오로라Aurora나 뉴타운Newtown에서 일어났던 총기 난사 사고 같은 끔찍한 사건이 일어났을 때 총기규제법에 대한 열띤 토론에 뛰어드는 것은 탄식이 아니다. 탄식은 우리의 영혼을 들여다보는 힘겨운 과정을 위한 시간이다. 우리는 그냥 내버려두면 타인을 향한 폭력으로 터져 나올 수밖에 없는 우리 안의 난폭함과 반항의 씨앗을 탄식을 통해 자세히 살펴야 한다. 토마스 머튼은 탄식에 대해 다음과 같이 묘사했다.

> 전쟁을 일으키는 사람을 미워하는 대신에 당신의 영혼 안에 깃들어 있는 무질서와 욕망을 미워하십시오. 바로 그런 것들이 전쟁을 일으킵니다. 당신이 진실로 세상에 평화가 오기를 바란다면 부당함과 폭압과 탐욕을 증오해야 합니다. 단 다른 사람의 마음이 아니라 바로 당신의 마음속에 있는 부당함과 폭압과 탐욕 말입니다.[16]

크리스 라이스Chris Rice와 에마뉘엘 카통골레가 함께 쓴 『화해의 제자도』*Reconciling All Things*(IVP 역간)에 보면 탄식은 우리 몸에 밴 빠른 속도와 거리감, 무지를 극복하는 방법이다. 탄식을 통해 속도를 줄이고 느긋해지면, 우리는 우리 자신과 온 창조 세계가 얼마나 심하게 갈라져 있는지를 깨달을 수 있다. 그와 동시에 엉망진창인 이 상황에서 빠져나갈 길이 그리스도 안에서 우리에게 주어졌다는 사실을 알게 되는데, 이 길은 우리 마음에서 시작해 결국에는 지역 교회 안에서의 죄 고백으로 이어진다. 그리고 거기에는 교회 공동체를 통한 풍성한 은혜와 용서가 뒤따른다. 탄식의 여정은 비록 외적 사건으로 인해 촉발되지만, 그 시작은 용서와 회복으로 이어지는 개인적 죄 고백으로서 이는 교회의 교제—"공동의 삶"을 뜻하는 그리스어 코이노니아*koinonia*에서 온 개념—에 깊이를 더하는 궁극적 섬김이라고 할 수 있다.

회개가 시작점이다. 어떤 문제가 생겼을 때 우리는 그것을 인정하고 드러내며 우리가 그것에 어떻게 영향을 받아왔는지 이해하기 위해 애쓴다. 우리는 그 문제를 긍휼이 풍성하신 그리스도의 시선으로 바라본다. 특별히 이러한 노력은 교파나 오랜 역사를 가진 교회의 전통 속에 있는 신앙 공동체로서의 정체성보다 분열을 야기하는 서로 다른 점들이 더 큰 영향을 미칠 때 매우 중요한 역할을 한다. 우리는 보통 회개가 과거와의 완전한 단절이라고 생각한다. 하지만 이번 장에서 다루었던 여러 가지 분열은 우리의 교회 문화 안에 뿌리를 깊이 내리고 있다. 그 분열들은 하루아침에 해결될 것들이 아니다. 우리는 변화가 천천히 온다는 사실을 직시해야 한다. 그리고 변화에 대한 소망을 버리거나 냉소적으로 교회를 바라보지 않도록 주의해야 한다.

웬델 베리가 쓴 "역사의 대가代價"The Wages of History라는 시에는[17] 여기서 논의하는 주제에 대한 지혜로운 조언이 담겨 있다. 그 시에서 웬델 베리는 그가 나고 자란 켄터키 지역의 땅이 어떻게 경작되었는지를 묘사한다. 그 지역의 농부들이 사용한 농법이 얼마나 부주의한 것이었는지, 결국 켄터키에는 작물을 키울 만한 땅이 거의 남아 있지 않을 정도가 되었다. 그는 이런 켄터키의 상황을 이탈리아의 토스카나Toscana나 일본의 농촌과 대조한다. 이런 지역들은 비탈진 땅조차 계단식 농법을 사용해 수백 년에 걸쳐 보존하면서 신중하게 관리해왔다. 켄터키에 살았던 과거 세대의 근시안적 행태는 이제 삶과 죽음의 문제가 되었다. 웬델 베리는 켄터키 농부들이 "불운에 빠져 죽든지 역사를 바로잡든지" 선택해야 한다고 적었다. 그가 계속해서 말하고자 한 것은, 회개에는 반드시 희생이 따른다는 사실이다. 농부들의 삶은 이제 "늦은 저녁 아니면 동트기 전 새벽"의 삶이다. 과거에 부주의하게 행해졌던 일들은 반드시 오늘의 수고를 통해 바로잡아야 한다.

켄터키 농부들의 눈앞에 펼쳐진 척박한 땅과 서구 교회가 직면한 상황은 별반 차이가 없다. 수백 년은 아니겠지만, 수십 년 동안 교회가 의지했던 지름길들 때문에 많은 사람이 신앙을 등졌고 성도가 함께 누리는 삶의 질은 떨어질 대로 떨어졌다. 이번 장에서 다룬 여러 가지 분열은 아마도 이런 비극을 가져온 가장 주요한—물론 모든 문제의 원인이라고 할 수는 없지만—원인이 아닐까 싶다. 이러한 분열들은 잘 사라지지 않고 남아 우리 생활의 저변에서 영향을 끼친다. 켄터키의 비탈진 언덕들과 마찬가지로 이 분열들을 치유하기 위해서는 매우 긴 시간이 필요할 것이다. 그동안에 우리 중 척박한 현실을 깨달은 사람들은 긴 호흡으로 현재의 문제를 해결하고 과거의 상처를 치유하는 작업을 시작하면서 희생적인sacrificial 삶을 살아야 한다.

베리의 시는 기독교적인 언어를 사용하지는 않지만 기독교적 가치관을 잘 드러낸다. 그리스도는 이스라엘을 회복하는 동시에 공동체로 모인 12제자를 가르치기 위해 이 땅에 오셨다. 제자들은 온 세계에, 즉 유대인과 이방인 모두에게, 화목하게 하시는 하나님의 메시지를 전파할 자들이었다. 우리는 십자가를 지고 예수님을 따르며 우리 몸을 "산 제물로"living sacrifices로 드리라는 부르심을 받았다(롬 12:1). 교회가 저지른 과거와 현재의 죄악들을 회개하는 것이 바로 그런 삶이다.

우리는 우리의 분열된 삶을 탄식하는 동시에, 화목하게 하시는 하나님의 사역에 적합한 방법들을 적극적으로 수용해야 한다. 먼저 우리의 결정이 가져올 파급 효과에 대해 좀 더 거시적으로 생각하면서 의사 결정의 속도를 늦춰야 한다. 이와 관련해 내John가 속한 퀘이커 교도의 전통적인 합의 도출 과정에는 추천할 만한 점이 아주 많다. 퀘이커 교도의 합의 도출 과정에서는 누구나 결정할 사항을 검토하고 자기 의견을 말할 수 있다. 이 책을 쓰는 동안 우리 가족은 퀘이커 교도들이 무언가를 결정할 때 도움을 받는 명료화모임dearness committee에 참여하려고 준비하고 있었다. 우리는 주로 이사 문제와 관련한 복잡한 결정을 내려야 하는 상황이었다. 당시 우리가 살던 집은 실버톤 외곽에서 6km 정도 떨어진 곳에 있었는데, 마을 안으로 이사하는 것이 어떨지 고민이 되었기 때문이다. 또 마을 안으로 이사한다면 사역 공동체나 자선 기관house of hospitality을 시작해야 하는 것은 아닌지, 그렇다면 마을의 어디쯤 자리를 잡는 것이 적당한지 그 모든 것이 고민이었다. 그러던 중 우리 가족은 마을 안에 있는 데인저힐 구역의 초신자 사역 공동체에 들어오라는 제안을 받았고, 이를 받아들임으로써 의사 결정 과정은 그리 길게 가지 않았다.

명료화모임은 퀘이커 교도들이 약 350년 동안 이어온 전통이다. (초기 퀘이커 교도들은 상부에서 결정을 내려줄 지도자들을 두지 않았기 때문에 공동체의 의견과 성령의 인도하심에 의존할 수밖에 없었다.) 보통 명료화모임에는 선택의 갈림길에 선 사람을 돕는 4-5명의 사람이 참여한다. 그리고 갈림길에 선 사람은 종종 결정을 내려야 할 사안이 무엇이며 그 배경은 어떤 것인지, 또 다른 필요한 정보는 무엇인지를 글로 적어서 준비한다. 명료화모임은 2시간 동안 진행되며, 이 시간 동안 돕는 사람들은 결정을 내릴 사람에게 개방적이고 정직한 질문들을 던진다. 그러나 많은 시간 동안 침묵이 흐르기 때문에 분위기는 조용하고 느긋하며 기도로 가득 찬다. 돕는 사람들은 어떤 제안도 해서는 안 되며, 이 모임에서 있었던 모든 일은 비밀에 부쳐진다. 명료화모임이 끝나도 명료화 과정은 끝나지 않는다. 이와 관련해 퀘이커 교도이자 교육가인 파커 팔머는 다음과 같이 말했다. "나머지 우리는 그저 결정을 내려야 할 당사자를 빛 안에 붙잡아둘 뿐입니다. 그 사람 속에 있는 스승의 지혜를 믿으며."[18]

팔머는 명료화모임에 대해 폭넓은 글을 써왔다. 그가 보기에 명료화모임은 타인을 위한 최선이 무엇인지를 알아야 한다는 우리의 위선적 사고를 없애준다. 그리고 우리가 서로를 "구원"해야 한다는 오만한 생각으로부터 우리를 자유롭게 한다. 그 대신 우리는 경청을 통해 한 사람이 자신을 온전히 발견할 수 있는 여건을 만들어준다.

> 우리가 명료화모임 이면에 존재하는 영적 훈련을 잘 이해하고 실천한다면, 그 과정은 개인주의 시대를 살아가는 우리의 공동체를 새롭게 하는 방법이 될 수 있습니다. 또한 그 과정은 사람들의 인격을 위협하지 않으면서도 고립된 상태에서 구해낼 방법이 될 수 있습니다. 나아가 그 과정

은 우리가 종종 취하는 불필요한 과잉 "돌봄"에 대응하는 방법이 될 수 있고, 성령님이 치유와 권능으로 우리 사이에 운행하실 공간을 만들어내는 방법도 될 수 있습니다.[19]

우리는 풍요로운 의사 결정 전통을 배워야 한다. 한 사람 혹은 지도자 몇 사람이 회의실에 모여서 아무도 모르게 결정하는 방식이 아니라 공동체 전체가 하나가 되어 열린 마음으로 서로 논의하고 결정해가는 훈련이 필요한 것이다. 창조 세계는 정말 다채롭고 풍성하다. 그런 창조 세계를 화목하게 하시는 하나님의 사역에 각종 지혜(엡 3:9-10)가 필요하다는 사실은 놀라운 일이 아니다. 이런 다면적 지혜는 교회 안에서 우리에게 주어진다.

우리의 눈이 인색하다는 사실을 회개하면서, 우리는 우리의 결정이 장기적으로 가져올 파급 효과에 대해 생각해볼 수 있게 해줄 방법들을 받아들여야 한다. 그중 북미 인디언 이로쿼이족Iroquois의 관습이 있다. 이로쿼이족은 후손 7대를 생각한다. 즉 자신들의 결정이 가져올 결과가 현세대의 어른과 아이들뿐 아니라 손자 세대, 더 나아가 7대손에게까지 미칠 영향을 생각한다.

법을 만드는 모든 과정에서, 또 공적인 업무를 수행하는 모든 과정에서 사적 이익은 전혀 고려의 대상이 아니다.…모든 사람의 이익을 위해 주의 깊게 살피고 경청하며, 비록 미래 세대의 얼굴이 땅 아래에 숨겨져 있어 아직 태어나지 않았을지라도 현세대만이 아니라 미래 세대를 염두에 두

어야 한다(이로쿼이 연맹의 법).[20]

사적 이익과 일시적 만족감을 뒤로하고 그리스도의 길을 좇아서 앞으로 올 세대를 고려하는 결정을 내리는 일이 당연시되는 문화가 교회 안에 자리 잡는다면 얼마나 멋질까?

우리가 만물을 향한 하나님의 화해를 바라보지 못한 결과, 많은 교회와 공동체 안에 막대한 피해가 발생했다. 사람과 그 사람이 사는 지역이 서로 섬세하게 연결되어 있다는 사실을 받아들이고, 우리가 내리는 결정이 가져올 영향에 대해 깊고 넓게 생각하며, 다양한 목소리를 존중한다면, 우리의 삶은 필연적으로 느리게 흘러갈 수밖에 없다. 재촉하지 않으시는 하나님은 화목하게 하시는 당신의 사역에 주목하는 삶으로 우리를 부르셨다. 그러나 우리는 이 부르심에 제대로 응답하지 못했다. 우리는 인내하지 못하고 개인주의와 맥도날드화의 유혹에 쉽게 넘어가면서 지난 수십 년 동안 이 부르심을 외면해왔다. 이제 우리는 회개하며 급하게 내딛던 걸음을 멈추고 하나님의 전방위적인 화해의 길에 뜻을 모아야 한다.

대 화 의 출 발

1. 교회가 견지하고 있는 뿌리 깊은 이원론에는 어떤 것들이 있는가? 또 이런 이원론이 교회가 만물을 서로 화해하게 하시는 하나님의 사역에 참여하는 것을 어떻게 방해하고 있는가?

2. 저자들은 국가주의, 메가처치 현상, 정치적 당파성, 교회 안에서 사람들을 배제하는 문화 등이 교회의 분열을 촉진하는 요인이라고 판단한다. 그렇다면 한국교회 안에 만연한 분열의 요소들에는 어떤 것들이 있으며 자신이 속한 교회는 그 점에 있어 어떤지를 이야기해보자.

3. 창조 세계 안에 만연한 분열과 분리를 바라보면서 먼저 개인이 탄식하는 일이 왜 중요한지를 이야기해보자. 나 자신은 평소 주로 어떤 문제로 인해 탄식하는가?

4. 교회가 만물을 화목하게 하는 하나님의 사역에 순종하기 위해서 할 수 있는 일은 무엇일까?

5. 하나님의 화해 사역에 참여하는 데 있어 투명하고 공정하며 민주적인 회의(=의사결정과정)가 왜 중요한지를 이야기해보자.

노동: 하나님의 화해 사역에 협력하기

"이 느린 노동을 통해
땅에 빛이 전달되게 하소서."

_존 릭스John Leax의 "기도"Prayer 중에서

내John가 처음으로 돈벌이를 했던 곳은 캔자스 주의 집섬Gypsum이라는, 총인구가 365명에 불과한 시골 마을의 작은 식당이었다. 우리 어머니가 운영하시던 그 식당의 이름은 그냥 "식당"이었다. (식당이 마을에 하나밖에 없었다.) 이 식당은 월요일부터 목요일까지는 아침과 점심에만 문을 열었고 금요일에만 저녁까지 문을 열었다. 어떤 금요일 저녁에는 마을 전 주민이 저녁 식사를 하러 식당에 모인 것처럼 보였는데, 이는 우리 어머니를 포함한 이 식당의 여인들이 주변에서 가장 음식 솜씨가 좋은 분들이었기 때문이었을 것이다.

사실 이 식당에서 내가 딱히 도울 일은 없었다. 단 학교는 여름 방학 중이었고, 나는 아직 반항적인 십 대가 아니었으며 우리 집에는 아들이 5명이나 있었다. 아마도 우리 형제 중 한 명을 일터에 데리고 가는 것은 어머니가 집에 돌아오셨을 때 집이 망가지지 않고 온전할 가능성을 높이는 한 가지 방법이었던 것 같다. 나는 설거지, 테이블 정리, 바닥 청소, 은행에 가서 하루 수익금을 입금하는 일 따위를 했다. 이 일의 대가로 나는 약간의 돈과 식당에서 "세계적으로 유명한" 시나몬 롤을 먹을 수 있었다. 오전 휴식 시간에 커피를 마시러 온 농부들의 이야기를 들을 수 있는 날이면 나는 앉은 자리에서 시나몬 롤을 10개 정도씩 먹었다. 농부 아저씨들은 긴 테이블에 앉아서 비가 내리면 너무 많이 내린다고 불평하고 땅이 마르면 비가 내리길 기도하는 등 별의별 이야기를 다 했다. 그들은 마을에 낯선 자동차들이 지나가는 이유를 추측하고 농담을 던지면서 끊임없이 이야기를 주고받았다. 그때 이미 나는 작가가 되고 싶은 꿈이 있었지만, 그 더운 여름철에 식당에서 일하는 동안 농부 아저씨들의 이야기를 들으면서 시골 사람들을 위해 글을 써야겠다고 마음먹게 된 것 같다. 그 식당에서 일한 경험을 통해 나는 미국 사람들이 촌뜨기라 업신여기는 중부 지방에 대해 강한 애착을 갖게 되었으며, 직장이나 가정이 아닌 제삼의 장소가 어떻게 공동체를 건강하게 만드는 "훌륭한 장소"가[1] 될 수 있는지를 어렴풋이 경험할 수 있었다. 게다가 나는 노동이 인간의 지긋지긋한 숙명 이상의 의미를 지닌다는 사실도 조금 알게 되었다.

내가 15살 때 일하게 된 다음 장소는 네브래스카 주의 주도인 링컨에 있는 맥도날드 매장이었다. 이곳은 앞의 "식당"과는 너무 대비되는 곳이었다. 사실 일을 빼놓으면 그곳도 좋기는 했다. 드라이브스루 매장에서 일하는 동안 나는 TV 각본(안타깝게도 채택되지는 않았다)을 썼고, 코미디 프로그램에서 본 장면을 흉내 내거나, 롯데리아에 오신 걸 환영한다며 손님에게 농담을 걸고, 여자 동료에게 집적거리고, 걸레와 빗자루를 들고 영화 "메리 포핀스"*Mary Poppins*에서 굴뚝 청소부들이 췄던 춤을 따라 했다. 나는 거기서 3년간 일했지만 손님이나 "한 가족 같은" 동료들과 지속할 만한 친분은 쌓지 못했다. 그렇다고 유용한 기술을 배운 것도 아니었다(혹 코킹 건으로 치즈를 뿌려 특이한 샌드위치를 만드는 것을 기술이라고 쳐준다면 모를까). 이는 부분적으로 내 의지가 부족했기 때문이었다. 목사이자 작가 겸 교수인 데이비드 피치David Fitch는 사람들을 만나기 위해 매일 맥도날드에 간다고 한다. 그는 "이 시대를 지배하는 거대한 시스템 속에서 정의를 실현하기 위해 우리가 실제로 현장에 거하고 참여하면서 우리의 존재를 드러내야 한다"라고 말했다.[2] 그러나 패스트푸드점처럼 무슨 일이든 빨리빨리 진행해야 하고 지나치게 통제하는 메마른 환경 속에서 다른 사람과 깊은 교제를 나누거나 노동 자체의 의미를 발견하기란 절대 쉽지 않은 일이다. 다른 분야와 달리 패스트푸드 산업의 이직률이 300%에 육박할 정도로 높은 이유가 여기에 있지 않을까 싶다.

이상한 침묵

퓰리처상Pulitzer Prize을 받은 작가이자 라디오 진행자인 스터즈 터클Studs Terkel은 주로 현대의 노동과 관련한 긴장을 다루었다. 그는 노동에 관한 구술 역사를 정리한 책을 다음과 같이 범상치 않은 문장으로 시작한다. "이 책은 노동에 관한 것이다. 본질적으로 노동은 영혼과 육체에 대한 폭력이다." 터클이 지적했듯이 노동이 육체적으로나 정신적으로 폭력에 가깝다는 것은 많은 사람이 공감할 만한 사실이다. 우리는 노동 현장에서 실제로 사고를 당하기도 하고 내면의 분노와 스트레스, 모멸감과 해결되지 않는 불만족을 경험한다. 삶의 의미보다는 돈을 선택할 때가 많고, 우리의 땀과 재능을 더 많은 돈에 팔아버리기도 한다. 돈 때문에 우리가 생각하는 삶의 가장 중요한 원칙을 내다 버릴 때도 많다.

그런데 그의 글을 몇 구절 더 읽어 내려가다 보면 이런 글귀가 나온다. "또한 노동은 일용한 양식, 그 이상의 의미를 지닌다. 그것은 내가 하루하루를 살아가야 할 의미를 던져준다. 노동을 하는 이유는 돈을 벌기 위함이기도 하지만, 나 자신의 존재를 인정받기 위함이기도 하다. 나는 무기력하게 살지 않고 놀라움과 즐거움을 누리며 살기 위해 노동한다. 다시 말해, 노동은 월요일부터 금요일까지 죽음을 경험하는 행위가 아니라 삶을 향해 달려가는 것이다."[3] 그렇다. 우리 중 누군가는 이미 좋은 노동의 맛을 직접 느껴보았는지도 모른다. 또 다른 누군가는 자신을 만족시켜줄 노동이 어딘가에 있을 것이라는, 아니 꼭 있어야만 한다는 희망을 안고 살아간다. 40년 동안이나 자신이 싫어하는 일을 하면서 은퇴 후 고작 생의 나머지 10년 동안을 우리가 원하는 대로 살 수 있다고 믿는 것은, 어쩌면 너무 큰 도박에 우리 삶 전체를 걸고 있는 것인지도 모른다(은퇴까지 우리가 살 수 있으리라는 보장도 없고 은퇴 자금이 다 날아갈 수도 있기 때문이다). 그리고 이렇게 사는 것은 웬델 베리가 말했던 것처럼 삶을 증오하는 또 하나의 방법일 수도 있다.

노동은 복잡하고 다중적인 의미를 지닌다. 그것은 우리의 인간됨과 분리할 수 없는 중요한 요소다. 그럼에도 교회가 노동에 대해서 거의 아무런 이야기를 하지 않는다는 것은 정말 당황스러운 일이 아닐 수 없다. 교회에서 몇 년에 한 번씩 경제 전문가를 초청하여 "최고경영자 하나님" 또는 "예수와 기업 경영"이란 주제의 강연을 열기도 하지만, 노동의 근본적인 의미에 대해서는 어느 교회도 선뜻 입을 열지 않는다. 노동의 의미에 대해 침묵하면서 과연 교회가 전하는 복음이 일상의 삶과 깊이 **연관**되어 있다고 주장할 수 있을까? 노동에 대한 사회의 지배적인 흐름에 제동을 걸어야 할 때 그것을 문제 삼거나 도전하지 않는 교회가 예수님의 **독특**한 향기를 나타낼 수 있을까? 오히려 교회는 산업화의 여파로 생겨난 노동에 대한 부정적 인식, 즉 노동은 가급적 피해야 한다는 사상에 어느 정도 힘을 실어주고 있는 것 같다. 체스터턴G. K. Chesterton은 교회의 모습을 비꼬며 이렇게 말했다. "기독교의 이상ideal은 한 번도 시도되어본 적이 없는 미완성의 과제로 남겨져 있다. 아마 너무 버겁다 보니 시도조차 되지 않은 채 남겨졌나 보다."[4] 체스터턴의 지적대로 교회가 편리함과 효율성이라는 이름으로 지름길을 선택할 때 복음의 넘치는 기쁨은 희석되고 만다. 교회는 편리함을 추구하는 시대의 문화에 맞서 참다운 노동의 가치를 반드시 회복해야만 한다.

영혼이 없는 노동은 실업, 비정규직, 저임금, 아동 노동, 저평가된 사람들에게 맡겨지는 단순 노동 따위와 마찬가지로 인간을 소외시킨 산업화의 결과 중 하나다. 하지만 우리는 노동을 완전히 다른 시각으로 바라볼 수 있다. 너무 과도하게 노동에 집착거나 노동을 너무 가볍게 치부하는 극단 사이에서 균형점을 찾을 수 있다는 말이다. 참다운 노동은 우리가 예수님의 제자로서 하나님이 세상에서 이미 행하고 계시는 사역에 동참할 수 있는 중요한 방법이라는 사실을 기억해야 한다.

슬로처치가 이야기하는 노동의 의미

더글라스 믹스M. Douglas Meeks는 노동에 대해 다음과 같이 설명했다. "하나님의 집household에서 하나님의 살림꾼이 되라고 우리를 부르시는 하나님의 애쓰심에 대해 우리는 노동으로 응답한다."[5] 이는 핵심을 제대로 짚은 것이다. 슬로처치가 노동에 접근할 때 무엇보다 염두에 두어야 할 것은 주도권이 우리에게 있지 않다는 사실이다. 그 대신 우리는 하늘과 땅 모두가 하나님의 **집**이라는 사실을 감사함으로 인정해야 한다. 시편 기자가 고백한 대로 "땅과 거기에 충만한 것과 세계와 그 가운데에 사는 자들은 다 여호와의 것"이다(시 24:1).

성경에서 집은 매우 중요한 의미를 지닌다. 집을 뜻하는 그리스어 오이코스*oikos*는 칠십인역에 무려 1,600번이 넘게 등장한다. 초기 기독교 공동체에서 오이코스는 정치, 사회, 경제, 종교 활동의 출발점이었다.[6] 영어에서 경제를 의미하는 이코노믹스economics는 그리스어 오이코노미아*oikonomia*에서 유래했는데, 이는 "집"을 의미하는 오이코스와 "법, 경영"을 의미하는 노모스*nomos*의 합성어였다. 우리는 8장에서 하나님의 경제, 즉 하나님이 집을 경영하는 원칙에 대해 살펴볼 것이다. 그것은 희소성이 아니라 풍성함에 기초하고, 축적이 아니라 살림에, 죽음이 아니라 생명에 기초한 경제 원칙이다. 우리는 우리가 "외인도 아니요 나그네도 아니요 오직 성도들과 동일한 시민이요 하나님의 권속household"이라는 사실을 기억해야 한다(엡 2:19). 참된 노동은 기본적으로 하나님의 사역에 대한 협력으로 이해할 수 있다. 참된 노동은 하나님의 노동, 즉 하나님이 우리 지역과 세계와 교회에서 이미 하셨고 지금도 하고 계시는 사역에 뿌리를 두고 있다. 하나님은 이를 통해 마지막 때에 새 하늘과 새 땅을 이루어내실 것이다.

믹스가 내린 노동의 정의는 우리가 보통 사용하는 "소득을 위한 고용"이라는 노동의 정의보다는 훨씬 가치가 있다. 노동을 단순히 소득과 연결해 편협하게 정의하면 우리 삶에서 너무나 중요한 일들을 경시하는 문제가 발생한다. 예를 들어 자녀 양육, 집안일, 봉사활동, 정원 가꾸기 등을 생각해보라. 보수를 주는 일만을 **노동**이라고 한다면 보수를 얼마나 많이 받느냐에 따라 노동의 경중을 따지게 되는 것은 시간문제다. 그 반대로 공동체를 풍성하게 하는 정도에 따라서 보수를 준다고 생각해보자. 우선 선생님, 보육 교사, 농부들은 하위 그룹이 아니라 상위 그룹에 포함되어야 한다. 그리고 최고 경영자의 연봉이 노동자 평균 연봉보다 209배(1978년과 비교해서 27배 늘어난 수치)나 높은 상황은 발생하지 않았을 것이다. 또 쓰레기를 치우는 사람이 쓰레기를 생산하는 사람보다 더 많은 임금을 받아야 할 것이다.

내[John]가 좀 더 어렸을 때는 노동이 저주의 결과라고 생각했다. 1999년 어느 날 방영되었던 TV 만화 영화 "심슨가족"이 묘사한 에덴동산은 내가 생각하던 에덴동산과 크게 다르지 않았다. "세 가지 성경 이야기"라는 그날의 에피소드에서 엄마 마지[Marge]는 설교 시간에 졸다가 꿈을 꾼다. 그 꿈에서 에덴동산은 휴식을 취하며 마음껏 즐길 수 있는 안락한 곳으로, 사자와 양이 함께 누워 있고 남편인 호머[Homer]는 협조적인 돼지의 옆구리에 상처를 내지 않으면서 삼겹살을 떼어내고 있었다. 나 또한 낙원이 완벽한 휴식의 공간이라고 생각했고, 그 완벽한 휴식은 아담과 하와의 불순종으로 산산조각 나버렸다고 믿었었다.

그러나 나는 나중에 내가 신학적으로 얼마나 잘못된 생각을 하고 있었는지를 깨달았다. 노동은 저주의 산물이 아니다. 인간은 하나님의 형상을 따라 창조되었다. 하나님은 어떤 분이신가? 하나님은 6일 동안 일하시고 7일째 되던 날에 안식하셨다. 창조 기사에서 하나님은 남자와 여자를 만드시고 땅을 정복하고 다스리라고 명령하신다. 정복하고 다스린다는 말에는 당연히 노동이 전제되어 있다. 창세기 2장에서 반복되는 창조 기사에서 이 사실이 좀 더 분명하게 드러난다. 창세기 2장에 보면 하나님은 흙으로 사람을 빚으시고 그 코에 생기를 불어넣어 주신다. 그리고 하나님은 동방의 에덴에 동산을 창설하신 다음 사람을 이끌고 가셔서 "그것을 경작하며 지키게" 하셨다(창 2:15). 미로슬라브 볼프[Miroslav Volf]는 "경작"과 "지키는 일"(보살피는 일)이 서로 분리되는 활동은 아니지만 노동의 두 가지 측면을 이야기해준다고 말한다. “모든 노동은 생산의 측면과 함께 보호의 측면이 있어야 한다. 따라서 경제 시스템은 생태계의 상호 의존적 시스템과 함께 균형 있게 공존하는 쪽으로 유지되어야 한다.”[7] 나는 창조 이야기를 통해 노동은 저주가 아니며, 참된 노동은 생명 공동체 전체를 생각하는 상호 협력으로 이루어질 수 있다는 점을 알게 되었다.

인간의 타락 후 노동은 노역이 되었고 경제를 위한 어쩔 수 없는 선택으로 전락하였다. 하나님은 창세기 3:17, 19에서 아담에게 이렇게 말씀하신다. “땅은 너로 말미암아 저주를 받고 너는 네 평생에 수고하여야 그 소산을 먹으리라.…얼굴에 땀을 흘려야 먹을 것을 먹으리니”(여기서 또 한 번 우리가 자연을 소중히 다루어야 하는 이유가 나온다. 자연이 저주를 받은 것은 인간의 잘못 때문이었다).

성경은 노동 그 자체가 저주라고 말하지 않는다. 예언자 스가랴가 본 새 예루살렘 환상을 살펴보면 인간은 노동에서 해방되는 것이 아니라 오히려 노동을 통해 하나님의 풍성함을 완벽하게 누리게 된다(슥 8:10-12). 성경의 모든 이야기에서 하나님은 당신의 백성들에게 거룩한 사역을 도모하도록 격려하신다. 출애굽기 31:3-4, 6은 “하나님의 영을 그에게 충만하게 하여 지혜와 총명과 지식과 여러 가지 재주로 정교한 일을 연구하여 금과 은과 놋으로 만들게 하며…지혜로운 마음이 있는 모든 자에게 내[하나님]가 지혜를 주어 그들이 내가 네게 명령한 것을 다 만들게 할지니”라고 말씀한다. 또 고린도전서 12:4-7은 다음과 같이 말씀하고 있다.

4은사는 여러 가지나 성령은 같고, 5직분은 여러 가지나 주는 같으며, 6또
사역은 여러 가지나 모든 것을 모든 사람 가운데서 이루시는 하나님은
같으니, 7각 사람에게 성령을 나타내심은 유익하게 하려 하심이라(고전
12:4-7).

이 말씀은 인간성을 말살하는 노동을 무너뜨릴 수 있는 영적 방법을 알려준다. 아주 먼 옛날에는 경제 정의의 기준이 하나님께 받은 능력을 십분 활용할 수 있는 자유에 있었다. 이런 고대의 기준을 낭만적으로 포장하지 않도록 주의해야 하겠지만—어쨌든 동서고금을 막론하고 대다수 사회에서 직업 선택의 자유는 극히 일부 사람들에게만 주어졌다—이상적인 노동을 염두에 두는 것은 매우 유익하다. 이상적인 노동은 전인격의 발현이다. 이상적인 노동은 대부분 다른 사람과의 협력을 통해 이루어지고 공동체 전체의 풍요로움을 목적으로 한다.

애덤 스미스와 분업

어떻게 해서 노동이 이처럼 무의미해졌을까? 서구에서 노동의 의미는 지난 300년 동안 진행된 산업화와 함께 변질되어왔다.

애덤 스미스Adam Smith, 1723-1790는 개인의 삶과 사회생활의 중심에 노동이 있다고 생각했다. 그는 현대 경제학의 아버지이자 자본주의의 수호자이지만 노동을 인간의 존엄과 연결해서 생각하지는 않았다. 그

는 단지 노동의 유용성을 중요하게 생각했을 뿐이었다.[8] 그가 보기에 시장은 보이지 않는 손에 의해 기계처럼 작동하므로 인위적으로 어떤 제재를 가해서는 안 되었다. 기계로서의 시장은 철저히 소비자의 영향을 받는다. 노동의 목적은 생산이다. 그리고 모든 생산의 유일한 목적은 바로 소비다. 이런 논리 속에서 노동은 목적을 위해 존재하는 수단으로 전락한다. 사람들이 노동의 어려움을 참아내는 이유는 노동을 통해 물건을 사고 서비스를 받을 수 있는 능력을 소유하기 때문이다. 또 한 제국의 부를 유지하는 중요한 원천이 바로 인간의 노동이기에 전체적인 차원에서 노동은 긍정적인 힘이다. 하지만 개인적인 차원에서 노동은 가능하면 피하고 싶은 부정적인 성격을 가진다.

애덤 스미스는 **분업**이 노동의 양을 줄이고 인간적 요소를 없애며 모든 사회 계층에 돌아갈 몫을 키워 사회 전체가 진보할 수 있는 방법이라고 믿었다. 분업은 제조 과정을 세분화한 다음 사람들에게 서로 다른 공정 과정을 할당함으로써 효율성과 생산성을 높이는 생산방식이다. 애덤 스미스는 『국부론』*The Wealth of Nation*, 1776의 첫 장에서 자신이 직접 방문했던 핀 제조 공장을 예로 든다. 이 공장은 18개의 서로 다른 작업 공정을 거쳐 핀을 만들었다. 혼자 일하는 미숙련 노동자는 하루에 20개의 핀도 제대로 만들 수 없지만, 공장에서 일하는 "매우 서툰" 노동자 10명은 기계에 대한 상식과 2-3개 공정에 대한 간단한 기술을 가지고 하루에 4만 8,000개의 핀을 생산할 수 있었다.

애덤 스미스에 따르면 분업은 우리를 개인화하는 노동 형식이다. 세상에는 철학자도 있고 택시 운전사, 바리스타, 학교 교사, 공장 노동자도 있다. 이들이 서로 다른 일을 하는 것은 타고난 재능의 차이 때문이라기보다는 교육, 풍습, 습관, 기회의 차이 때문이다. 분업은 또한 우리 모두를 하나의 **사회**로 엮어준다. 철학자도, 택시 운전사도, 공장 노동자도 모두 서로를 필요로 하기 때문이다.

그러나 분업의 가장 심각한 문제점 하나는 바로 소외다. 미로슬라브 볼프가 『노동의 영성』*Work in the Spirit: Toward a Theology of Work*에서 말한 것처럼 소외란 "인간 실존의 가장 근본적인 측면으로서의 이상적 노동과 노동자들이 수행하고 경험하는 실제적 노동의 심각한 불일치다."[9] 노동자들은 착취당하고 있다. 그들은 반복적으로 되풀이되는 일에서 재미도, 만족도, 존재의 의미도 발견하지 못한다. 볼프가 말한 것처럼 노동은 인간성을 말살할 수도 있고 인간의 창의성을 망가뜨릴 수도 있다. 흥미로운 점은 애덤 스미스도 이런 소외를 인식하고 있었다는 점이다. 그는 다음과 같이 기록했다.

> 누군가 평생 몇 가지 단순한 노동만을 하고 지낸다면…그에게는 자신의 지식을 최대한 활용하거나 무언가 새로운 것을 만들어낼 기회가 없을 것이다. 결과적으로 그는 어떤 노력도 하지 않게 되면서 가장 멍청하고 무지한 자가 되어버릴 것이다.[10]

애덤 스미스는 이처럼 분업에 동반되는 소외의 문제를 유감스럽게 생각했다. 그러나 그는 대체로 분업이 "문명화되고 발전된 사회"에서 사업을 할 때 발생하는 불가피한 희생이라는 데 동의했다.

테일러리즘과 조립 공정

분업은 엄청난 부를 가져다주었다. 그러나 그 안에 내재된 소외라는 요소는 강력하고 비인간적인 여러 가지 체제들 속에서 지금 우리가 살아가는 세계에 여전히 큰 영향을 끼치고 있다. 그러한 생산 체제의 하나인 과학적 관리법scientific management은 종종 창안자 프레드릭 테일러Frederick W. Taylor, 1856-1915의 이름을 따라 테일러리즘Taylorism이라고 불린다. 발명가이자 공학도였던 테일러는 작업장을 평가와 통제가 가능하며 수량화·표준화할 수 있는 아주 작은 단위로 분리하는 방법을 개발했다. 이 방법의 목적은 사무실이나 공장의 효율성을 높이는 데 있었다. 그가 보기에 노동자는 스스로 추진력을 가질 수 없는 존재다. 대신 "노동자의 추진력"은 과학적 관리 아래에서 절대적인 획일성을 통해 획득된다. 관리자는 전통적인 작업 방식에 대한 정보를 수집하고 분류해서 통계를 내는 역할을 한다. 그리고 그 자료를 분류하고 도표화하여 규칙과 공식을 추출한다. 테일러는 초시계를 들고 노동자들의 작업 시간을 측정했고 필수적인 모든 동작을 분석한 후 불필요하고 시간이 걸리는 동작들을 제거해버렸다. 이런 방법에 따라 노동자들이 로봇처럼 움직이면 생산성을 높일 수 있었다.

과학적 관리법이 19세기 후반과 20세기 초반을 풍미했던 진기한 유물이라고 생각한다면 큰 오산이다. 현대 경영학을 창시한 학자로 평가받는 피터 드러커Peter Drucker는 과학적 관리법에 정통한 사람이었다. 그는 테일러, 프로이트, 찰스 다윈이 현대의 형성에 지대한 영향을 주었다고 평가했다. 테일러가 쓴 『과학적 관리의 원칙』*The Principles of Scientific Management*, 1911(박영사 역간)은 경영 부문 최초의 베스트셀러였다. 레닌은 러시아의 노동자들이 "테일러 시스템이 제시하는 과학적이고 혁신적인 모든 방법"을 시도해보아야 한다고 말했다. 그 덕에 테일러의 목표 생산량에 미치지 못한 러시아 노동자들은 강제 노동 수용소로 보내지기도 했다. 자동차 왕 헨리 포드도 테일러의 영향을 크게 받았다. 그는 완벽한 조립 공정을 갖춘 최초의 자동차 회사를 일구었다. 앞으로 분명하게 살펴보겠지만, 과학적 관리법과 조립 공정은 맥도날드화를 이끈 첨병 역할을 했다.

테일러리즘이 지극히 비인간적인 이유는 최소 두 가지다. 첫째, 이것은 인간을 하나의 소모품으로 간주한다. 이 관리 시스템은 기술자에게서 전통적으로 내려오는 기술만을 뽑아낸 후에 이것을 규칙과 공식으로 만든다. 그렇게 가려진 몇 가지 핵심 작업을 "미숙련" 노동자들에게 훈련시킨 후 단순화된 작업 공정의 필요한 부분에 끼워 넣는다. 노동자들은 단순한 몇 가지 작업만을 수행하기 때문에 그들의 진짜 능력과 기술은 발휘될 기회조차 없다.[11] 노동 현장에서 창의력이나 혁신적인 방법을 개발할 만한 여지가 전혀 없는 것이다. 둘째, 과학적 관리법은 "손"이 하는 일과 "머리"가 하는 일을 철저히 구분한다.[12] 전통적인 생산 방식에서는 노동자가 자신의 경험을 바탕으로 어떻게 작업을 할지 먼저 계획을 세우고 일을 시작한다. 하지만 테일러는 계획이란 노동자가 아닌 관리자의 업무라고 생각했다.

매튜 크로포드Matthew B. Crawford는 노동에 대한 참신한 생각을 담은

『모터사이클 필로소피: 손으로 생각하기』*Shop Class as Soulcraft*(이음 역간)에서 "생각과 행동이 분리되었기에 노동을 경시하게 되었다"라며 안타까워한다.[13] 사람들은 처음에 테일러리즘과 포드의 조립 공정에 저항했다. 과학적 관리법의 원칙들을 수립한 활동 초기에 테일러는 필라델피아에 있는 철강 공장의 생산량을 두 배로 늘리기 위해 숙련공에게 당근과 채찍(벌금과 해고를 포함한)을 모두 사용했다. 숙련공들은 이런 변화를 달갑게 여기지 않았고 테일러에 대한 반감은 늘어갔다. 1911년, 매사추세츠 주 워터타운Watertown에 있는 정부 무기고에서 일하는 노동자들은 파업을 일으켰다. 이 문제는 국회의 안건으로 상정되었고 과학적 관리법에 대한 수개월에 걸친 장황한 청문회가 이어졌다. 헨리 포드가 자동차 생산 조립 공정을 처음으로 도입했던 1913년에 포드사가 100개의 일자리마다 고용한 노동자 수는 무려 963명에 달했다. 노동자들이 버티지 못하고 계속 그만두었기 때문이었다. 이에 대해 크로포드는 다음과 같이 기록했다. "그 순간이 정치 경제학의 역사에서 가장 중대한 순간인 듯하다. 분명히 새로운 생산 체제는 사람들의 본성을 거스르는 것이었다. 그러나 어느 순간 노동자들은 그 체제에 길들여졌다."[14] 앞으로 살펴보겠지만, 맥도날드화되어 가는 사회 속에서 슬로처치가 해야 할 일 하나는, 무엇이 좋은 노동이고 무엇이 나쁜 노동인지를 분별하고 취사선택할 수 있게끔 돕는 일이다.

노동의 맥도날드화

2013년에 타계한 전 맥도날드 회장 프레드 터너Fred L. Turner(햄버거 대학의 공동 설립자이기도 하다)는 1958년에 75페이지에 달하는 직원 교육 지침서를 만들었다. 회사 내부에서 "바이블"로 불린 이 문서에는 세세한 사항들이 모두 기재되어 있었다. 심지어 불판에 햄버거를 몇 줄 올려야 하는지(6줄), 또 감자 칩의 두께는 어느 정도여야 하는지(0.7cm)까지 나와 있을 정도였다. 오늘날 이 "바이블"은 맥도날드 매장에서 지켜야 할 규칙이 끊임없이 더해지면서 페이지가 열 배가량 늘고 무게가 약 1.8kg에 달하는 묵직한 책이 되었다. 이는 맥도날드화되어가는 사회 속에서 노동 현장이 하나의 거대한 과학기술에 의해 비인간화되어가는 모습을 적나라하게 보여주는 예시라 하겠다.

우리는 보통 과학기술이라고 하면 기계, 장비, 도구, 장치, 전자 제품 등을 떠올린다. 그러나 과학기술의 개념은 더 넓다. 과학기술을 의미하는 영어 "테크놀로지"technology는 미술이나 공예를 조직적으로 다룬다는 뜻의 그리스어에서 파생된 합성어다. 따라서 과학기술은 법칙, 규정, 물질, 기술 모두를 포함하는 말이다. 사회학자 조지 리처는 과학기술이 "로봇과 컴퓨터처럼 눈에 보이는 것들뿐만 아니라 조립 공정이나 관료적 규정, 작업 지침서에 적힌 작업 과정과 요령처럼 눈에 잘 안 보이는 것들도 포함한다"라고 말한다.[15] 망치나 드라이버 같은 인간적인 과학기술은 우리가 통제할 수 있다. 그러나 비인간적인 과학기술은 인간을 통제한다. 버거킹의 드라이브스루 매장이나 이케

아Ikea 가구점에서 제공하는 책장 조립 설명서 등 과학적 관리법이 적용된 과학기술은 모두 비인간적인 과학기술에 해당한다. 이런 측면에서 보면 현대의 노동 현장에는 비인간적 과학기술의 통제를 받는 곳이 그렇지 않은 곳보다 훨씬 많다는 사실을 알게 된다. 이는 마치 테일러가 예견한 것과 같다. 그는 "과거에는 사람이 우선이었지만 미래는 시스템이 우선되어야 한다"라고 말했다.

산업화의 특징인 비인간적 과학기술이 우리의 가정과 직장 그리고 여가 활동, 심지어 교회까지 통제하는 경향이 심화하고 있다. 패스트푸드 산업의 확산이 가장 분명한 증거다. 그 외에도 공항, 병원, 군대와 사무실, 각종 서비스 센터와 가게에서 비인간적 기술이 인간의 자리를 대신하는 모습을 발견하기란 어렵지 않은 일이다. 심지어 플로리다 주 웨스트팜비치West Palm Beach에 있는 한 대형 교회는 찬양팀을 위한 실용 지침서를 만들었다고 한다.

그 교회는 맥도날드화가 초래하는 비인간적 요소들이 어떻게 교회에까지 파고들었는지를 보여주는 극단적인 예다. 찬양팀은 모두 검정 옷을 입어야 하고 비만이어서는 안 되며 강단의 정해진 위치에 서야 하고 눈에 띄는 장식을 하거나 손을 들면 안 된다. 찬양팀이 되고 싶은 사람들은 사전에 반드시 개인 신상을 점검받아야 한다. 이 찬양팀에는 로봇이 적격일 것이다. 버거킹의 17번 규칙—"항상 웃어야 한다"—이 생각난다. 정말 잔인하고 소름 끼치는 규칙이다. 이는 감정을 속이고 신체에 불가능한 부담을 지우는 것이기 때문이다. 물론 이런 모든 규칙의 근저에는 "통제성"이라는 요소가 자리 잡고 있다.

자세히 다룰 수는 없겠지만, 맥도날드의 "바이블"인 작업 지침서와 진짜 바이블인 성경에 접근하는 방법이 서로 비슷한 경향은 없는지 살펴야 할 것 같다. 맥도날드의 "바이블"에는 직원이 어떻게 움직이고 특정 상황에 어떻게 대처해야 하는지가 자세히 적혀 있다. 그런데 이런 지침서를 대하듯이 성경을 대하는 사람들이 종종 눈에 띈다. 그들에게 성경이란 삶에서 부딪히는 난관에 효율적으로 대처하거나 불확실한 미래를 대비하게 해주는 로드맵이다. 그러나 성경은 이런 의도로 쓰인 책이 아니다. 유대인들은 자신의 삶의 답을 찾기 위해 성경을 들여다본 것이 아니다. 그들은 오히려 자신들이 인생을 향해 던져야 할 올바른 질문이 무엇인지를 찾는 데 도움을 받고자 성경을 읽었다. 성경은 공동체 안에서 하나님과 평생 나눌 대화의 출발점이다. 하나님과 우리에게 성경은 로드맵이라기보다 나침반이다. 이 나침반은 정확히 진리이신 예수님을 가리킨다. 이 나침반을 따라 우리는 신앙의 여정을—하나님과의 대화와 관계를—시작할 수 있다.

교회 안에서 참된 노동 가꾸기

어떻게 하면 교회 안에서 노동의 의미를 혁신할 수 있을까? 노동이 하나님의 사역에 뿌리를 내린 것으로서 우리 인생의 의미를 풍성하게 하는 무언가가 되려면 어떤 일들이 선행되어야 할까? 노동에 대한 참신한 생각을 담은 『창조자의 정신』*The Mind of Maker*(IVP 역간)을 집필한 도로시 세이어즈Dorthy Sayers는 자신의 수필과 탐정 소설에서, 노동을 타락의 결과로 보는 것은 노동의 신성한 가치를 무너뜨리는 일이라고 정확히 지적한다. "기독교의 모든 교리는 놀라운 구원의 역설을 축으로 운행한다. 그 역설이란 타락한 인간을 둘러싼 슬픔과 고통이 사랑의 힘으로 변화되고 용납되면 그것이 인간의 구원을 가능하게 하는 계기가 될 수 있다는 것이다."[16] 우리가 속한 교회*ekklesia*—한 지역에 자리 잡은 하나님의 집—가 하나님의 샬롬을 실현하는 도구로 노동을 다시 사용하게 할 구체적인 방법에는 어떤 것들이 있을까? 물론 각 교회의 상황에 맞는 여러 가지 전략이 있겠지만, 논의를 계속 이어가는 데 필요한 몇 가지 제안을 하면 다음과 같다.

1. **사람들이 좋은 노동을 알아보고 선택할 수 있도록 돕자**. 직업이 사무직인지 생산직인지는 중요하지 않다. 우리가 하는 노동이 좋은 노동이냐 그렇지 않으냐가 더 중요한 문제다. (사실 우리가 좋은 노동에 대해서 더 많이 생각하기 시작하면 손으로 하는 일에 대한 편견이 사라질 것이다.) 나쁜 노동은 무의미한 일, 나를 멍청하게 만드는 일, 나 자신 혹은 상대를 착취하는 일을 말한다. 또한 사람보다 시스템을 우선하는 일, 혹은 폐기물로 지구를 더럽히는 일 등이 이에 해당한다. 반대로 좋은 노동이란 상생을 경험할 수 있는 일, 나와 공동체가 함께 유익을 누리는 일이다. 또 좋은 노동은 적당한 규모로 할 때 더 잘할 수 있는 그런 일들이다. 슈마허E. F. Schumacher와 웬델 베리가 지적했듯이, 물질주의의 관점에서는 좋은 노동과 나쁜 노동을 구별하기가 쉽지 않다. 교회는 노동의 의미와 소명에 대해 질문하는 사람들의 손을 잡아

주어야 한다. 왜냐하면 노동의 의미는 물질주의가 대답해줄 수 없는 궁극적 질문과 연결되어 있기 때문이다. 나는 누구인가? 내가 함께하는 이는 누구인가? 어떻게 내가 이곳에 있게 되었을까? 내가 이 세상에 태어나서 꼭 해야 하는 일은 무엇일까? 교회*ekklesia*의 중요한 기능 하나는, 사람들이 자신의 재능을 발견할 수 있도록 도와주고 그 재능이 하나님의 사역에 충분히 발휘될 수 있는 환경을 만들어주는 것이다. 그런 재능은 가정, 교회, 사회의 모든 영역에서 직업과 봉사 활동을 통해 나타날 수 있다.

2. **하나님께 드리는 예배로서의 노동의 가능성을 한계와 함께 발견해간다.** "웨스트민스터 소요리문답"Westminster Shorter Catechism 1항은 "인간의 제일되는 목적은 무엇인가?"라고 묻고, "인간의 제일되는 목적은 하나님을 영화롭게 하며, 영원토록 그를 즐거워하는 것이다"라고 대답한다. 그렇다. 노동은 우리 삶의 궁극적인 목적이 아니다.[17] 우리가 가정과 공동체를 근본적으로 혁신하기 원한다면 이 사실을 잘 기억해야 한다. 이 말을 우리 삶에 제대로 적용하기 위해 노력하는 것보다 좋은 출발점은 별로 없을 것이다. 하지만 우리가 노력한다면 노동은 참된 예배가 될 수 있다. 하나님은 보잘것없는 일상생활의 현장에도 함께하시기 때문이다. 캐슬린 노리스Kathleen Norris가 쓴 『일상이 가져다주는 신비』*The Quotidian Mysteries*라는 작은 책에 보면, "하찮은"을 뜻하는 영어 "미니얼"menial은 "머물다, 집에 거하다"라는 의미를 가진 라틴어에서 유래했다고 한다. 그녀는 그 단어가 연대 및 가족적 유대와

관련이 있다고 밝힌다. 이어서 그녀는 우리가 깜짝 놀랄 만한 제안을 한다. "레위기는 하나님이 일상의 사소한 일들에 관여하시는 모습들을 자세히 그려놓았다. 사람들이 늘 하는 요리와 청소 같은 일을 하나님의 사랑이라는 관점으로 해석해야 할 필요성이 두드러지는 대목이다. 하나님은 우리를 극진히 돌보시기에 우리의 일상생활 가운데에도 늘 함께하고자 하신다."[18] 노동은 육체적으로나 정신적으로 힘들고 부담스러운 것이 틀림없다. 게다가 노동의 부담은 끊임없이 새롭게 부과된다. 그러나 우리는 매일 행하는 판에 박힌 지루한 일을 통해서도 하나님을 만나고 하나님의 영광을 드러낼 수 있다. 바로 그 지점에서 "세속적인 일"과 "성스러운 일"을 나누었던 우리의 어리석은 이분법적 사고에는 균열이 생기기 시작한다.

3. **노동의 정의를 실현한다.** 우리 사회가 하루속히 해결해야 할 노동문제가 얼마나 많은지 모른다. 국제노동기구International Labor Organization가 밝힌 바에 따르면 전 세계의 미성년(5-14세) 노동자는 약 2억 1,500만 명에 이른다. 그중 절반의 아이들은 생계를 이어가기 위해 온종일 일을 하고, 대략 1억 2,600만 명의 아이들은 열악한 환경에서 착취를 당하고 있다. 아이들은 마약 판매나 매춘에 희생되기도 하고 위험한 내전이나 테러에 동원되기도 한다.[19] 이들은 힘없는 아이들일 뿐이다. 우리 자녀나 이웃의 아이들에게 벌어진다고 상상하기조차 끔찍한 일들이 지금 그 아이들에게 실제로 일어나고 있다. 또한 국제노동기구는 전 세계에 약 3,000만 명의 노예(인류 역사상 가장 많은 숫자

의 노예)가 존재한다고 추산하고 이를 막기 위해 최선의 노력을 다하고 있다고 밝혔다. 인신매매가 지구 반대편에서나 일어나는 일이라고 생각하면 큰 오산이다. 인신매매는 우리가 사는 도시와 동네에서 지금 이 순간에도 벌어지는 일이다. 오리건 주의 포틀랜드는 미국에서 가장 살기 좋은 도시로 손꼽히는 곳이지만 최근 몇 년 동안 인신매매의 중심지역으로 급부상했다. 지역 사회는 이에 대한 대책을 마련하기 위해 고심하고 있다.

신앙 공동체가 이런 문제들을 해결하기 위해 할 수 있는 일은 여러 가지다. 우선 사람들에게 아동 노동과 인신매매의 실태를 알리는 일이다(마크 스캔드렛Mark Scandrette은 『예수도』*The Practicing the Way of Jesus*〈IVP 역간〉라는 책을 통해 교회가 구체적으로 어떤 프로젝트를 진행할 수 있는지 소개했다).[20] 노동과 관련해서 부당한 일이 벌어지는 것을 막기 위해 가출 청소년, 난민, 이주 노동자를 위한 쉼터를 제공하고, 각급 의회나 상공회의소에서 목소리를 높여야 한다. 또 미디어나 예술 작품을 통해 착취당하는 노동자들의 삶을 대변하는 방법도 추천하고 싶다. 기업들이 자기 행동에 책임을 지는 태도를 보이도록 교회가 압력을 행사할 수도 있다. 프리투워크닷컴free2work.com이라는 웹사이트에서는 "바코드에 담긴 이야기"the tale of the barcode라는 메뉴를 통해 아동 노동에 대해 윤리적 경각심을 가지고 있는 기업과 그렇지 않은 기업에 대한 정보를 제공한다. 또 1839년에 영국에서 시작된 국제반노예운동Anti-Slavery International이라는 단체는 웹사이트productsofslavery.org를 통해 강제 노역이 어떻게 이루어지고 있는지를 알려주고 있다.

4. **교회 안에 있는 인적 자원에 주목하고 그들이 하나님 나라의 일을 도모할 수 있도록 힘을 실어주자.** 성경은 하나님이 창조 세계와 화해하기 원하신다는 사실을 우리에게 끊임없이 이야기해준다. 그리고 교회가 이 사역을 감당하도록 부르심을 받았다는 것은 그리스도의 지체인 모든 신자가 이 일을 도모할 수 있는 달란트를 갖고 있다는 뜻이다. 유치원 선생님부터 대학원 교수에 이르기까지 모든 교사는 교회를 배움의 장으로 만들어 지역에 조금이나마 도움을 줄 수 있는 환경을 제공하는 데 힘을 모을 수 있다. 교회 성도 중 건축 기술자, 전기 기술자, 배관공들은 우리 지역이 좀 더 살기 좋은 곳이 되도록 하는 데 도움을 줄 수 있다. 기업을 운영하거나 금융 계통에 종사하는 사람들은 일자리를 더 많이 창출하고 돈의 흐름을 바꾸는 노력을 통해 하나님의 사역에 참여할 수 있다. 의사나 간호사는 좀 더 건강한 사회를 만들고, 의술과 의학 정보를 이용하여 삶의 질을 높일 수 있다. 변호사들 또한 뱀 같은 지혜와 비둘기 같은 순결함을 가지고 교회에 도움을 줄 수 있다.

교회가 좋은 노동에 대한 정보를 교환하는 장소가 되어 좋은 직원을 찾는 고용주와 좋은 일자리를 찾는 사람들을 서로 연결해주는 고리가 되어준다면 어떨까? 교회가 이미 가지고 있는 자산을 활용하여 비영리 단체, 자원봉사 단체, 혹은 소기업을 지원하고 육성하는 것은 어떨까?

에이미 셔먼Amy Sherman은 우리에게 도전을 주는 『하나님 나라의 소명』*Kingdom Calling*에서, 교회가 신자들의 "직업에서의 청지기적 책임"

을 불러일으켜 그들의 기술과 달란트를 화목하게 하시는 하나님 나라의 확장을 위해 사용하도록 격려하는 운동을 묘사했다. 셔먼은 교회가 ("영적인 달란트"뿐 아니라) 폭넓은 의미에서 신자들이 가진 재능을 발견하게 돕고 또 그 재능이 건강한 공동체를 꽃피우기 위해 어떻게 사용되어야 할지를 지도해야 한다고 강조했다. 내[Chris]가 몸담은 교회에서 "직업에서의 청지기적 책임"이란 구성원들을 유익하게 할 수 있는 기술을 활용해 사업을 시작하는 것을 의미했다. 내가 출판업에 몸담게 된 것도 그런 의미에서였다. 또 직업에서의 청지기적 책임이란 자신의 기술을 사용할 수 있도록 신자들을 지역 사회의 비영리 혹은 영리 단체에 연결해준다는 것을 의미했다. 우리 교회는 모든 사람이 하나님 나라를 위해 활용할 수 있는 재능을 가지고 있다고 믿는다. 그 믿음에 따라서 우리는 지체들을 알아가며 그들의 재능을 발견하고 그 재능을 활용하거나 연마할 기회를 찾는다. 이로써 우리는 우리 지역의 공동선을 도모해갈 수 있다.

대 화 의 출 발

1. 자신이 자아실현과 생계유지를 위해서 현재 하고 있는 노동에 관해서 이야기해보자. 노동은 나의 삶과 신앙에 어떤 의미를 지니는가?

2. 지금까지 신앙생활을 해오면서 교회로부터 노동에 대해 배웠던 내용은 어떤 것이었는지를 이야기해보자. 또 그동안 자신이 갖고 있었던 노동에 대한 생각과 이 책을 읽으면서 배운 성경적 노동관과의 차이가 있다면 어떤 것인지, 구체적으로 이야기해보자.

3. 교회 안에 침투해 들어와 있는 비인간적 노동의 모습 혹은 비인격적 기술에는 어떤 것들이 있으며, 왜 그런 것들이 교회 안에서 버젓이 통용되고 있다고 생각하는지 이야기해보자.

4. 신자유주의 광풍이 휘몰아치는 한국사회에서의 노동 문제가 무엇인지를 생각해보고, 이를 개선하고 혁파하기 위해서 교회가 할 수 있는 일이 무엇인지를 이야기해보자.

안식: 화해의 운율

"우리가 안식을 누리는 사람이 된다는 것은
피조물에게 항상 기쁨과 좋은 것을 주길 원하시는
하나님을 섬기고 있음을 가장 뚜렷하게 세상에 선포하는 것이다.
우리의 일상이 자신의 노력과 의지만으로 유지되고 있다는 교만을 버리고
하나님의 은혜로 삶이 지탱되고 있음을 고백하는
가장 구체적인 표현이 안식하는 삶이다."

_노먼 워즈바Norman Wirzba의 『안식의 삶을 산다는 것』*Living the Sabbath* 중에서

우리John's 집에서 8km 정도를 가면 오리건 주 메리언 카운티에 외롭게 솟은 야산 꼭대기에 오를 수 있다. 그곳에는 엔젤 산 수도원으로 불리는 베네딕트 수도원이 자리하고 있다. 구름 한 점 없이 맑은 날, 수도원 기도실 옆에 있는 벤치에 앉아 있노라면 수억 제곱미터에 달하는 윌래멋밸리의 드넓은 땅이 한눈에 들어온다. 평화로운 윌래멋밸리에는 포도 농장, 산딸기 농장, 침엽수들이 그림처럼 펼쳐진다. 19세

기 스위스의 수도사들은 이곳에 수도원을 지으면서 이 수도원이 구릉 정상에 있는 피난처가 되어 베네딕트 수도원의 정신인 **평화와 환대**peace and hospitality가 흘러넘치기를 바랐다고 하는데, 나에게 이곳은 정말 그런 장소다. 가끔 이 수도원은 바다의 등대처럼 보일 때가 있다. 앞이 보이지 않을 정도로 비가 많이 내리고 안개가 자욱한 날이면 수도원은 오리건을 비춰주는 한줄기 빛처럼 여겨지기도 한다. 그도 그럴 것이 이곳은 130년 동안 변치 않고 자리를 지키는 가운데 수도사들이 시를 낭송하고, 예배하고, 세계를 위해 기도하고, 낯선 방문객을 환대해왔기 때문이다.[1]

엔젤 산 수도원 하면 생각나는 또 하나의 아름다운 단어가 있다. 그것은 스페인어로 퀘렌시아querencia다. [투우의 휴식 공간을 뜻하는] 이 단어는 "살아남은 자들의 휴식처"라는 말로 번역할 수 있다. 미국 작가 베리 로페즈Barry Lopez는 퀘렌시아란 누군가가 강인함을 끌어올리는 장소라고 설명했다. 엔젤 산 수도원은 내가 초심으로 돌아갈 수 있게 해주는 나의 퀘렌시아다. 나 자신을 추스르며 찬양하고 기도하며 책을 읽고 숨을 한 번 크게 내쉴 수 있는 곳이다. 조용히 벤치에 앉아 명상하며 내가 가장 좋아하는 윌래멧밸리를 원 없이 바라볼 수 있는 안식처다. 이렇게 휴식하고 나면 좀 더 굳건한 마음을 품게 되며 수도원 문을 나서서 일상으로 돌아갈 힘을 얻는다.

안식일 또한 일종의 퀘렌시아다. 안식일은 하루 동안에 걸쳐 온전히 나의 정체성을 바로잡고 삶을 뒤돌아보며 재충전하는 시간이다. 수도원이 강인함을 끌어올리는 장소였듯이, 안식일은 끊어진 하나님과의 관계를 회복하고 생명의 원천을 되찾는 시간이다. 유대교 랍비 이자 철학자인 헤셸Abraham Joshua Heschel은 『안식』*The Sabbath*(복있는사람 역간)이라는 책에서, 안식일은 물건으로 가득 찬 공간과 반대되는 "시간의 건축물"architecture of time이라고 말했다. 안식일을 통해 우리는 시간이 영원eternity의 다른 이름이라는 사실과, 우리가 영원에 속한 자들이라는 사실을 깨닫게 된다. 시간을 건축한다는 의미는 모든 순간을 소중하고 거룩하게 생각해야 한다는 의미다. 왜냐하면 하나님이 그분의 은혜와 아름다움, 놀라운 일들을 전해주시는 시간은 바로 **지금** 이 순간뿐이기 때문이다!

노동으로 가득 찬 세상

20세기 초 독일의 사회학자 베버Max Weber는 『프로테스탄티즘의 윤리와 자본주의 정신』*The Protestant Work Ethic and the Spirit of Capitalism*(문예출판사 역간)을 집필했다. 베버는 이 책에서 현대 자본주의와 개신교, 특히 칼뱅주의와의 상징적 연관성을 심도 있게 다루었다. 현대 자본주의의 최고 목표는 이익 창출이다. 그런데 베버는 이익 추구가 일종의 미덕으로 자리 잡은 것은 일정 부분 칼뱅의 이중예정설에 기인한다고 주장했다. 이중예정설이란 하나님이 모든 것을 결정해놓으셨다는 믿음에 바탕을 둔 것으로서, 가령 누가 구원을 받을지, 버림을 받을지 이미 정해졌다고 보는 주장이다. 청교도들은 자신이 "택함을 받았는지 유기를 당했는지"에 관한 궁극적 질문 앞에서 고민을 거듭했다.[2] 하지만 그들의 물음에 대한 가톨릭의 대답—사제들, 교회, 성례—은 별로 도움이 되지 않았다. 베버는 청교도들이 결국 세상에서 성공하는 길을 좇기 시작했다고 주장한다. 그들은 열심히 일하고 검소하게 살며 투자를 통해 부를 증식하는 것이 자신들이 선택받았다는 하나의 증거라고 믿기 시작한 것이다.

베버는 이런 청교도적 가치들이 시간이 흐르면서 칼뱅의 신학과는 별개로 서구 세계를 지탱하는 기본 정신으로 자리 잡기 시작했다고 보았다. 그는 "이익의 추구"가 종교와 윤리적 측면에 가장 강하게 자리 잡은 나라가 바로 미국이라고 생각했다. 우리는 베버가 지적한 프로테스탄티즘의 어두운 면과 돌연변이들을 오늘날의 번영 신학에서 확인할 수 있다. 하지만 오늘의 결과는 지난 수백 년에 걸쳐 세속화되는 과정을 통해 나타난 것이다. 근검절약의 미덕은 빚을 내서라도 소비를 해야 하는 무한 소비주의로 대체되어왔다. 그리고 프로테스탄티즘의 노동 윤리는 세계를 "일, 일, 일"뿐인 세상으로 만들어왔다.[3]

미국은 일을 숭배하는 나라다. 미국에서는 86%의 남자와 67%의 여자가 일주일에 40시간 이상 일을 하고 있다. 일본에는 "카로시"過勞死라는 말이 있는데 이는 "과로로 인한 죽음"을 의미한다. 국제노동기구는 연평균 노동 시간을 계산했을 때 미국인이 일본인보다 137시간, 영국인보다 260시간, 프랑스인보다 499시간 더 많이 일한다고 보고했다[한국은 미국보다 374시간 더 많다].[4] 살기 위해 일하는 것이 아니라 일하기 위해 사는 꼴이다. 십계명은 안식일을 거룩하게 지키라고 엄중하게 명령하지만, 안식일을 지키지 않는 죄는 살인, 강도, 간음 같은 죄만큼 중하게 다루어지지 않는다.

사실 일을 많이 하는 것은 세속적인 관점으로 보자면 전혀 문제될 것이 없다. 오히려 칭찬을 받아야 한다. 라이프웨이리서치LifeWay Research의 2010년 연구에 따르면, 42%의 목회자들이 일주일에 60시간 이상 일을 한다. 이는 가족과 보내는 시간, 기도와 묵상으로 자신을 돌아보는 시간을 모두 포기한 채 일에 몰두한다는 이야기다.[5] 물론 이것은 어제오늘의 이야기가 아니다. 약 50년 전에 토마스 머튼은 과로가 "이 시대에 만연한 폭력의 한 형태"라고 기록했는데, 이는 좋은 뜻을 품고 평화 운동가가 되려는 사람의 소명을 뒤흔들 수도 있다.

> 빡빡한 일정에 맞춰 분요하게 돌아가는 현대인의 삶은 우리 주변에서 가장 흔하게 볼 수 있는 일종의 폭력입니다. 모순을 불러일으키는 여러 가지 일들을 감당하게 하고, 수많은 요구 사항 앞에 굴복하게 하고, 너무 많은 과제를 수행하게 하고, 모든 일을 돌보게 하는 것은 폭력 앞에 무릎을 꿇는 것, 아니 폭력과 타협하는 것입니다. 과도할 정도로 열심히 일하는 평화 활동가는 그 일의 목적인 평화를 무색하게 합니다. 그는 평화를 만드는 자신의 능력을 파괴하고 있습니다. 이것은 그가 맺고자 했던 열매인 평화를 스스로 짓밟아버리는 꼴이 되고 맙니다. 왜냐하면 그가 하는 일의 성과를 만들어내는 것은 그 자신의 내면에 있는 기쁨과 즐거움인데, 과도한 업무가 그것을 뿌리째 뽑아버리기 때문입니다.[6]

우리는 분주한 생활에 자긍심을 느끼고 여가를 즐기는 것을 게으름으로 치부하면서 "죽으면 어차피 영원히 잠을 잘 수 있으니 깨어서 일하라"고 강요하는 우리 사회의 문화 혹은 교회의 문화를 다시 짚어봐야 한다. 현재 우리가 몸담은 경제와 사회 전반을 혁신할 수 있는 안식의 윤리는 풍성함, 자제력, 상호연대를 바탕으로 한다.[7] 성경에서 안식일(히브리어로 샤바트*shabat*)이란 단어가 처음 등장하는 곳은 출애굽기 16장, 곧 하나님의 백성이 파라오가 다스리는 제국 경제의 압제와 노예생활로부터 해방되는 장면에서다. 이스라엘 민족은 광야 길에 들어서자마자 모세와 아론에게 불평불만을 쏟아놓기 시작했다. 그들은 사막에서 굶어 죽는 것보다 이집트에서의 종살이가 낫다는 논리를 앞세웠다. "우리가 애굽 땅에서 고기 가마 곁에 앉아 있던 때와 떡을 배불리 먹던 때에 여호와의 손에 죽었더라면 좋았을 것을 너희가 이 광야로 우리를 인도해내어 이 온 회중이 주려 죽게 하는도다"(출 16:3).

하나님은 이 불평불만을 통해 당신의 공급하심과 풍성하심을 보여주셨다. 하나님은 이스라엘 백성에게 꿀 섞은 과자 맛이 나는 만나를 내려주셨다. 그들은 광야에서 유랑하는 40년 동안 만나를 먹을 수 있었다. 일주일에 6일간 하늘에서 만나가 내려왔는데, 6일째 되는 날에는 평소보다 2배 많은 양을 거두어야 했다. 왜냐하면 7일째가 되는 날은 "휴식의 날, 여호와께 거룩한 안식일"(출 16:23)로 지켜야 했기 때문이다.

체드 마이어즈Ched Myers는 『성경적 세계관으로 본 안식의 경제학』*Biblical Vision of Sabbath Economics*에서 하나님이 만나 사건을 통해 당신의 백성에게 세 가지 중요한 메시지를 전달하고 계신다고 보았다. 이 메시지들은 경제 및 생태에 관한 관점을 동시에 드러낸다. 이러한 관점들은 우리가 어떻게 하면 만물을 화목하게 하시는 하나님의 사역에 주의를 기울이는 삶을 살 수 있을지에 대해 지침을 준다.

첫째, 하나님은 백성들에게 **적당함**enough에 대해 가르쳐주셨다. 하나님은 이스라엘 백성에게 그날 필요한 만큼의 만나를 적당히 거두어가라고 말씀하셨다. 너무 많이 거둔 사람이든 너무 적게 거둔 사람이든 모두 같은 결과를 얻었는데 이는 “많이 거둔 자도 남음이 없고 적게 거둔 자도 부족함이 없이” 거두었기 때문이다(출 16:18). 이것을 우리 현실에 대입해보자. 지구에는 주체할 수 없는 부를 소유한 억만장자와 찢어지게 가난한 사람들이 함께 살아가고 있다. 2000년에 시행된 한 조사에 따르면, 전 세계에서 가장 부자로 꼽히는 최상위 1%의 사람들이 전 세계 자산의 40%를, 상위 10%의 사람들이 전 세계 부의 85%를 거머쥐고 있다. 미국의 빈부 격차는 대공황 이후만큼이나 벌어져 개발도상국과 거의 비슷한 수준이다. 우리는 자신과 가정을 돌아보면서 언제쯤 적당하다고 느끼는지 정직하게 물어야 한다. 통장 잔액 혹은 보장 보험이 얼마나 많아야 할까? 우리가 사는 집이 충분히 좋아지려면 얼마나 더 돈을 쏟아부어야 할까? 어떤 차를 타야 만족하게 될까? 옷장 안에 옷이 얼마나 들어 있어야 적당하다고 느끼게 될까? 비슷한 질문을 신앙 공동체에도 던져보자. 실버톤 교회, 잉글우드 교회, 그리고 여러분의 교회에 "적당함"이란 무엇일까? 우리는 적당함에 대해 배움으로써 과도하게 소유하려는 탐욕으로 타인과 여러 피조물의 생명과 안위를 위협하는 행동에서 벗어날 수 있다.

둘째, 하나님은 부의 **재분배**가 지닌 가치를 가르쳐주셨다. 이 책의 8장에서 다루게 되겠지만, 이집트에서는 축적된 잉여 자산이 곧 부와 권력이었다. 극심한 기근으로 고통받고 있을 때, 요셉의 보호 아래 있었던 이스라엘 백성을 포함한 이집트 사람들은 자신들이 소유했던 모든 것을 내놓을 수밖에 없었다. 그것이 이집트 제국의 곡물 저장고에서 무엇이라도 얻을 수 있는 유일한 방법이었기 때문이다. 결국 그들이 마지막에 가서 내놓을 것이라곤 자신의 몸, 즉 자유밖에 남지 않게 되었다. 이와는 반대로 사막에서 만나를 내려주신 하나님은 그것을 저장하지 말라고 말씀하셨다. 사실 이스라엘 백성은 만나를 쌓아두어 수익을 내거나 미래를 보장받을 수 없었다. 먹고 남은 만나는 다음 날 아침이면 심한 악취가 나고 벌레가 꼬여 있었기 때문이다. 이에 대해 체드 마이어즈는 이렇게 설명한다. "이스라엘은 재분배의 전략을 통해 부를 계속해서 **순환**시키라는 명령을 받았다. **축적**의 전략을 통해 부를 집중시키는 것이 아니었다."[8] (한 가지 더 기억할 만한 사항은 사도행전 2장과 4장에서 교회 공동체가 처음으로 만들어낸 시스템이 믿는 자들의 경제적 필요를 채워주는 재분배 시스템이었다는 사실이다.) 우리는 재분배를 통해 화목하게 하시는 하나님의 경제를 더욱 깊이 알아갈 수 있다. 하나님의 경제는 다른 사람들과 풍성하게 나누어 쓸 수 있도록 우리에게 풍성하게 공급해주시는 하나님으로 인해 유지된다.

내[John]가 속한 주일 성경 공부 모둠은 최근에 안식일의 경제를 실천할 수 있는 구체적인 방법들을 찾는 실험을 했다. 우리는 각자 적당함을 실천할 수 있는 삶의 영역들을 골랐다. 어떤 가정은 아침에 오트밀을 먹으면서 아침 식사비를 1인당 300원으로 제한하는 실험을 했다. 어떤 사람은 비싼 커피를 끊었고, 또 다른 사람은 한 주에 2번은 버스를 타고 출근하기로 했다. 몇 주간의 실험이 끝난 후 우리는 아낀 돈을 모을 수 있었고, 그 돈을 의미 있는 일에 쓰고자 했다. 우리는 그 돈을 자선단체에 보내는 대신 교회 안에서 순환시켜보기로 했다. 우리는 집을 수리해야 하는데도 수리비가 없어서 힘들어하시는 할머니 한 분을 알게 되었다. 그런데 마침 교회에는 일감을 찾고 있는 목수 한 분이 계셨다. 우리는 그분께 돈을 드리고 집수리를 맡겼다. 일은 정말 일사천리로 진행되었다!

셋째, 하나님은 이스라엘 백성에게 **안식일 신앙과 훈련**에 대해 가르쳐주셨다. 성경학자인 리차드 로리[Richard H. Lowery]가 지적했듯이 "안식일을 지키기 위해서는 믿음의 도약이 요구된다. 하루 동안 인간의 노동이 없어도 세상은 변함없이 호의적이리라는 믿음, 우리의 참된 삶을 위해 하나님이 필요한 모든 것을 충분하게 공급해주실 의향과 능력을 갖추셨다는 사실에 대한 확고한 믿음이 요구되는 것이다. 안식일은 6일의 노동에 대해 7일의 풍성함을 약속한다."[9] 안식일은 우리에게 세속의 지혜를 좇지 말고 하나님이 만물을 화목하게 하시는 사역을 실제로 행하고 계심을 신뢰하라고 이야기해준다.

안식일 개념은 출애굽기 후반부에서 안식년으로 확대된다. 하나님은 이스라엘 백성에게 말씀하셨다. "너는 여섯 해 동안은 너의 땅에 파종하여 그 소산을 거두고 일곱째 해에는 갈지 말고 묵혀두어서 네 백성의 가난한 자들이 먹게 하라. 그 남은 것은 들짐승이 먹으리라. 네 포도원과 감람원도 그리할지니라"(출 23:10-11). 신명기 15장에 따르면 안식년에는 모든 빚을 탕감해주어야 한다. 이 안식년 개념은 레위기 25장에서 희년 개념으로 확장된다. 50년마다 돌아오는 희년에는 공동체의 빚을 모두 탕감해주고(레 25:35-42), 땅을 원래 주인에게 돌려주고(레 25:13; 25-28), 노예를 해방함으로써(레 25:47-55) 축적과 지배의 구조가 전복된다. 또한 희년은 모든 땅이 하나님께 속한 것이고(레 25:23), 이집트를 탈출한 이스라엘 백성은 이제 노예가 될 수 없다는 사실(레 25:42)을 일깨우는 것이었다.

안식일과 안식년과 희년을 다루는 성경 본문에는 가난한 자들에게 추수가 끝난 후 들판에 와서 이삭을 줍도록 하라는 계명도 기록되어 있다. 밭의 소유주는 한 번 추수를 끝낸 들판에 되돌아갈 수 없으며 밭에 떨어진 것을 그대로 두고 밭의 모서리도 추수하지 말고 남겨두어야 했다. 세인트앤드류 협회Society of St. Andrew는 이런 말씀을 바탕으로 일종의 이삭줍기 운동을 하는 자선 단체다. 이 협회는 농지에 남겨진—어차피 들판에 버려질—농작물을 건져내 대피소, 식량 배급소, 다른 자선 단체에 나눠준다. 이를 통해서 가난한 사람들에게는 방금 재배한 신선하고 영양이 풍부한 음식을 공급하고, 미국에서 소비되지 않고 버려지는 연간 4,350만 톤의 음식물 쓰레기를 줄일 수도 있다. 또 어떤 사람들은 주머니에 굴러다니는 동전을 싹싹 긁어모아 필요한 사람들에게 주기도 하고, 계산할 때 항상 천 원 단위로 끊어서 팁을 얹기도 한다. 손재주가 있는 사람들은 "가치를 높이는 재활용"upcycling 방법으로 이삭줍기 운동에 참여할 수 있다. 이는 우리가 생각할 때 별로 쓸모가 없는 물건이나 하찮아 보이는 무언가를 새롭고 유용한 물건으로 다시 만들어내는 것이다. 우리 교회의 예술가 두 명—금속공과 목수—은 재활용이 가능한 오래된 나무 기둥과 철판, 깡통과 쇠, 전선관 등 건설 현장에 버려진 몇 가지 재료들을 가지고 여러 가지 작품들을 만들었다. 그들이 만든 십자가는 고난주간에 드려진 예배에서 사용되었다. 그들은 실버톤의 작은 산들을 표현한 파노라마를 만들기도 했고, 교회 앞 카페(직접 볶은 원두를 사용하는 까페다)에서 라테와 모카를 만들 때 사용하는 선반을 만들기도 했다.

창세기에 보면 요셉은 기근으로 고통받는 수많은 백성의 목숨을 구하기 위해 곡식을 쌓아두었다. 그러나 그가 이집트에서 창안한 체제는 자본을 집중시켜서 후에 이스라엘 백성을 이집트의 노예로 전락시키는 경제 환경이었다. 더글라스 믹스는 이를 가리켜 "경제의 기적"economic miracles이라고 불렀다. 경제 발전을 통해 전혀 의도치 않은 결과가 발생하기 때문이다. 안식년과 희년의 목표 중 하나는 경제의 기적이 불러오는 의도치 않은 결과를 체계적으로 해체하는 것이다.

이사야 선지자는 희년에 대해 이렇게 쓰고 있다.

1 주 여호와의 영이 내게 내리셨으니, 이는 여호와께서 내게 기름을 부으

사 가난한 자에게 아름다운 소식을 전하게 하려 하심이라. 나를 보내사 마음이 상한 자를 고치며 포로된 자에게 자유를, 갇힌 자에게 놓임을 선포하며, 2여호와의 은혜의 해와 우리 하나님의 보복의 날을 선포하여 모든 슬픈 자를 위로하되(사 61:1-2).

이사야서의 이 구절은 공생애를 시작하시는 예수님의 취임 연설이었다. 그는 유대교 회당에서 이 말씀을 읽으신 후 두루마리 성경을 말아 맡은 자에게 주고 자리로 돌아와 앉으셨다. 누가복음 4장은 이때 회당의 모든 사람의 눈이 예수님께 쏠렸다고 기록한다. 그러자 예수님이 말씀하셨다. "이 글이 오늘 너희 귀에 응하였느니라"(눅 4:21).

안식일과 희년은 창조가 이루어진 첫째 주부터 우주를 구성하는 기본 구조에 포함되어 있었다. 그러나 여기에서 예수님은 하나님 나라의 희년을 선포하신 것이다. 이에 대해 교황 그레고리우스 1세는 다음과 같이 선언했다. "우리에게 있어 진정한 안식은 우리의 구원자, 예수 그리스도 주님 자신이시다."[10] 안식일이 부활절과 섞여서 주일—주일은 대부분 기독교 전통에서 안식일로 이해된다—이 되었기에 주일은 "작은 부활절"로 인식되기도 한다. 앞으로 살펴보겠지만, 사람이 안식일을 위해 있는 것이 아니라 안식일이 사람을 위해 있는 것이다(막 2:27). 사람은 하나님을 위해 창조되었고 인자이신 예수님이야말로 사람과 안식일 모두의 주인이시기 때문이다.

안식의 기쁨 체험하기

하나님은 6일 동안 낮과 밤, 궁창, 땅과 채소, 태양, 달, 별, 바닷속 모든 생물 및 모든 새, 모든 들짐승과 각종 가축, 그리고 "땅에 기는 모든 것"(창 1:25)을 만드셨다. 그리고 마지막으로 인간을 창조하셨다. 그 모든 것은 하나님이 보시기에 좋았다. 그리고 성경은 일곱째 날의 안식에 대해 다음과 같이 기록한다.

> 1 천지와 만물이 다 이루어지니라. 2 하나님이 그가 하시던 일을 일곱째 날
> 에 마치시니, 그가 하시던 모든 일을 그치고 일곱째 날에 안식하시니라.
> 3 하나님이 그 일곱째 날을 복되게 하사 거룩하게 하셨으니, 이는 하나님
> 이 그 창조하시며 만드시던 모든 일을 마치시고 그날에 안식하셨음이니
> 라(창 2:1-3).

이처럼 하나님이 주관하신 인간 역사의 시작에는 근본적으로 참된 노동과 휴식의 아름다운 운율이 존재했다. 그 노동과 휴식은 모두 기쁨으로 넘치는 것이었다. 심지어 창조의 노동이 끝나고 안식을 취하지 않으면 창조가 완결되지 않을 것처럼 보이기도 한다.

우리는 창조의 정점에 인간이 있다고 쉽게 생각하지만 사실은 그렇지 않다. 물론 인간이 모든 창조 세계의 번영을 위해 땅을 정복하고 모든 생물을 다스리라는 책무를 맡은 것은 사실이지만, 창조의 절정은 인간이 아니라 메누하*menuha*, 즉 안식이다. "6일의 창조가 모두 끝

난 우주에 부족한 것은 무엇이었을까? 바로 메누하였다. 안식일이 되어 메누하가 실현되었고 그제야 우주의 창조는 완성되었다."[11]

메누하는 단순히 아무 활동도 하지 않는 것이 아니다. 메누하는 평화이고 다른 피조물과의 조화이며, 창조를 축하하고 기념하는 것으로서 기쁨 그 자체다. 기독교 정신치료 전문가이자 작가인 댄 알렌더 Dan Allender는 메누하를 다음과 같이 묘사한다.

> 세상을 창조하신 하나님이 7일째 취하신 휴식은 아이의 출산 과정과 여러 면에서 비슷하다. 산고가 끝이 나고 아이가 태어나면 부모와 아이 사이에 유대가 시작되는 시기가 찾아온다. 아기의 아빠와 엄마는 부모와 구별되는 존재가 된 아이를 계속해서 바라본다. 이제 아이는 상상과 모태 속에서만 있는 것이 아니라 진짜 모습을 드러내어 독립된 존재가 되었다. 이제 아이는 상상의 세계나 모태 깊은 곳에 홀로 있지 않아도 된다. 아이는 마침내 밖으로 빠져나와 부모의 품속에 안긴다. 이 애착이 지켜진다면 아이와 엄마 사이에는 모든 고통과 상실의 아픔을 뚫고 나갈 유대감이 생겨난다. 그리고 아이는 모든 것이 잘되리라고 확신하게 된다.[12]

안식일은 우리가 고군분투하던 일을 멈추고 기다림을 시작하는 날이다. 안식일은 우리가 얼마나 율법을 잘 지키고 있는지를 점검하는 날이 아니라 철저한 은혜를 경험하는 날이다. 우리가 죄로 인해 온전하지 못한 가운데 있지만, 하나님은 그런 우리를 품에 안으신다. 창조주이신 하나님은 조건 없는 사랑의 눈빛으로 우리를 바라보신다.

우리는 그 눈빛을 경험하며 온전히 안식을 누린다. 노먼 워즈바는 안식일이 "삶에 생기를 불어넣는" 날이라고 표현했다. "따라서 안식일을 잊거나 거부하는 것은 창조의 목적에서 빗나간 삶을 사는 것이다." 안식일을 지키는 것은 하나님의 뜻에 귀를 기울임으로써 하나님과 영원히 동행하는 삶을 살아가는 것, 즉 "우리 삶의 가장 중요한 목적에 모든 노력을 집중시키고 모든 가치를 재정립하는 것이다."[13]

노먼 워즈바와 댄 알렌더는 각자 21세기의 그리스도인들에게 안식일이 어떤 의미일 수 있는지를 다룬 책을 썼다. 핵심을 잘 짚은 각각의 책에서 두 사람은 모두 안식일을 지키는 삶의 가장 뚜렷한 특징이 기쁨이라고 말한다. (알렌더는 독자들이 안식일이 어떤 것인지 확인하기를 바라면서 이런 질문을 해 보라고 권유한다. "만약 하루 24시간을 오로지 나의 가장 깊은 기쁨만을 위해서 사용한다면 무엇을 할 것인가?") 그러나 그들은 기쁨이 두려울 수도 있다는 사실 또한 지적한다. 왜냐하면 이는 우리가 무엇인가를 위해 고군분투하는 것을 멈출 수 있는 믿음이 전제되어야 하기 때문이다. 하나님이 6일 동안의 노동을 통해 7일째까지 먹여주실 것을 믿고 하나님과 사랑의 눈 맞춤을 하는 것이 바로 안식이다. 우리는 자신이 그런 사랑을 받을 만한 자격이 없다는 사실을 알고 있다. C. S. 루이스의 표현대로 우리는 바닷가에서 휴가를 보내는 것보다 빈민가에서 진흙 놀이를 하는 데서 안정감을 느낀다. 알렌더의 이야기를 들어보자. "끊임없이 쏟아지는 버거운 의무들과 실현되지 못한 수많은 꿈이 기쁨을 찾는 일을 방해한다. 우리는 우리의 가장 순수한 꿈 너머로 보이는 것에 마음을 열기보다 머리를 식힐 수 있는 무언가를 찾는 일에 마음을 둔다. 우리는 신앙으로 우리의 실망을 관리하는 법을 터득했기 때문에 기쁨을 향한 갈망이 또다시 우리를 들뜨게 하는 일을 허용하지 않는다."[14]

나[John]는 앞에서 안식일의 경제를 실험한 성경 공부 모둠의 지체들을 소개했었다. 그 사람들은 또다시 개인 혹은 가정 단위로 안식일의 기쁨을 찾는 실험을 했다. 우리는 각자 몇 주 동안 실험한 일상생활의 변화를 서로 나누고 배우는 시간을 가졌다. 우리 가족은 특별히 음식과 전자 기계가 주는 가짜 즐거움이 이 영역에서 큰 영향력을 발휘하고 있다고 판단했다. 그래서 우리는 토요일을 안식의 날로 정해 패스트푸드를 먹지 않고 현지에서 생산된 재료를 이용해 사랑과 정성이 듬뿍 담긴 음식을 만들어 친구들과 함께 나누기로 했다. 또 토요일에는 모든 화면과 작별하기로 했다. 우리는 화면이 달린 가전제품의 플러그를 모두 뽑고 함께 몸을 움직여 즐길 수 있는 일들을 찾았다. 스마트폰과 컴퓨터 대신에 함께 뛰어놀고 산책을 하거나 책을 읽었다. 겨우 24시간을 이렇게 지냈는데도 내 몸에 흐르는 긴장감이 다 사라지는 것 같았다. 컴퓨터 자판이 아니라 손으로 글씨를 쓰고 소설을 읽었다. 시를 읊조리고 말을 많이 하기보다는 들으려고 노력했다. 그러자 어디로 튈지 모르는 나의 돌발성이 좀 누그러지는 듯했다. 먹을 것을 사러 온 가족이 함께 시장에도 가고 서로 도와가며 집안일도 했다. 동네를 산책하다가 친구를 만나 이야기를 나누기도 하고, 거실에서 잠시 낮잠을 즐기기도 했다. 저녁을 먹고 나서 TV나 컴퓨터를 보는 대신에 보드게임을 하며 함께 웃었다. 페이스북, 트위터, 인스타그램에 사진을 올리거나 소식을 전하는 대신에 그날 일어난 일들을 마음속에 새겼다. 그러고 나니 예수님의 어머니 마리아가 "모든 말을 마음에 새기어 생각"(눅 2:19)했다는 말씀이 무슨 뜻인지를 어렴풋이 알 것 같았다. 「슬레이트」*Slate*와 「뉴욕타임즈북리뷰」*New York Times Book Review*의 평론가로 일했던 주디스 슐레비츠Judith Shulevitz의 말이 떠오른다. 그녀는 자신의 가족이 안식일을 지키기로 결정했다는 내용의 책에서 다음과 같은 말을 했다.

> 안식일은 우리의 일정표만을 바꾸어놓는 것이 아니다. 안식일은 현대인의 삶을 구성하는 모든 연결망에 커다란 구멍을 내버릴 것이다. 그 연결망은 현대인의 삶에 경박한 즐거움을 가져다주는 것으로, 디지털화된 목소리, 돈, 정보를 서버에서 휴대폰이나 GPS 단말기로 순식간에 옮겨놓는 네트워크다. 밝은 조명과 휴대성, 관계의 즉각성이 통용되는 이 세상에서 안식일은 밤의 어둠과 사물의 무거움, 그리고 우리 사이의 먼 거리를 실감하게 한다.[15]

안식일을 통해 생겨나는 상상력

우리는 안식일을 통해 삶의 속도를 늦추고 피조물에 깃든 하나님의 생명에 귀를 기울이게 되는데, 이 생명은 너무나도 가까이 있으며 모든 복잡성과 독특성에서도 발견된다. 우리는 안식일을 지키면서 노동의 적절한 양을 유지할 수 있다. 또 안식일을 통해 노동의 목표가 하나님의 영광을 구하는 것에 있다는 사실을 재확인할 수 있다. 나아가 우리는 안식일을 통해 우리의 소비 욕구를 잠재우고 감사의 정신을 배양할 수 있다.

"소유할 것을 생각하는 사람은 이미 가진 것에 대해서는 생각하지 않는다"라고 말한 사람은 16세기의 프랑스 수필가 몽테뉴Michel de Montaigne였다. 하지만 부끄럽게도 이것은 미국의 안타까운 역사를 집약적으로 드러낸 말이 아닌가 싶다. 그리고 이 말은 우리가 소유욕에 중심을 두고 살아갈 것인지 아니면 호기심에 중심을 두고 살아갈 것인지를 결정해야 한다는 사실을 알려준다. 삶의 중심에 이 두 가지를 모두 둘 수는 없다. 우리는 교회와 가족 공동체가 함께 기념하는 영적 훈련인 안식일을 통해 후자를 선택해야 한다는 사실을 깨닫게 된다. 소유할 것을 생각하는 사람은 남에게 받은 것에 대해서는 생각하지 않는다. 반면 호기심과 감사는 안식일을 통해 생겨나는 상상력과 경탄이 깃든 삶을 떠받드는 두 기둥이다.

안식일을 통한 상상력은 공동체의 정황 속에서 생겨난다. 안식일은 절대로 개인 차원의—우리가 알아서 결정하거나 무시할 수 있는—계명이 아니었다. 레위기 23장에 등장하는 각종 절기를 살펴보면 안식일이 처음부터 이스라엘의 공동체적 삶의 기본 틀을 형성했다는 사실을 확인할 수 있다. 하나님은 심지어 이스라엘 백성에게 십계명을 주기도 전에 안식일을 지키라고 말씀하셨다. 또 하나님은 당신의 사랑과 공급하심의 영원한 상징인 언약궤에 만나를 가득 담은 항아리를 넣어두라고 명령하셨다. 하나님의 선택된 백성이 됨에 있어서 안식일 신앙은 매우 중요한 사항이기 때문이었다.

우리는 안식일을 통해 우리 공동체가 하나님께 이미 받은 선물이 무엇인지를 깨닫고 감사할 수 있는 영적 여유를 갖게 된다. 이미 가지고 있는 자산을 바탕에 둔 발전(9장에서 다룰 내용이다)이 중요한 이유는, 그러한 접근을 통해 우리가 이미 받은 것이 무엇인지를 깨달을 수 있기 때문이다. 우리는 없는 것이 아니라 우리가 이미 가진 것에서 시작해야 한다. 우리 교회가 가진 "만나"는 무엇일까? 그리고 그것을 담는 항아리는 무엇일까? 어떻게 하면 우리 교회가 하나님의 풍성한 공급을 깨닫고 감사할 수 있을까?

물론 6장에서 이야기한 것처럼, 참된 노동은 슬로처치의 핵심적인 비전이다. 하지만 마찬가지로 중요한 것이 바로 안식이다. 안식은 우리에게 묵상의 기회를 제공한다. 이 묵상은 단지 하나님과 창조 세계에 대한 추상적 언어만으로 구성되는 것이 아니라, 나와 우리 공동체가 처한 실질적인 정황 속에서 구성된다. 우리는 묵상을 통해 모든 형편에 맞게끔 내려주신 하나님의 풍성한 복을 깨달을 뿐 아니라, 우리가 하는 일의 동기와 방법이 올바른지 돌아볼 여유를 가진다. 우리 Chris's 교회는 공동체로서 안식하는 삶을 산다는 것이 어떤 의미인지 발견하기 위해 치열하게 고민해왔다. 그런데 우리가 깨달은 것은 주일 저녁마다 나눈 대화야말로 매우 중요한 안식의 실천이었다는 사실이었다. 주일 저녁에 우리는 함께 모여 성경 말씀을 나누고 어떻게 하면 우리가 그 말씀을 우리 지역에서 구체적으로 구현할 수 있을지 고민했다. 물론 이 대화 시간은 사람들이 보통 생각하는 근엄한 묵상

시간과는 거리가 있겠지만, 우리에게 이 대화는 묵상적인 안식일 실천으로서 우리가 지역 공동체에서 감당해야 할 여러 가지 일들을 찾는 중요한 방법이다.

안식은 우리가 평소 껄끄럽게 생각했던 사람들을 전혀 새로운 시각으로 바라볼 수 있는 계기를 만들어준다. 우리를 사랑과 기쁨의 눈으로 바라보시는 창조주 하나님이 우리의 원수도 똑같은 시선으로 바라보고 계신다는 사실을 깨닫게 되기 때문이다. 삶의 속도를 늦춰 서로 간에 오해를 풀고 친밀감을 높일 수 있는 날, 즉 화해를 연습할 수 있는 최적의 날이 바로 안식일이다. 안식일에 개인적으로나 교회 차원에서 우리를 괴롭히거나 무시하고 우리를 이용해 권력을 탐하는 사람들, 혹은 우리와 완전히 다른 세계관을 가진 사람들을 식탁(실제로든 상징적으로든)으로 초대하는 것은 어떨까?

슬로처치는 함께 쉬고 즐길 수 있는 교회다. 또 슬로처치는 하나님이 허락하신 시간을 불안감 없이 누릴 수 있는 교회다. 노먼 워즈바는 이렇게 말했다. "그리스도의 사랑을 실천하는 그리스도인은 하나님의 삶에 녹아든다. 그들은 하나님의 눈으로 타인을 바라보기에, 타인이 보살핌을 받을 만한 자격이 있고 자비와 희망이 필요한 사람들이라는 사실을 깨닫는다. **그리스도의 본을 따르는 사역은 세상이 사랑스럽고 기쁨이 넘치는 모습으로 등장할 수 있는 실제적인 배경을 만들어낸다.**"[16] "그들이 사랑받을 만한 의미가 있는 존재이며 충분히 선한 존재라는 사실은 우리가 그들을 사랑함으로써 알게 되는 것이다. 또 그로 인해 우리 안에 기쁨이 생겨난다. 상대에게 거리를 두거나 무관심하고 상대를 무시하는 마음에서는 기쁨이 생겨날 수 없다.…그런 방식으로는 상대에게 다가가지 못하고 우리는 영원히 그들을 이해할 수 없게 된다."[17] 우리는 안식일을 통해 하나님의 사역에 귀를 기울이고 하나님의 사랑을 드러내는 훈련을 받아야 한다. 안식일을 통해 우리는 타인이 우리의 개인적인 욕망(경제적 욕망, 감각적 욕망 따위)을 충족시키기 위한 도구가 아니라 우리가 반드시 화목을 이루어야 할 하나님의 존귀한 피조물이라는 사실을 깨달아야 한다.

대화의 출발

1. 한국은 세계에서 가장 노동량이 많기로 유명하다. 당신은 주당 몇 시간을 일하는가? 당신이 그렇게 열심히 일하는 이유는 무엇인가? 왜 과도한 노동이 또 다른 폭력의 한 형태가 될 수 있는가?

2. 당신은 어떤 식으로 쉼을 누리는가? 우리는 주말을 어떤 식으로 보내는가? 우리 삶에 안식이 있는가? 없다면 그 이유가 무엇이라고 생각하는가?

3. 한국교회는 세계에서 가장 바쁘고 분주한 교회다. 자신이 목회(출석)하는 교회가 안식을 구현하려면 교회 문화와 정서, 구조를 어떤 식으로 재구성해야 한다고 생각하는가?

4. 우리 삶에 "적당함"을 도입하여 거기서 남는 재화를 가지고 이웃을 도울 수 있는 영역이나 방법이 있다면 무엇이 있겠는가?

5. 성경은 안식일을 사회정의(안식년, 희년)와 직접적으로 연결시킨다. 오늘날 교회가 사회적 모순과 불의 때문에 안식을 누리지 못하는 사람들을 위해서 할 수 있는 일에는 어떤 것이 있겠는가?

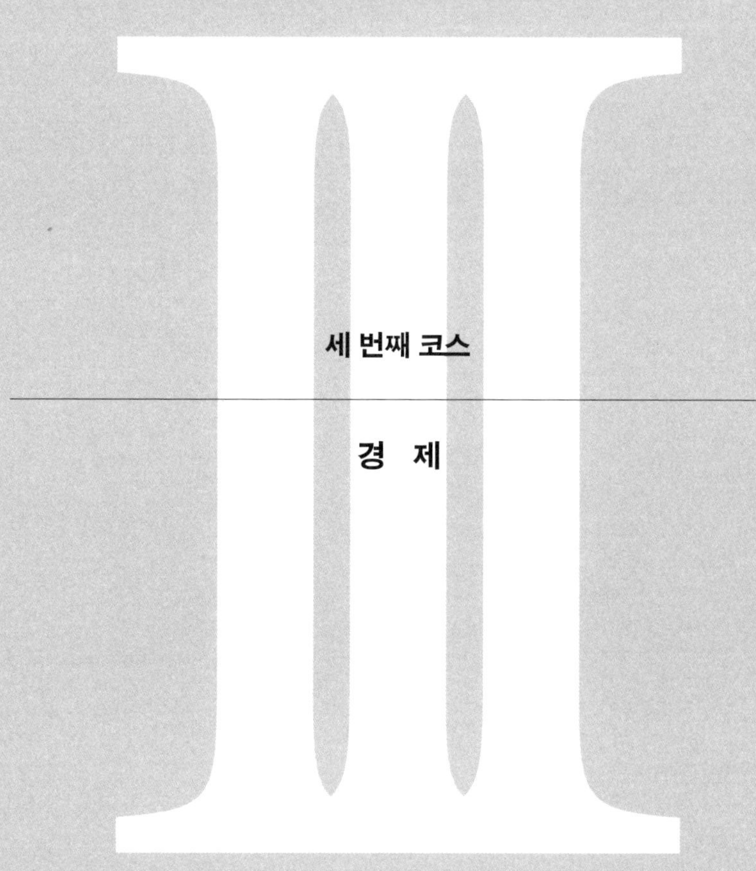

세 번째 코스

경 제

8장

풍성함: 창조의 경제학

"[희소성의 신화는] 절망을 안겨주었다. 그것이 인류에게 남긴 흔적은 현재 진행형의 고통, 두려움, 탐욕과 잔인함이다. 희소성의 신화로 말미암아 아이들과 여성이 학대당하고, 가난한 사람들은 관심조차 받지 못한다. 희소성의 신화로 말미암아 군비 경쟁이 발생하고, 사람들 사이의 분리와 환경 차별이 발생한다. 희소성의 신화는 우리 자신이 아닌 누구도 돌보지 못하게 한다.—그리고 이것이야말로 미국 사회를 지배하고 있는 신념이다."

_월터 브루그만 Walter Brueggemann

나Chris는 몇 년 전부터 뒷마당에 조그만 텃밭을 가꾸기 시작했다. 나는 그다지 부지런하지도 않고 농사를 어떻게 지어야 하는지—특히 열처리에 대해—거의 알지 못하는 새내기 농부다. 게다가 나는 텃밭에 한창 신경을 써야 할 계절에 이런저런 일정으로 출장을 가는 경우가 많다. 이런 초보 농사꾼인 내가 텃밭 가꾸기에서 가장 재미를 느낀 분야는 바로 종자 저장이다. 종자 저장이라고 하면 대단히 거창한 일 같지만, 말 그대로 종자별로 씨앗을 잘 보관해두기만 하면 된다. 나는 가을이면 종자 저장을 하고 이듬해 봄에 그 씨앗들로 농사를 지었다. 올봄에 계산해보니, 내가 뿌린 토마토 씨앗은 종자 저장을 통해 5년째 이어져 내려온 것이었고, 오이와 상추는 3년째 이어진 것이었다. 물론 종자 저장에도 약간의 지식이 필요한 건 사실이다. 몇몇 식물들은 꽤 까다로운 절차가 필요하다고 한다. 그러나 내가 사용하는 방법은 정말 간단하다. 필요한 도구라고는 칼, 두루마리 휴지(토마토 씨처럼 축축한 씨를 닦기 위해), 그리고 씨앗을 보관할 편지 봉투가 전부다. 나는 이 과정이 너무나 간단해서 매번 놀란다. 하지만 그보다 훨씬 더 놀라운 것은 자연이 품고 있는 풍성함이다. 내가 조금만 신경을 쓴다면 그다지 크지 않은 토마토 하나에서 나온 씨앗으로 우리 집 텃밭은 물론 대여섯 집의 텃밭에 심을 만큼의 충분한 씨앗을 얻을 수 있다. 토마토 하나로 말이다!

토마토 하나에서 수천 개의 새로운 생명이 생겨난다. 사실 우리는 대개 토마토를 길러 먹으려고 하지 씨앗을 얻으려고 하지는 않는다. 그럼에도 하나님이 한 생명체에 새겨 넣으신 생육과 번성의 능력에 놀라지 않을 수 없다. 성공적인 발아와 재배를 위한 몇 가지 요인—씨앗을 심는 흙의 상태, 해충이나 해로운 동물의 유무, 다른 식물과의 거리 등—이 있긴 하지만, 하나님은 식물 자체가 스스로 번성할 수 있는 충분한 자원들을 허락하셨다. 농사를 짓거나 식물을 키우다 보면 우리는 이런 놀라운 자원들을 어렵지 않게 확인할 수 있다.

우리는 식물뿐만 아니라 창조 세계 전체를 통해 하나님의 풍성함을 경험할 수 있다. 로핑크는 요제프 라칭거Joseph Ratzinger(교황 베네딕토

16세)의 말을 인용하면서 하나님의 풍성하심에 대해 이렇게 말했다.

> 자연은 "사치"스럽다. 꽃과 나비는 왜 그리도 다양한가! 단 하나의 싹을 틔우기 위해 만들어내는 씨앗은 왜 그렇게 쓸데없이 많은가! 태양계와 은하계와 성운들이라는 비용은 너무나 많지 않은가! 우주 전체가 한 행성 위에 귀하고 귀한 생명들을 틔워내기 위해, 그리고 인간의 영혼이 거할 처소를 준비하기 위해 허비되고 있다.[1]

희소성의 신화 해부하기

창조 세계의 풍성함에도 불구하고 세계 경제 체제는 자원의 희소성에 기반을 두고 있다. 희소성은 사회과학으로서의 경제학을 정의할 때 자주 사용되는 아주 중요한 원리다. 예를 들어 일반적으로 통용되는 로빈스Lionel Robbins의 정의에 따르면 "경제학이란 여러 가지 용도로 쓰일 수 있는 **한정된 수단**과 목적 사이의 상관관계로서의 인간 행동을 연구하는 과학이다."[2] 가장 기본적인 경제 이론은, 희소하다고 여겨지는 자원의 수요가 높아지면 사람들이 더 비싼 값을 치르려 하기에 가격도 올라간다는 것이다. 그런데 자원은 실제로 부족할 때도 있고 겉보기로만 그런 경우도 있다. 어떤 곳에서는 기근 때문에 실제로 먹을 것이 없어서 사람들이 죽어간다. 반면 어떤 지역은 음식이 남아돌지만 복잡한 사회·경제 체제로 인한 문제 때문에 다른 곳으로 음식을 보낼 수 없다. 실로 엄청난 양의 자원이 탐욕에 가로막혀 극빈한 사람들에게 전달되지 않는 것이다. 아프리카, 아시아, 남미, 동유럽의 어떤 곳에서는 부패한 정부 관료들이 자원의 흐름을 막아 실제 취약 계층은 별로 도움을 받지 못한다고 한다. 세계은행World Bank이 2005년 실시한 "세계 부패 산업"Global Corruption Industry 조사에서는 뇌물의 규모만 따져도 1,000조 원에 육박한다는 평가가 나왔다.[3]

창조 세계의 자원은 모든 생명이 함께 살아가기에 충분한가? 이는 매우 복잡한 문제다. 어떻게 답을 하든지 간에 우리는 그 답의 근거가 되는 엄청난 양의 자료를 모을 수 있다. 그러나 사실 우리는 나름의 신념을 지니고 이 질문에 대답할 수 있을 뿐이다. 세계의 자원이 충분하지 않다는 대답은 부유한 소수의 국가와 부유층의 이익을 대변하는 희소성의 신화에 힘을 실어준다. 그러나 성경은 우리에게 확신을 가지고 자원이 충분하다는 대답을 하라고 촉구한다. 하나님은 창조 세계를 사랑하시며 우리가 생명을 지속하는 데 필요한 모든 것을 지금까지 공급하셨고 앞으로도 공급하실 것이기 때문이다.

우리는 희소성의 신화에 기반을 둔 경제 체제 문화 속에 살고 있다. 그러나 또 한편으로 우리는 성경이 말하는 대로 하나님이 창조하신 이 세계가 하나님의 깊은 사랑 속에 충분히 유지될 수 있다는 믿음을 가지고 있다. 우리는 이 긴장 속에서 넘어지기 쉬운 사람들이다. 우리는 너무도 빨리 우주의 질서를 만드신 하나님의 오묘한 진리를 내팽개치고 현재의 경제 논리에 우리의 삶을 종속시켜버린다. 웬델 베리가 그의 수필 "절제와 희망"Discipline and Hope에서 말한 것처럼 우리는 우직하게 인간의 존엄을 지킬 필요가 있다.

만약 [예수님이 말씀하신] 황금률이 제대로 지켜진다면 현재의 경제 체제는 일주일 안에 붕괴할 것이다. 우리는 잘못된 경제를 우상으로 삼았고 이 우상은 진리를 모독해왔다. 그래서 내가 거리에서 경제와 마주치게 된다면 경제에게 길을 내주어야 할 판이다. 그러나 나는 그렇게 하지 않겠다. 그 이유는 나는 사람이고 경제보다 우선권을 가지고 있기 때문이다. 나에게 경제는 신이 아니다. 나는 경제의 바퀴살을 볼 정도로 가까이 다가갔었기 때문에 그 실체를 안다. 켄터키의 노천광과 탄광촌에서 일하면서 보니, 경제는 도덕적 한계선을 지키지 않는 존재였다.[4]

경제라는 기계는 무한성장을 목표로 하기에 무한한 연료를 사용하고, 목적과 수단을 분리하며 마음보다는 관념, 질보다는 양, 훈련보다는 효율성, 관계보다는 속도를 중요시한다. (2008년 경기불황 때 이런 경제 기계가 멈추면 어떤 일이 생긴다는 것을 우리는 얼핏 확인할 수 있었다.) 진화론을 학교에서 가르치는 것을 반대하는 그리스도인 중 상당수가 경제학적 의미의 다윈주의는 별로 따져보지도 않고 쉽게 받아들인다. 경제적 다윈주의는 무한경쟁을 조장하고, 경제 주체의 상호 협력을 무식한 짓으로 치부하며, 다쳐서 낙오하거나 느려터진 자들을 뒤에 그냥 버려둔다. 이에 대해 웬델 베리는 다음과 같이 지적했다. "더 나은 대안은 더 좋은 경제다. 하지만 현재의 경제에 대한 신격화를 멈추지 않는다면, 우리는 더 좋은 경제에 대한 가능성조차 생각하지 않을 것이고 결국 어떤 변화도 일어나지 않을 것이다."[5]

현재의 경제

우리 경제의 기반인 희소성의 신화가 그럴듯하게 들리는 이유는 무엇일까? 왜 희소성의 원칙이 실제로 세계를 지배하는 것처럼 보일까? 희소성의 신화는 우리의 두려움, 특히 이 세상에는 충분한 자원이 없어서 우리도 굶주리거나 궁핍에 시달릴 수 있다는 두려움을 먹고 자란다. 이런 두려움에 병적으로 집착하는 사람은 쓰지도 않을 자원과 물건들을 싹싹 긁어모으면서 정신적 안정감을 찾는다. 강박적 축적 장애와 씨름하는 사람들을 다룬 "호더스"Hoarders 같은 TV 다큐멘터리를 보면 재미도 있고, 무언가를 모으려는 우리의 경향이 그리 심각한 편은 아니라는 사실에 안심이 되기도 한다. 그러나 그 사람들이 씨름하는 것 역시 자신이 가진 것이 충분하지 않으리라는 근원적인 두려움이다.

희소성의 신화는 우리의 두려움뿐만 아니라 우리의 욕망도 먹고 자란다. 윌리엄 캐버너는 『소비됨』에서 어떻게 희소성의 원칙이 욕망을 통제하는지, 또 어떻게 하면 하나님에 의해 그리고 하나님을 향해 우리 욕망을 변화시킬 수 있는지 살펴보았다. 그가 기록한 대로 희소성의 원칙은 "우리가 서로 나눌 수 있는 자원이 한정되어 있다고 한다. 하지만 '충분하지 못하다'라는 말의 의미는 생명을 유지할 자원이 모자란다는 의미가 아니다. 여기서 희소성이란 이미 가진 것에 만족하지 못하고 더 많은 것을 가지고 싶어 하는 사람들의 욕망을 채워줄 자원에 한계가 있다는 뜻이다."[6] 그는 아우구스티누스가 쓴 인간의 욕망에 대한 글들을 소개하면서 욕망 자체가 문제가 되는 것은 아니라고 말한다. "우리는 살아 있다. 고로 욕망한다." 문제는 만족을 줄 수 없는 사물을 향해 우리의 욕망이 고정되어 있다는 사실이다. 우리는 사물 그 자체를 욕망한다. 그러나 우리의 욕망이 창조주 하나님께로 향할 때에야 비로소 우리는 하나님이 창조하신 사물에서 만족을 누릴 수 있다.

더 많이 가지려는 욕망—더 많은 물질 혹은 건강하지 못한 더 많은 관계에 대한—은 우리를 결코 만족시킬 수 없다. 그것을 채우면 채울수록 오히려 더 많은 갈증을 느끼게 될 것이다. 하나님은 우리가 이런 다람쥐 쳇바퀴 돌 듯하는 삶에서 빠져나오기를, 그래서 풍성하신 하나님의 공급에 전적으로 의지하며 살아가기를 바라신다. 산상수훈에서 예수님이 하신 말씀을 기억해보자.

> 24 한 사람이 두 주인을 섬기지 못할 것이니 혹 이를 미워하고 저를 사랑하거나 혹 이를 중히 여기고 저를 경히 여김이라. 너희가 하나님과 재물을 겸하여 섬기지 못하느니라. 25 그러므로 내가 너희에게 이르노니 목숨을 위하여 무엇을 먹을까 무엇을 마실까 몸을 위하여 무엇을 입을까 염려하지 말라. 목숨이 음식보다 중하지 아니하며 몸이 의복보다 중하지 아니하냐(마 6:24-25).

욕망을 채우기 위해 정신없이 질주하는 삶을 살아가다 보면 결핍 속에서 고통당하며 살아가는 우리 주변의 사람들이 눈에 쉽게 들어

오지 않는다. 욕망을 절제하지 못하면 그 욕망이 우리를 삼켜버리기 때문이다. 그래서 다른 사람들, 심지어 우리와 아주 가까운 사람들이 고통으로 몸부림치는 것조차 의식하지 못하는 지경에 이르고 만다. 캐버너는 불편한 진실을 알려준다. 희소성의 신화에 사로잡힌 사람은 만족하는 법이 없다. 그리고 희소성의 신화에서 볼 때 자선은 "개인의 선택 사항일 뿐 정의와는 상관이 없다. 우리는 대개 굶주린 사람들을 위해 돈을 보낼 여유가 있지만, 그런 자선 행위는 언제나 우리의 끝없는 욕망과 갈등을 일으킨다."[7] 그렇게 해서 희소성의 신화는 자본주의가 가지고 있는 자기중심적 삶의 방식에 기름을 부은 꼴이 되었다. 동일한 맥락에서 캐버너는 애덤 스미스의 『도덕감정론』*Theory of Moral Sentiments*(비봉출판사 역간)의 내용을 빌려와 이렇게 말한다.

> 인간이 타고난 공감 능력을 소유한 것은 아니라지만 자기 자신에 대해 느끼는 바와 비교할 때 인간이 특별한 연관이 없는 사람에 대해 느끼는 것은 거의 없다고 봐야 한다. 타인—나처럼 하나님의 형상을 입은 피조물—의 비극은 자기 자신의 아주 사소한 편의와 비교해도 중요성을 거의 갖지 못한다.[8]

희소성의 신화 아래 있는 교회들

현재 우리 경제가 희소성에 기반을 두고 있는 것과 마찬가지로 교회를 가장 강력하게 붙들고 있는 원칙 역시 희소성이다. 교회들도 살아남기 위해 자원 확보에 필사적으로 매달린다. 가난한 자들을 도울 때도 인색하게 손을 편다. 희소성은 우리의 상상력을 짓밟고서 "우리는 그렇게 할 수 없다"라고 결론짓게 한다. 교회가 건물을 소유하거나 유급 직원이 있어야만 운영이 가능한 것이 아님—역사적으로 많은 교회가 그랬다—에도 불구하고 경제적으로 어려운 교회들은 곧바로 문을 닫는다. 바나그룹Barna Group의 최근 조사에 따르면, 예산이 줄어든 교회들의 주요 대응 방식은 ① 지출을 줄이고, ② 인력이나 사역을 줄이고, ③ 시설 관련 예산을 삭감하는 것이었다.[9] 이것은 매우 상식적인 반응이다. 하지만 놀라운 사실은 모든 대응 방식이 수입이 아닌 지출 부문에 집중되었다는 점이다.

루터 스노우Luther Snow는 교외에 위치한 어느 교회의 인상적인 재정난 극복기를 들려주었다. 그 교회는 청지기회stewardship committee를 활성화하는 방식으로 교회의 연간 수입을 50% 정도 끌어올릴 수 있었다. 그전까지 청지기회는 유명무실한 모임이었고 실제 청지기로 자원할 만한 사람도 거의 없었다. 그러나 교회는 자신들이 활용할 수 있는 자산이 무엇인지 조사해서 정리하기 시작했고 곧 새로운 동력을 얻은 청지기회가 탄생했다. 그들이 실시한 교회 자산 활용 방법에는 텃밭에서 채소를 가꾸어 파는 것도 있었고, 교회 건물에 공간을 마련해 주민들에게 임대하는 것도 있었다. 그 교회의 한 대표는 이렇게 말했다.

> 우리가 지속해야 할 사업들은 매우 많았습니다. 그리고 우리는 새로운 일들이 벌어지기를 바라면서 새로운 연결 고리들을 끊임없이 찾았습니다.

모든 사람이 서로 돕고 어떨 때는 한 사업에 다른 사업을 끼워 넣기도 했습니다. 수입과 지출의 차이를 줄이기 위해서 우리는 작은 자선기금 행사를 여러 번 열었습니다. 어느 날 여러 그룹의 대표들이 함께 모여서 새로운 소식을 나누고 아이디어와 계획을 논의하고 있을 때였습니다. 누군가가 정기적으로 만나는 것이 어떻겠냐고 제안했습니다. 그러자 또 누군가가 "좋습니다. 그리고 시간을 아끼기 위해서 힘을 모아 더 큰 자선기금 행사를 열어봅시다"라고 말했습니다.

이 모임이 바탕이 되어 교회의 청지기회가 다시 살아났다.[10] 우리가 더불어 살아갈 수 있도록 하나님이 제공해주신 풍성한 자원은 희소성의 원칙에 가려 보이지 않을 때가 많다. 희소성의 경제에서 충만함의 경제로 도약하기 위해서 우리는 먼저 성경 이야기에 푹 잠겨 하나님이 우리의 생각과 상상력을 변화시키시도록 해야 한다.

출애굽 이야기에 나타난 희소성과 풍성함

"희소성의 신화"The myth of scarcity라는 말을 처음 만든 사람은 신학자 월터 브루그만이다. 역사적으로 볼 때 희소성의 논리는 사람들을 통제하고 부자들의 부를 증식하며 권세 있는 사람의 힘을 유지하는 섬뜩한 결과를 가져왔다. 브루그만은 성경에 나오는 이집트 왕과 이스라엘 백성의 이야기를 통해 희소성의 신화가 어떤 역할을 했는지 설명한다.

이집트의 왕 파라오는…모든 사람이 나눠 쓸 수 있는 재화가 없다고 생각했기 때문에 두려웠다. 그는 모든 것을 소유해야만 했다. 그는 두려웠기에 무자비했다. 파라오는 요셉을 등용시켜 독점 경제 체제를 관리하게 했다. 흉년이 들자 먹을 것이 없어진 농민들은 요셉에게 도움을 요청하러 몰려왔다. 파라오를 대신해서 요셉은 농부들에게 물었다. "무엇을 담보로 하겠는가?" 농부들은 음식을 위해 자신들의 땅을 담보로 맡겼고, 그다음 해에는 소를 맡겼다. 3년째 기근을 당했을 때, 농부들은 이제 담보로 잡힐 만한 물건이 없었다. 그래서 할 수 없이 자신의 몸을 담보로 내놓게 된다. 그리고 이것이 이스라엘 백성들이 노예가 된 과정이다. 경제적 거래를 통해 자유를 강탈당한 것이다.[11]

이윽고 파라오는 제사장의 땅을 제외한 백성의 모든 땅을 소유하게 된다. 제사장의 땅을 제외한 이유는 제사장의 축복이 희소성의 신화를 유지하는 데 필요한 선전의 핵심 요소였기 때문이다. 이스라엘 백성은 모두 노예가 되었지만, 하나님의 풍성한 창조 섭리는 그들의 삶 속에서 여전히 작동하고 있었다. 이스라엘 백성은 계속해서 아이를 낳았다. 그들은 사실 너무 많은 아이를 낳았기 때문에 이스라엘의 급속한 인구 팽창은 위협으로 받아들여졌다. 파라오는 칙령을 내려 갓 태어난 남자아이를 모두 죽이도록 했다. 하지만 몇몇 산파와 부모들은 이런 잔혹한 법령에 지혜롭게 대항했다. 결국 모세를 포함한 몇몇 아이들이 살아남았고, 후일 이스라엘을 이끈 지도자가 되었다.

출애굽기의 많은 부분은 두려움에 사로잡힌 파라오가 이스라엘 백성을 잔혹하게 억압한 내용을 담고 있다. 파라오는 이스라엘 백성을 잡아두려고 하지만 여러 차례 실패하고 결국에는 분노 가운데 이스라엘을 포기한다. 그는 모세와 아론을 불러 이스라엘 백성을 데리고 이집트를 떠나라고 말한다. 하지만 그들이 이집트를 떠나기 전에 자신을 축복해달라고 요구한다. 브루그만은 파라오의 놀랄 만한 요구가 나온 배경에 대해 다음과 같이 설명한다.

> 제국의 모든 재화를 독점적으로 통제하는 이집트 왕이 모세와 아론에게 축복을 요구한다. 희소성을 기반으로 한 권력은 풍성함을 기반으로 한 작은 공동체를 인정하며 이렇게 말한다. "분명히 당신들이 미래의 주인공이요. 그러므로 떠나기 전에 당신들의 강력한 손을 우리 위에 펴 새로운 기운을 전해주시오." 이 본문은 미래의 힘이 희소성을 믿으며 세계의 자원을 독점하는 사람들의 손에 달린 것이 아니라 하나님의 풍성함을 믿는 사람들의 손에 달려 있다는 사실을 보여준다.[12]

이스라엘 백성은 광야 길에 들어서자 급격히 믿음이 약해졌다. 그들은 모세와 아론에게 불만을 토로했다. 그들은 희소성의 압제 속에서 사는 삶이 광야의 새로운 삶보다 낫다고 생각하기에 이른다. 바로 이 지점에서 정말 예상하기 힘든 구절들이 등장하기 시작한다. "그때에 여호와께서 모세에게 이르시되, 보라! 내가 너희를 위하여 하늘에서 양식을 비같이 내리리니"(출 16:4). 이스라엘 백성은 한 주에 5일 동안 각기 하루치 음식을 거두어들였다. 이스라엘 백성이 이 음식에 붙인 이름은 "만나"(만나는 히브리어로 "이것이 무엇이냐?"라는 뜻이다)로서 이는 사람이 만들거나 통제할 수 없는 이 새로운 음식에 대해 느낀 당혹감을 드러내 준다. 그들은 처음에 깟씨같이 희고 꿀 섞은 과자 맛이 나는 만나에 만족했다. 그런데 몇몇 사람들이 만나를 저장하려 했다. 이집트에서 몸에 밴 희소성의 신화는 너무나 강력했기에 해방된 후에도 그들의 상상력은 변하지 않았던 것이다.

하나님은 7일째가 되는 안식일에는 만나를 거두지 말고 6일째 되는 날 이틀분의 만나를 거두라고 명령하셨다. 안식일을 지키는 것은 희소성의 신화에 대한 대비책이다. 브루그만의 말처럼 "더 많은 것을 획득하기 위해 몸부림치는 것이 삶이라고 정의하는 사람들은 절대로 삶의 속도를 늦추지 못한다. 왜냐하면 그들은 늘 가진 것이 부족하다고 느끼기 때문이다."[13] 이스라엘 백성들은 안식일의 휴식을 통해 하나님의 풍성한 공급을 전적으로 신뢰하는 법을 배웠다.

출애굽기는 이스라엘 백성들이 목적지에 이르기 전 40년 동안 광야에서 만나를 먹으며 살았다고 기록한다. 그 40년이 지난 후 만나는 끊겼지만, 절대적으로 풍성한 하나님의 경제는 끝나지 않았다. 이스라엘 백성은 직접 음식을 생산할 수 있는 곳, "젖과 꿀이 흐르는" 약속의 땅에 입성했기 때문이었다.

하나님의 풍성하심에 대한 긴 이야기

희소성은 항상 왕위를 노린다. 하지만 하나님의 집에서 통용되는 법은 죽음이 아니라 생명이고, 부족이 아니라 만족이며, 결핍이 아니라 공급이다. 그리고 이 법은 성령을 통한 하나님의 철저한 내주하심을 특징으로 한다. 하나님의 경제는 자유시장을 포함한 어떤 경제 체제보다 우위에 있는 것으로서 역사 속에 존재했던 모든 경제 체제를 평가하는 기준이 된다. 맨 처음부터 성경은 하나님 나라의 경제가 초월적인 풍성함abundance—"넘쳐흐르는"이라는 의미의 라틴어에서 유래한 단어다—이었음을 알려준다. 브루그만은 창조 기사를 일종의 "풍성함의 의례"liturgy of abundance로 묘사한다. 하나님은 창조 세계가 좋다—여기에는 그 무엇도 부족함이 없다는 의미가 함축되어 있다—고 말씀하셨을 뿐 아니라 "생육하고 번성하라"(창 1:11-12, 22, 28)고 명령하시며 모든 생물에게 복을 내리셨다. 창조 세계는 생물의 급증을 감당할 수 있게 창조되었다.

시편은 이런 하나님의 풍성하심을 찬양하는 노래로 가득 차 있다. 브루그만이 정확히 지적했듯이, 하나님의 놀라운 공급을 노래한 시편 104편은 창세기 1장의 주석이라고 볼 수 있다. 하나님은 물을 만드시고 그 물의 움직임을 주관하셔서 모든 생명이 목마르지 않게 하셨다. 들의 짐승과 하늘의 새, 그 모든 것에 생명의 환희가 넘쳤다. "주께서 하시는 일의 결실이 땅을 만족시켜 주는도다"(시 104:13). 하나님은 가축을 위한 풀과 사람을 위한 채소가 자라게 하고 땅에서 먹을 것이 나게 하셨다. 사람의 마음을 기쁘게 하는 포도주와 사람의 얼굴을 윤택하게 하는 기름을 주시고, 새들과 다른 생물이 집을 짓고 살도록 나무를 주신 분도 하나님이시다(시 104:14-17). 또 하나님은 땅과 바다를 생물로 가득 채우셨다(시 104:24-25). 창세기 1장에 나온 것처럼 모든 생명이 하나님의 풍성하심에 의지해서 살아간다.

> 27하나님이 자기 형상 곧 하나님의 형상대로 사람을 창조하시되 남자와
> 여자를 창조하시고, 28하나님이 그들에게 복을 주시며 하나님이 그들에게
> 이르시되 생육하고 번성하여 땅에 충만하라, 땅을 정복하라, 바다의 물고
> 기와 하늘의 새와 땅에 움직이는 모든 생물을 다스리라 하시니라. 29하나
> 님이 이르시되 내가 온 지면의 씨 맺는 모든 채소와 씨 가진 열매 맺는 모
> 든 나무를 너희에게 주노니 너희의 먹을거리가 되리라. 30또 땅의 모든 짐
> 승과 하늘의 모든 새와 생명이 있어 땅에 기는 모든 것에게는 내가 모든
> 푸른 풀을 먹을거리로 주노라 하시니 그대로 되니라(창 1:27-30).

예수님이 "나는 생명의 떡이니"(요 6:35)라고 말씀하신 것은 시편 104편의 말씀과 일맥상통하는 면이 있다. "이것들은 다 주께서 때를 따라 먹을 것을 주시기를 바라나이다. 주께서 주신즉 그들이 받으며, 주께서 손을 펴신즉 그들이 좋은 것으로 만족하다가"(시 104:27-28). 시편 기자는 우리가 하나님을 거부해서 하나님이 숨어버리시면(비유적 표현이다) 우리가 떨게 된다고 말한다(시 104:29). 그리고 두려움에 둘러싸인 인간은 세상의 재화에 집착하게 된다.

신약성경에서 하나님의 풍성한 공급을 보여주는 이야기로 가장 인기 있는 이야기는 예수님이 오천 명을 먹이신 이야기다(막 6:30-44). 예수님은 그의 제자들과 함께 배를 타고 조용한 곳으로 가 쉬면

서 식사를 하려고 하셨다. 하지만 멀리서 보니 인근에서 모여든 수천 명의 사람이 그를 만나려고 바닷가에 모여 있었다. 예수님은 그 무리를 보시면서 그 목자 없는 양 같음으로 인하여 불쌍히 여기셨다(막 6:34).

예수님은 무리에게 많은 것을 가르치셨다. 날이 저물자, 제자들은 사람들을 다른 이웃 마을로 보내서 먹을 것을 구해오게 하는 것이 어떻겠냐고 건의한다. 제자들의 의도가 나쁜 것은 아니었지만 그들 역시 희소성의 논리로 문제를 해결해보려고 한 것이다. 모든 사람을 먹일 만큼의 음식이 없으니 사람들 스스로 먹을 것을 구해야 한다. 세상의 지혜를 기준으로 보면 제자들의 생각("더치페이로 합시다")은 현실적인 대안이었다. 하지만 예수님은 이런 식으로 문제에 접근하지 않으셨다. 그는 "너희가 먹을 것을 주라"(37절)고 말씀하셨고, 제자들은 당황할 수밖에 없었다.

제자들은 재빨리 계산기를 두들겼다. 이 정도 규모의 군중을 다 먹이려면 얼마큼의 돈이 필요한지 셈을 하기 시작한 것이다. 그들은 "우리가 이백 데나리온의 떡을 사다 먹이리이까?"라고 반문한다. (200 데나리온은 노동자 한 사람이 200일 동안 일해야 받을 수 있는 임금과 맞먹는다.) 제자들은 분명히 그렇게 많은 돈이 없었기 때문에, 이 질문은 "그 많은 돈을 어떻게 구하란 말씀이십니까?"라는 뜻으로 한 것이었다. 하지만 예수님은 멈추지 않으셨다. 그는 제자들이 택한 지출비용 위주의 계산법으로는 최소한의 공급밖에 할 수 없다는 사실을 아셨다. 그래서 그는 제자들의 방법을 거절하신 것이다. 로핑크는 이에 대해 다음과 같이 설명한다.

> 하나님의 통치는 그것보다 훨씬 더한 것이었다! 그것은 허기를 면하는 정도가 아니라 모든 사람이 배불리 먹고 남을 정도로 초월적인 풍성함이다. 하나님의 통치 안에서 드러나는 것은 신적 충만이다. 제자들의 합리적이고 조직적인 문제 해결 방법의 맹점은 그것이 세상을 진짜로 바꾸지는 못한다는 데 있다. 사회는 바뀌지 않고 그대로 유지된다. 제자들은 배고픔의 문제를 합리적으로 해결하기 위해 나름대로 동분서주하겠지만 그러는 동안 새로운 문제가 끊임없이 양산될 뿐 굶주림의 고통은 끝나지 않을 것이다.[14]

예수님은 지금 당장 먹을 수 있는 음식이 얼마나 있는지 알아보라고 말씀하셨다. 제자들이 가지고 온 것은 떡 다섯 개와 물고기 두 마리였다. 우리는 이 이야기가 어떻게 마무리되는지 잘 알고 있다. 모든 사람이 배불리 먹고 남은 떡과 물고기가 열두 바구니를 가득 채웠다. 그런데 우리가 이 이야기에서 간과하고 넘어가는 흥미로운 사실 두 가지가 있다. 첫 번째는 예수님이 축사를 하고 떡을 떼기 전에 사람들을 50명 혹은 100명씩 나누어 앉게 하셨다는 점이다. 이는 출애굽기 18:25에서 모세가 이스라엘 사회를 조직한 사건을 생각나게 하는 장면이다. 예수님이 사람들을 그처럼 작은 모둠으로 나누신 이유는 무엇일까? 이에 대해 로핑크는 그렇게 해야 누구 하나 빠짐없이 모두 배불리 먹었는지를 쉽게 확인할 수 있기 때문이라고 설명한다. 이 이야기는 여러 가지 면에서 놀랍지만, 특별히 더 놀라운 한 가지를 지적하자면 그렇게 많은 사람이 모였음에도 그 누구도 희소성으로 사물을 바라보지 않았다는 점이다. 그들은 각자의 모둠에서 너그럽게 음식을 나누어 먹었다. 로핑크의 말을 빌리자면 이 "기적은 이미 존재하고 있었던 것으로부터 시작되었다." 그것은 바로 하나님의 초월적 풍성하심이 깃든 공급이었다.

우리가 간과하는 두 번째 사항은 오천 명을 먹이신 이야기라고 알려진 이 사건의 이름이 잘못되었다는 점이다. 먼저 "오천 명"은 여자와 아이들을 뺀 남자의 숫자다. 또한 로핑크가 정확히 지적했듯이, 이것은 예수님이 갈릴리 바닷가에 모인 사람들을 단순히 "먹이신" 사건이 아니었고 굉장한 축제였다. 예수님이 사람들을 잔디 위에 [비스듬히] 앉게 하셨다는 점에서 우리는 이를 명확히 확인할 수 있다(막 6:39). 고대 사회에서 일상적인 식사는 그냥 앉아서 했다. 하지만 축제 기간에는 특별히 비스듬히 앉은 자세로 음식을 즐겼다. 그런데도 모두 배불리 먹고 열두 바구니의 음식이 남았다는 사실은 그곳에 얼마나 많은 음식이 있었는가를 짐작하게 한다. 로핑크의 주장에 따르면 이 만찬이 초기 기독교 공동체에 전달한 메시지는 풍성한 하나님 나라가 인간의 세계로 침투했다는 것이었다.

> 예수님은 미래가 이미 도래했다고 선포하셨다. 미래는 현존한다. 마지막 때의 기쁨이 이미 시작되었다. 하나님이 당신의 백성, 이스라엘을 위해 준비하신 축제의 만찬은 모든 나라를 위한 축제로 확장되는데, 그 만찬은

이미 시작되었다. 예수님은 하나님의 통치가 지금 실재하며 풍성한 식사로 드러난다고 확신했기 때문에 가난하고 배고픈 무리를 부르시고 축복하셨다. "지금 주린 자는 복이 있나니 너희가 배부름을 얻을 것임이요"(눅 6:21). 죽고 난 다음, 혹은 알 수 없는 먼 미래가 아닌 이미 시작된 미래에 이 약속이 이루어진다고 기대하는 사람만이 주린 자가 배부름을 얻을 것이라고 약속할 수 있다.[15]

하나님 나라의 풍성함을 증언하기

슬로처치는 어떻게 현대의 사람들을 향해 하나님 나라의 풍성한 경제를 증언할 수 있을까? 이 새로운 경제 개념을 훈련할 수 있는 첫 번째 방법은 감사, 두 번째는 관대함, 세 번째는 환대다. 우리는 다음에 이어지는 9장과 10장에서 이 세 가지 주제를 깊게 다룰 것이다. 하지만 그 전에 그러한 것들이 펼쳐지는 정황에 대해 간략하게나마 살펴보도록 하자. 그 이유는 우리가—앞서 복음서 이야기에 나온 무리처럼—성찬으로서의 식사를 함께 나누는 공동체, 즉 교회로 부름을 받았기 때문이다.

성경이 전하는 이야기 중에서 하나님 나라에 속한 풍성함의 경제를 가장 힘 있게 보여주는 것은 아마도 사도행전 4장에 기록된 오순절 직후 예루살렘에 모인 사람들의 삶일 것이다.

32 믿는 무리가 한마음과 한뜻이 되어 모든 물건을 서로 통용하고 자기 재

물을 조금이라도 자기 것이라 하는 이가 하나도 없더라. 33사도들이 큰
권능으로 주 예수의 부활을 증언하니 무리가 큰 은혜를 받아 34그중에 가
난한 사람이 없으니, 이는 밭과 집 있는 자는 팔아 그 판 것의 값을 가져
다가 35사도들의 발 앞에 두매 그들이 각 사람의 필요를 따라 나누어줌
이라. 36구브로에서 난 레위족 사람이 있으니 이름은 요셉이라. 사도들이
일컬어 바나바라(번역하면 위로의 아들이라) 하니, 37그가 밭이 있으매
팔아 그 값을 가지고 사도들의 발 앞에 두니라(행 4:32-37).

이 초기 기독교 공동체는 두려움이나 욕심에 이끌려 부를 축적하지 않았다. 오히려 자원을 필요로 하는 사람들을 위해 자신이 가진 것을 기꺼이 내어놓았다. 그 결과 공동체 안의 어떤 사람도 가난 때문에 고통받지 않았다. 2,000년의 세월이 흐르는 동안 여러 다양한 기독교 공동체들이 이 이야기에서 영감을 받아 풍성함의 경제를 실천하려고 노력해왔다(몇몇 수도원과 재세례파 공동체가 대표적 사례다). 그러나 더 넓은 관점에서 정확하게 평가하자면 서구 교회 안에서의 이런 시도는 실패했다고 보아야 할 것 같다.

우리의 삶이 자리한 현장에서 공동체*ekklesia*가 하나님 나라에 속한 풍성함의 경제를 실천해가는 것은 욕망을 좇는 우리 문화에 제동을 걸 수 있는 적실한 운동이다. 경제 불황은 우리 문화 안에 희소성의 신화가 얼마나 뿌리 깊이 박혀 있는지를 확연히 보여주었다. 2008년 금융위기 이후로 뉴스와 정치는 온통 경제에 초점을 맞추고 있다. 도대체 언제쯤 주택 시장이 다시 회복될 것인가? 어떻게 하면 대량 실

업 사태를 막을 수 있을 것인가? 이중침체double-dip에 빠지거나 또 다른 대공황을 겪게 되지는 않을까? 이런 질문들이 우리의 마음을 어지럽힌다. 그러나 희소성의 신화는 한 개인뿐만 아니라 교회까지 흔들고 있다. 많은 교회가, 특별히 도심 지역에 위치한 교회들이 문을 닫을 위기에 처해 있거나 이미 문을 닫았다.[16] 주류 교단들이 겪고 있는 가장 큰 문제도 성도 숫자가 줄어들면서 작은 교회들을 유지할 형편이 안 된다는 것이다. 성도나 지역 주민들에게 돌아갈 피해에 세심한 주의를 기울이면서 이런 문제를 처리한다면 교회의 폐쇄나 병합이 굳이 나쁘다고 할 수는 없을 것이다. 그런데 문제는 교회가 하나님의 풍성한 공급을 믿지 못한다는 사실이다. 하나님의 풍성하심을 진심으로 신뢰한다면 대다수 교회는 유지될 수 있다.

상상력이 열쇠다. 그러나 우리가 희소성의 신화에 갇혀 하나님이 우리에게 공급해오신 자원들을 보지 못하면 상상력은 힘을 발휘하지 못한다. 작은 교회들이 문을 닫는 주된 이유는 헌금에만 의존하기 때문일 것이다. 작은 교회에서 가장 큰 지출 항목—직원 급여와 시설 사용료—은 필수적인 것처럼 보이지만 사실은 그렇지 않다. 역사를 통해 살펴보면 많은 교회가 직원이나 건물 없이도 부흥했다는 사실을 알 수 있다. 물론 직원을 해고하는 것이 교회가 가장 먼저 해야 할 일은 아니다. 이것은 사람을 먼저 생각하고 배려하는 교회의 모습이 아니기 때문이다. 그러나 직원이 그만두었을 때 꼭 그 자리에 다른 직원을 채용해야 하는지는 깊이 생각해봐야 한다. 만약 새로운 직원을 고용하지 않기로 했다면 성도들이 나서서 교회의 살림에 깊이 참여할 좋은 기회가 생긴 것이다. 잉글우드 교회는 한때 규모가 아주 크고 교역자 수도 꽤 많았었다. 하지만 성도 수가 줄어들기 시작하면서 목회자들을 포함한 많은 직원이 교회를 떠났다. 그 후 성도들은 몇 안 되는 교역자와 함께 힘을 합쳐 그동안 교회 직원들이 맡았던 일들을 감당하기 시작했다. 교회 음악을 담당하거나 주일학교 프로그램을 계획하고, 예산을 관리하거나 어려움 가운데 있는 이웃 주민들과의 상담을 맡아서 했다. 또 다른 사람들은 노인이나 병든 사람들을 찾아가 만나는 일에 참여했다. 현재 잉글우드 교회의 직원 중에 교역자는 단 한 명뿐이다. 그 교역자는 지역 사회 발전 사역과 어린이집 사역을 전담하면서 전통적인 목회 사역은 거의 하지 않는다. 교회가 일하는 방식이 이렇게 점진적으로 변화함에 따라 성도들은 교회를 더 깊이 사랑하게 되었고 교회 공동체가 감당해야 할 사명에 더욱 헌신하게 되었다.

이와 마찬가지로 교회의 시설물을 어떤 방식으로 소유하고 사용하며 관리할 것인지에 대한 참신한 생각들이 필요하다. 다시 한 번 말하지만, 교회가 건물을 소유하고 있는가 혹은 그렇지 않은가는 교회의 본질에서 그다지 중요한 문제가 아니다. 초기 기독교 공동체가 그랬듯이 가정을 모임 장소로 활용하면 좋은 점이 많다. 교회가 건물을 가지고 있다면 그 건물을 매각하거나 임대하는 것은 어떤지, 또 주 중에 건물을 활용하는 방법은 없는지에 대해 주의 깊게 살펴야 한다. 작은 사업을 시작하는 사람들에게 사무실이나 회의실을 임대하는 것은 어떨까? 가능성은 무궁무진하다. 건물을 관리하는 방법에도 여러 가지가 있다. 내[Chris]가 다녔던 한 교회는 성도들이 팀을 나눠 두 달에 한 번씩 교회를 청소함으로써 청소비 지출을 절감했다. 이 방법은 꽤 조직적으로 실행되었는데, 매주 10-20명 정도의 지체들이 청소 확인표를 기준으로 구석구석 빠짐없이 깨끗하게 청소를 했다. 함께 모여 일하니 즐겁게 일할 수 있었고, 또 꽤 이른 시간에 청소를 마칠 수 있었다. 어떤 소그룹은 정기적인 성경 공부와 나눔 사이에 끼어드는 교회 청소가 재미있다고 했다. 그들은 청소하는 날이면 함께하는 저녁 식사로 대미를 장식하곤 했다.

헌금에 대한 고정관념 깨기

교회의 수입원이 헌금뿐이어야 한다는 고정관념에서도 벗어나야 한다. 우리는 예루살렘에 모인 초기 기독교 공동체처럼 우리가 소유한 모든 자원이 모든 사람을 위한 것이라 여기는가? 우리는 그럴 필요가 있고 또 그럴 기회가 찾아올 때 우리가 가진 자원을 활용하는가? 교회는 이미 가지고 있는 자원을 활용해서 수입원을 개발할 수 있다. 여기에는 친숙한 방법(어린이집, 서점, 커피숍)과 낯선 방법(농사, 커피 로스팅, 임대 사업)이 있는데, 이미 많은 교회가 교인들의 재능과 지역의 자원을 활용해 수익을 창출하는 다양한 방법들을 찾아내고 있다.

만일 어느 교회의 인건비 예산에 위기가 찾아온다면, 직원들이 가지고 있는 재능을 활용해서 수익을 창출할 수 있는 사업을 시작함으로써 직원들의 일자리를 지켜줄 수 있다. 그러나 교회가 기획하는 사업은 수익만이 목적이 아니라 지역 사회에 보탬이 되어야 한다. 일자리를 창출하고 주민들의 유대를 강화하며 가난한 사람들에게 도움이 되는 사업이면 더할 나위가 없다. 예를 들어 인디애나 중부 지역에는 기독교선교연합 소속 교회가 하나 있는데, 그곳의 목회자는 오랫동안 커피에 지대한 관심을 쏟은 사람이었다. 그는 교회 설립 초기 재정이 모자랄 때 커피 유통 분야에서 시간제 근무를 하면서 생계를 이었다. 그리고 교회와 협력해 다양한 커피 관련 사업—로스팅, 커피 기계 판매, 커피숍 컨설팅—을 벌였다. 시간이 흐르면서 사업은 번창했고, 결국에는 거기서 나온 수익으로 젊은이들을 위한 사역 훈련 과정을 운영하게 되었다. 이 훈련 과정을 밟는 젊은이들은 커피 관련 사업에서 시간제로 일하면서 성경을 연구하고 목회 사역 경험을 쌓는다. 또한 그 교회는 작은 음악회를 자주 열어 주민들에게 커피를 무료로 제공하면서 교회가 자라가는 데 필요한 따뜻하고 온정이 넘치는 환경을 만들어낼 수 있었다.

인디애나폴리스에 있는 북부연합감리교회는 지난 10년간 매주 교회의 모든 공간을 개방해서 농산물 직판장을 열어왔다. 이 행사에 투입되는 모든 인력은 자원 봉사자들이다. 이 직판장은 지역의 농부나 장인들에게 자신들이 직접 가꾸거나 만든 상품을 팔 장소를 제공하는 동시에 주민들이 신선하고 질 좋은 음식과 상품을 저렴한 가격에 구매할 수 있는 장을 마련해주었다. 이는 지역 경제가 활성화되는 효과를 불러오기도 했다. 이 교회는 주변에 경제적으로 어려운 주민이 상당수 살고 있다는 점을 고려해서 저렴한 가격의 상품을 공급하고자 했다. 그뿐 아니라 저소득층을 위한 정부 보조 전표를 사용할 수 있는 최초의 농산물 직판장이 되었다. 그리고 2011년에 이 교회는 더 대담한 결단을 내렸다. 정부 보조금을 사용하는 사람에게 그것과 똑같은 액수의 금액을 교회가 조성한 기금에서 보태주기로 한 것이다.

지금까지 몇 가지 안 되는 대안을 언급했지만 이런 예들을 통해 하나님이 우리에게 이미 풍성한 자원을 제공해주셨다는 사실이 분명해지면 좋겠다. 부담스러운 질문들이 우리를 기다리고 있다. 우리는 하나님 나라의 풍성한 경제를 신실하게 그리고 창의적으로 실천할 마음이 있는가? 하나님이 우리(개인 차원이든 교회 차원이든)에게 허락하신 자원들을 하나님 나라를 위해 기꺼이 내어놓을 수 있는가? 우리는 하나님이 우리 교회 혹은 지역 사회에 주신 선물에 대해 얼마나 주목하고 있는가?

농산물 직판장을 열어 경제적 부담을 서로 나누어지는 것부터 교회 건물을 임대하는 것까지 우리 이웃의 삶을 보살필 수 있는 다양한 방법들이 있다. 그러나 이런 사업을 진행할 때 우리는 일의 한계를 항상 염두에 두고 이미 가지고 있는 자원을 활용하는 선에서 일을 진행해야 한다. 우리는 사업을 크게 벌이지 않으면 잘되지 않을 것이라는 생각에 빠지기 쉽다. 물론 우리가 벌인 일들이 잘되면 좋겠지만, 우리의 목적은 크고 잘나가는 사업을 통해 우리의 영광을 드러내는 것이 아니다. 우리는 단지 우리 안에 침투한 하나님 나라, 즉 예수님의 놀라운 구원의 길을 증언해야 한다.

"하나님의 방법대로 행하는 하나님의 사역에는 하나님의 공급이 멈추지 않는다." 선교사 허드슨 테일러Hudson Taylor가 한 말이다. 초기 기독교 공동체는 우리에게 하나님의 백성이 희소성의 신화를 극복할 새로운 대안적 경제체제를 만들어낼 수 있다는 사실을 보여준다. 프로스트와 허쉬의 설득력 있는 주장처럼, 위에서 아래로 지시가 내려오는 기독교 왕국으로서의 교회 모델은 영향력을 잃어가고 있다. 우리가 사회를 향해 교회의 새로운 경제 원칙을 따르라고 지시할 수는 없다. 그 대신 우리는 삶을 나누는 새로운 방법을 보여줄 수 있을 뿐이다. 그렇게 하면 지역 교회를 기반으로 한 풍성함의 경제가 풀뿌리 운동처럼 일어날 것이다. 우리는 한 지역에 뿌리를 내리면서 다양하고 참신한 방법들을 통해 지속 가능한 사업을 일구어감으로써 하나님의 초월적 풍성하심을 맛볼 수 있다. 우리가 신실하게 하나님의 경제를 증언하면서 성장해가면, 서로를 돌보는 우리의 경제적 관계망은 지역 교회를 넘어서까지 확장될 것이다. 마지막으로 소망에 대해 노래한 웬델 베리의 안식에 대해 노래한 시 한 편을 소개하고 싶다.

> 당신이 당신과 당신의 지역을 위한 돌봄을 요구할 때
> 소망은 그와 다르지 않은 돌봄에 대한 욕구에 불을 붙인다
> 타인과 다른 피조물과 다른 지역을 위해[17]

앞으로 이어질 두 장에서는 하나님이 창조 세계를 위해 이루고자 하시는 초월적 풍성함의 경제로 우리를 더 깊게 인도할 세 가지 실천에 대해 알아볼 것이다. 우리가 먼저 살펴볼 내용은 하나님이 우리에

게 허락하신 것에 대한 응답, 곧 감사다. 그리고 이어서 감사의 마음이 어떻게 관대함과 환대를 통해 드러나는지에 대해서도 살펴볼 것이다. 우리는 하나님이 주신 풍성한 선물을 교회의 형제자매와 이웃들, 그리고 전 세계의 친구들과 너그러이 나누며 하나님의 인도하심을 따라야 한다.

대 화 의 　 출 발

1. "희소성의 신화"란 무엇이며, 이 신화가 우리의 인간성과 삶의 방식을 어떻게 변질시켰는지를 이야기해보자.

2. 우상숭배를 금하는 성경의 관점에서 재화에 집착하고 그것을 숭배하는 삶에 대해 이야기해보자.

3. 현대 교회 안에 침입한 희소성의 신화의 예를 들어보자. 희소성의 신화가 형성한 교회론이 지닌 문제가 무엇인지를 토론해보자.

4. 교회가 현대자본주의 정신과 문화에 맞서 성경적 나눔과 공존을 실천하는 대항, 대조 세력으로 살아가기 위해서는 그것을 견인할 수 있는 새로운 상상력이 필요하다. 교회가 자산을 축적하는 것이 아니라 그것을 흘려보내는 공동체로 탈바꿈하기 위해서 실천할 수 있는 일에는 무엇이 있겠는가?

9장
감사: 하나님의 선물 받아들이기

"아침에 눈을 뜨고 세상을 바라볼 때 그 어느 것도 당연한 것으로 받아들이지 마십시오.
모든 생명은 경이로운 것이며 하나님의 놀라운 선물입니다.
의미 없는 생명은 아무것도 없습니다.
영적으로 깨어 있다는 것은 생명의 경이로움을 느낄 줄 안다는 것입니다."

_아브라함 헤셸의 『하나님과 인간의 사이』*Between God and Man* 중에서

우리는 8장에서 풍성한 하나님의 집에 대해서, 그리고 충만하신 하나님의 흘러넘치는 부요함에 대해서 살펴보았다. 하나님은 "나는 가까운 데에 있는 하나님이요 먼 데에 있는 하나님은 아니냐…나는 천지에 충만하지 아니하냐"(렘 23:23-24)라고 말씀하신다. 사도 바울은 에베소 교회를 위한 기도에서 놀랍도록 풍성하신 하나님이 우리와 함께하는 분이시라고 말한다. "믿음으로 말미암아 그리스도께서 너희 마음에 계시게 하시옵고, 너희가 사랑 가운데서 뿌리가 박히고 터가 굳어져서 능히 모든 성도와 함께 지식에 넘치는 그리스도의 사랑을 알

고, 그 너비와 길이와 높이와 깊이가 어떠함을 깨달아 하나님의 모든 충만하신 것으로 너희에게 충만하게 하시기를 구하노라"(엡 3:17-19).

다음 장인 10장에서는 환대와 관대함에 대해 살펴볼 것인데, 이 두 가지는 자신의 이익만을 추구하는 시장 경제와 양립할 수 없는 하나님께 속한 풍성함의 경제를 교회가 직접 실천하는 방법이다. 교회가 움켜쥔 손을 펴서 예수님을 맞이하듯 가난한 자와 소외된 자를 돌본다면 이런 삶 자체가 예배가 될 것이다. 또한 그런 실천들은 우리 마음에 하나님의 사랑의 씨앗을 심어 우리의 가정, 교회, 지역을 평화와 화해의 전초 기지로 변화시키는 순종이다.

이번 장에서 다룰 내용은 풍성함과 관대함을 연결하는 중요한 연결 고리가 될 감사에 관한 것이다. 감사는 나 자신과 공동체 전체가 의지를 가지고 시간을 드려서 연습해야 하는 영성이다. 감사는 하나님이 우리에게 주신 풍성한 선물들을 깨닫는 방법이며, 우리에게 그런 선물들을 허락하신 하나님을 찬양하는 방법이다. 나아가 감사는 하나님께 거저 받은 이 선물들을 다른 이들과 함께 기쁨으로 나눌 수 있는 힘을 준다. 히브리서 기자는 감사에 대해 이렇게 기록했다. "그러므로 우리는 예수로 말미암아 항상 찬송의 제사를 하나님께 드리자. 이는 그 이름을 증언하는 입술의 열매니라. 오직 선을 행함과 서로 나누어주기를 잊지 말라. 하나님은 이 같은 제사를 기뻐하시느니라"(히 13:15-16).

공동체적 하나님의 관대하심

감사는 성경이 다루는 중요한 주제 중 하나다. 성경을 통해 우리는 하나님이 **주시는 분**이라는 사실을 깨달을 수 있다. "우주와 그 가운데 있는 만물을 지으신 하나님께서는…만민에게 생명과 호흡과 만물을 친히 주시는 이심이라"(행 17:24-25). 하나님은 우리에게 힘과 능력을 주시고(시 68:35; 빌 4:13), 해를 주셨으며(렘 31:35), 비를 내려주시고(슥 10:1), 지혜와 계시의 영을 주신다(엡 1:17). 또 겸손한 자에게 은혜를 주시고(약 4:6), 안식과 평강을 주신다(사 14:3; 민 6:26). 슬픈 자를 위로하며 재를 대신하여 화관을, 슬픔을 대신해 기쁨의 기름을, 근심을 대신하여 찬송의 옷을 주신다(사 61:2-3).

우주의 모든 기초는 아낌없이 주시는 하나님의 성품 위에 세워졌다. 하나님은 실로 주기를 즐거워하시는 분이다. 많은 신학자가 하나님의 은혜가 샘물과 같다고 표현한 이유가 여기에 있다. 칼뱅Jean Calvin은 하나님을 "선하심과 자비로움의 샘물"이라고 표현했고, 루터Martin Luther는 "순전한 선하심이 영원히 마르지 않는 샘물"이라고 표현했다. 보나벤투라St. Bonaventure는 하나님을 "충만한 샘물"*fontalis plenitudo*이라 칭했다. 18세기 찬송가 중 하나는 다음과 같이 하나님을 높인다.

복의 근원 강림하사 찬송하게 하소서
한량없이 자비하심 측량할 길 없도다
천사들의 찬송가를 내게 가르치소서

구속하신 그 사랑을 항상 찬송합니다

우리는 신약성경에서 삼위일체이신 성부·성자·성령 간의 심오한 사랑을 엿볼 수 있다. 성부는 성자로 인해 기뻐하시고(마 3:17; 17:5) 그에게 모든 것을 허락해주신다(요 3:35). 요한복음 14-17장은 성부와 성자의 친밀한 관계를 가장 잘 묘사한다. 이 단락에는 예수님이 십자가 처형을 얼마 남겨두지 않고서 제자들에게 하신 말씀이 기록되어 있다. 너무나 흥미로운 이 말씀을 읽다 보면 숨이 탁 막혀 어지럽거나 웃음이 나기도 한다. 성부는 성자에게 모든 것을 허락하시고, 성자는 성부께 모든 것을 드리며 성령을 보내달라고 요청하신다. 로이스 그렌러Royce G. Gruenler는 "공동체적 하나님의 관대하심"에 대해 논하면서 삼위일체 하나님의 역동성을 잘 포착했다. "예수님의 말씀을 살펴보면 성부·성자·성령의 신적 공동체가 내부적으로 상호 간의 사랑과 호의, 관대함, 그리고 인격적 교감을 누리고 있음에 대한 예수님의 확신을 확인할 수 있다. 그 풍성함은 매우 커서 세 분이 한 하나님이 되신다. 한 하나님이 되심은 서로에 대해 깊은 사랑이 드러난 것이다."[1]

요한복음 14-17장에서 가장 특이한 점은 성자·성령의 완벽한 신적 공동체가 어떻게 인간의 포용으로까지 확대되는지를 묘사한다는 것이다. 예수님은 "내가 아버지 안에, 너희가 내 안에, 내가 너희 안에 있는 것"(요 14:20)에 대해 말씀하신다. 그래서 성부는 성자를, 성자는 성부를, 성령은 성자를 영화롭게 하지만 성자는 또한 그의 제자들을 영화롭게 한다. 이제 제자들이 그들을 지켜보는 세상 앞에서 성부를 영화롭게 할 차례다!

예수님은 신적 관대함을 가지고 그의 친구들에게 말씀하신다. "내 안에 거하라. 나도 너희 안에 거하리라"(이 구절과 이어지는 일곱 절의 말씀에는 "거하다"*meno*라는 어휘가 열한 번 사용되었는데, 여기에서 두 번 등장했다). 이어서 그는 다음과 같이 말씀하셨다. "가지가 포도나무에 붙어 있지 아니하면 스스로 열매를 맺을 수 없음 같이 너희도 내 안에 있지 아니하면 그러하리라. 나는 포도나무요 너희는 가지라. 그가 내 안에, 내가 그 안에 거하면 사람이 열매를 많이 맺나니, 나를 떠나서는 너희가 아무것도 할 수 없음이라"(요 15:4-5). 감사가 없이는 예수님 안에 거할 수 없다. 우리는 감사를 통해 포도나무에 붙어 있으면서 필요한 것을 공급받으며 열매를 맺을 수 있다.

예수님은 제자들에게 서로 사랑할 것을 간곡히 권면하셨다. 그리고 그들이 성부·성자·성령의 관대하고 기쁨이 넘치며 자신을 내어주는 연합을 본받아 하나가 되기를 기도하셨다. 예수님이 교회를 위해 하신 기도는 다음과 같다.

> 21 아버지여, 아버지께서 내 안에, 내가 아버지 안에 있는 것 같이 그들
> 도 다 하나가 되어 우리 안에 있게 하사 세상으로 아버지께서 나를 보내
> 신 것을 믿게 하옵소서. 22 내게 주신 영광을 내가 그들에게 주었사오니,
> 이는 우리가 하나가 된 것 같이 그들도 하나가 되게 하려 함이니이다.
> 23 곧 내가 그들 안에 있고 아버지께서 내 안에 계시어 그들로 온전함을
> 이루어 하나가 되게 하려 함은 아버지께서 나를 보내신 것과 또 나를 사

랑하심 같이 그들도 사랑하신 것을 세상으로 알게 하려 함이로소이다(요 17:21-23).

예수님은 아버지께로 돌아가신 후에도 공급을 멈추지 않겠다고 약속하셨다. "지금까지는 너희가 내 이름으로 아무것도 구하지 아니하였으나, 구하라. 그리하면 받으리니 너희 기쁨이 충만하리라"(요 16:24).

감사로 충만한 사람들

아브라함, 이삭, 야곱의 시대로부터 감사는 하나님의 백성들이 은혜로우신 삼위일체 하나님 안에 거하는 법을 결정짓는 특징이었다. 그들은 하나님이 공급해주신 것에 대한 응답으로 하나님께 감사와 영광을 돌렸다. 야곱은 에서를 피해 있는 동안 자신을 돌보시고 필요한 것들을 공급해주실 하나님께 감사하며 돌기둥을 세워 기름을 붓고 그곳 이름을 벧엘(하나님의 집)이라 했다. 이스라엘 백성에게 율법과 규범으로 주어진 토라는 감사함으로 드리는 제사를 가르치고 있는데(레 7:11-34), 레위기는 이를 화목제peace offerings—다른 성경은 친교제라고 번역하기도 한다—로 명명한다. 이는 하나님께 부름을 받은 자들이 샬롬의 공동체를 이루어야 한다는 점을 상기시켜준다. 크리스틴 폴Christine Pohl의 역작 『공동체로 산다는 것』*Living into Community*(죠이선교회 역간)에 따르면, 고대 이스라엘 백성은 감사를 생활화하고 예배를 고양하기 위해 "하나님이 그들 중에 행하신 일들을 이야기하고 하나님이 내려주신 복과 이루신 기사와 신실하심을 기억하고 전했다."[2] 이스라엘 백성의 기도문인 시편은 하나님의 풍성한 공급을 감사하며 찬양한다. "주의 성도들아, 여호와를 찬송하며 그의 거룩함을 기억하며 감사하라"(시 30:4). "내가 대회 중에서 주께 감사하며 많은 백성 중에서 주를 찬송하리이다"(시 35:18). "우리가 종일 하나님을 자랑하였나이다. 우리는 하나님의 이름에 영원히 감사하리이다"(시 44:8).

신약성경에 등장하는 교회들의 특징 또한 감사였다. 감사는 사도 바울의 서신에서 계속해서 등장하는 주제다. 신약성경에서 감사를 뜻하는 "유카리스테오"*eucharisteo*와 은혜를 뜻하는 "카리스"*charis*의 4분의 3 이상이 바울 서신에 집중되어 있다. 몇몇 학자들은 바울 서신에 감사가 등장하는 빈도가 동시대의 그리스 문헌들보다 월등히 높다고 지적한다. 바울은 데살로니가전서에서 이렇게 말한다.

> 13사랑 안에서 가장 귀히 여기며 너희끼리 화목하라. 14또 형제들아 너희를 권면하노니, 게으른 자들을 권계하며 마음이 약한 자들을 격려하고 힘이 없는 자들을 붙들어주며 모든 사람에게 오래 참으라. 15삼가 누가 누구에게든지 악으로 악을 갚지 말게 하고, 서로 대하든지 모든 사람을 대하든지 항상 선을 따르라. 16항상 기뻐하라. 17쉬지 말고 기도하라. 18범사에 감사하라. 이것이 그리스도 예수 안에서 너희를 향하신 하나님의 뜻이니라(살전 5:13-18).

기독교 서점에는 우리 삶에서 중심이 되는 하나님의 뜻이 무엇인지를 탐구하는 책들이 쌓여 있지만, 사실 답은 아주 간단명료하다. 그것은 바로 항상 기도하고 감사하는 삶이다.

바울의 또 다른 편지인 골로새서에는 다음과 같은 구절이 있다. "그리스도의 말씀이 너희 속에 풍성히 거하여 모든 지혜로 피차 가르치며 권면하고 시와 찬송과 신령한 노래를 부르며 감사하는 마음으로 하나님을 찬양하고 또 무엇을 하든지 말에나 일에나 다 주 예수의 이름으로 하고 그를 힘입어 하나님 아버지께 감사하라"(골 3:16-17).

망각과 회복의 반복

하나님의 본질은 주는 것에 있고 인간의 본질은 감사함에 있다.[4] 그러나 타락한 세상에서 감사의 삶을 살기란 쉽지 않다. 성경은 하나님의 선하심을 세상에 널리 알릴 백성을 모으는 이야기를 담고 있다. 그러나 우리도 잘 알고 있듯이 인간은 정말 제대로 감사할 줄 모르는 존재다. 사실 자세히 들여다보면 에덴동산에서 저지른 인간의 원죄는 감사하지 못한 것이라고 할 수 있다. 그뿐 아니라 인간이 저지르는 수많은 죄, 예컨대 질투, 탐욕, 정욕 따위는 모두 감사하지 못하는 데서 비롯된다. 심지어 우상숭배도 감사하지 못하는 데서 비롯된다고 봐야 하는데, 구약성경에서 하나님을 잊는 것은 우상숭배와 마찬가지였기 때문이다(왕하 17:38; 렘 13:25; 18:15). 이에 대해 크리스틴 폴은 이렇게 말한다. "성경에서는 잘못된 기억이나 전적인 망각이 감사의 부재로 이어질 때가 많다. 성경에서 백성들에게 내려진 가장 안타까운 심판은 그들이 하나님의 변함없는 사랑을 기억하지 못했다는 것에 대한 심판들이었다."[5]

그러나 이러한 건망증에도 불구하고 하나님은 우리 삶에 가까이 다가오신다. 구약성경 호세아에서 이스라엘 백성은 음란한 아내로 비유된다. 그러나 하나님은 그를 타일러 거친 들로 데리고 가서 말로 위로하고 완전한 관계를 회복할 것이라고 선포하신다(호 2:14). 또 느헤미야에는 이스라엘 백성이 제사장 겸 학사 에스라의 인도를 따라 민족적 죄의 고백과 찬양을 올려드리는 장면이 나온다. 그들은 자기 조상들이 "교만하고 목을 굳게 하여 주의 명령을 듣지 아니하고 거역하며 주께서 그들 가운데에서 행하신 기사를 기억하지" 않았다고 고백한다(느 9:16-17). 그러나 그들은 다음과 같은 고백을 이어간다. "주께서는 용서하시는 하나님이시라. 은혜로우시며 긍휼히 여기시며 더디 노하시며 인자가 풍부하시므로 그들을 버리지 아니하셨나이다"(느 9:17).

망각과 심판, 그리고 회복의 순환 고리는 예언자의 시대와 제사장 및 왕의 시대를 거치면서 이어져갔다. 그러나 이 순환 고리는 예수님—완전한 예언자이자 제사장이자 왕이신 분—의 삶과 죽음 그리고 부활로 인해 끊어졌다. 예수님의 십자가는 궁극적인 선물이었고, 성찬("감사"를 뜻하는 그리스어에서 왔다)은 그 은혜를 기억하는 의식으로 베풀어졌다. 이제부터 살펴보겠지만, 감사는 정의의 핵심이고 감사하지 못함은 불의의 핵심이다. 그런 의미에서 사도 바울의 권고가 특별한 의미를 지닌다. 사도 바울은 고린도전서 10장에서 고린도교회를 향해 감사하지 못했던 이스라엘의 비참한 역사를 교훈으로 삼으라고 경고하고(고전 10:1-6), 그다음 장에서 그들을 호되게 꾸짖는다. 왜냐하면 그들이 분열을 일으키고 기존의 사회·경제적인 구분을 강화하는 방식으로 성만찬을 거행했기 때문이었다(고전 11:17-34).

불만족에서 만족으로 가는 길

우리는 이미 가지고 있는 것에 대한 감사를 망각하게 하는 소비지상주의 문화 속에서 살고 있다. 불만족이야말로 현대 경제 체제의 근간이 되는 인간의 심리다. 이런 소비문화에 푹 젖어 있다 보니, 인간의 삶이 늘 그랬으리라고 생각할 수 있겠으나 실은 그렇지 않다. 2002년 영국 BBC에서 만든 4부작 다큐멘터리 "자아의 세기"The Century of Self는 기업이나 정치가들이 지난 90년 동안 프로이트 심리학을 이용해 미묘한 방법으로 사람들을 통제해왔다는 사실을 보여주었다. 제1차 세계대전이 끝난 후, 군수품이나 기타 상품들을 대량 생산하며 막강한 경제력과 권력을 키워온 기업들은 잉여 생산에 대한 고민에 빠지기 시작했다. 미국인들이 이미 소유한 물건에 만족해 새로운 구매에 나서지 않는다면, 공장의 기계는 멈출 것이고 기업이 누렸던 호황은 끝나버릴 것이라는 두려움이 팽배해진 것이다. 1927년 금융회사 리먼브라더스Lehman Brothers에 영입된 폴 마주르Paul Mazur라는 뛰어난 투자 전문가는 기업의 위기를 다음과 같이 극복하자고 제안했다. "우리는 미국을 필요의 문화에서 욕망의 문화로 들어 옮겨야 합니다. 사람들이 욕망하도록, 그래서 기존에 쓰던 물건이 고장 나지 않아도 새로운 것을 찾도록 자극해야 합니다. 인간의 욕망은 반드시 인간의 실제 필요를 무색하게 만들어버립니다."

기업들은 프로이트의 조카인 버네이스Edward Bernays에게 도움의 손길을 청했다. 버네이스는 윌슨Woodrow Wilson 대통령 시절, 미국이 유럽의 전쟁에 뛰어들어야 한다고 국민을 설득하기 위해 만든 정부 기관인 대외홍보위원회Committee on Public Information에서 일한 전력이 있었다. 버네이스는 전쟁이 끝날 무렵 자신이 윌슨 대통령을 평화와 민주주의의 수호자로 포장한 전략이 얼마나 성공적이었는지를 자각했고, 그런 전략들을 전쟁 이후에도 활용하면 좋을 것 같다고 생각했다. 그는 맨해튼 중심가에 사무실을 차리고 큰 기업들과 공화당 정치인들을 선전해주는 사업을 시작했다. **선전***propaganda*이라는 말의 어감이 부정적이었기 때문에 그는 자신의 사업을 "홍보활동"public relations이라고 불렀다.

프로이트는 인간이 무엇인가를 이성적으로 생각하고 판단해서 행동하기보다는 비이성적 직관에 의해 행동할 때가 더 많다고 주장했다. 버네이스는 바로 이 점에 착안해서 대중에게 접근해 그들의 무의식적 욕망을 조종했다. 그는 사람들이 꼭 필요하지 않은 상품도 구매하도록 불만족을 조작해냈고 특정 상품의 소비를 자아의 실현과 연결했다. 예를 들어 그는 자동차 회사들이 자동차를 남성성의 상징으로 만들어 판매할 수 있다는 사실을 보여주었다. 또 미국담배공사

American Tobacco Board의 의뢰를 받고 여성 흡연에 대한 터부를 해체하는 일을 도왔다. 이를 위해 그는 부유층 사교계의 젊은 여성들이 담배를 피우는 모습을 연출하여 뉴욕에서 해마다 열리는 부활절 퍼레이드에서 행진하게 했다. 그는 담배를 가리켜 "자유의 불꽃"이라 칭했고, 그녀들은 자주적인 사상의 아이콘이 되었다.

버네이스는 이런 대외 홍보 기술을 정치에도 적극적으로 활용했다. (그는 "조작된 합의"engineered consent라는 말을 만든 인물이다.) 아이젠하워Dwight D. Eisenhower 대통령 시절에 그는 미국이 뒤를 봐준 과테말라 반정부 쿠데타를 포장하기 위해 소련의 확장에 대한 미국인의 두려움을 악용했다. 또 그는 그보다 25년 전에는 후버Hebert Hoover가 대통령 당선 공약으로 내건 미국 발전 계획을 열정적으로 선전했다. 후버는 1928년 선거에서 당선이 확정되자 광고 및 대외 홍보를 맡은 사람들의 노고를 위로하며 다음과 같이 말했다. "당신들은 욕망을 창조하는 일을 맡았고 사람들을 끊임없이 행복을 추구하는 기계로 변화시켰습니다. 바로 경제 발전의 열쇠가 되는 기계로 변화시켰다는 말입니다."[6]

후일 「라이프」*Life*라는 잡지에서 20세기 미국의 가장 영향력 있는 사람 중 한 사람으로 선정한 버네이스는 소비만능주의 문화의 형성에서 매우 중요한 요소—물론 한 분야에서이지만—였다. 이 문화 속에서 우리는 끝없이 불만족스러운 목소리의 지배를 받으면서 살아간다. 최고로 멋진 장난감, 최신 기계, 최고급 클럽의 회원권, 더 젊은 아내, 부드러운 피부, 찰랑대는 머릿결, 좋은 상표, 더 멋진 차, 더 큰 집과 같은 것들을 소유하지 않으면 자신의 삶이 무언가 모자란 것이라는 속삭임 때문에 오늘도 만족을 모르고 살아가는 불쌍한 인생이 되어버렸다. 우리는 아주 어릴 때부터 우리를 둘러싼 광고와 방송을 통해 행복은 돈으로 살 수 있으며…적어도 신상품이 나오기 전까지는 그 행복감을 누릴 수 있다는 이야기를 들으면서 살아간다.

이러한 불만족은 정말 엄청난 불의를 초래한다. 우리가 필요로 하고 누릴 자격이 있는 것을 어떻게 해도 다 가질 수 없다는 생각으로부터 불신, 파괴된 관계, 무자비한 경쟁, 전쟁, 기아, 가난, 심각한 경제 불균형, 잔혹한 생태계 파괴가 생겨난다. 불만족은 지역 주민의 삶, 공동체 혹은 교회의 기반을 약화시키는 과잉이동성과 같은 미묘한 영향력과도 연관이 있다. 반면 캐나다 신학자이자 사회 운동가인 메리 조 레디Mary Jo Leddy는 "**우리 모두가 함께 나눌 만큼 충분하다**고 생각하기로 마음먹는 것 자체가 공동체와 평화와 정의를 이루어가는 출발점이 된다. **충분하다**고 여기는 것이 정치와 경제의 새로운 패러다임을 가능하게 한다"라고 주장한다.[7]

감사는 우리가 가진 모든 것이 이미 충분하다는 사실을 인식할 수 있는 가장 중요한 일상의 훈련이다. 결핍이 불의의 근원이라면, 감사는 정의의 근원이다. 우리가 가진 것이 하나님께로부터 온 것, 즉 우리의 소유가 아니라는 사실을 안다면 어떻게 맹목적으로 축적할 수 있겠는가? 하나님이 온 인류와 모든 생명을 향해 복을 베풀며 사랑하신다는 사실을 알면서 어떻게 미국만이 특별한 축복을 받았다고 주장할 수 있겠는가? 모든 것이 하나님이 주신 선물이라면, 어떻게 우리가 그것을 나누지 않을 수 있겠는가? 원수라도 사랑하는 것이 예수님의 뜻이다(마 5:43-45, 48).

신앙 공동체가 불만족, 두려움, 자아도취에서 만족, 신뢰, 만물에 대한 더 깊은 사랑으로 나아가려면 감사의 태도를 가져야만 한다. 우리는 감사를 통해 현재를 누리면서 모든 순간과 상황을 하나님의 선물로 받아들일 수 있다. 이에 대해 레디는 다음과 같이 기록했다. "감사를 통해 불만족으로 인한 악순환의 고리가 깨어진다. 감사를 통해 우리는 우리에게 없는 것이 아닌 우리가 가진 것에 집중하며 다시 시작할 수 있다."[8]

삶을 선물로 바라보기

감사는 훈련을 통해 자라가며, 그 훈련은 개인적 차원과 교회 공동체적 차원에서 모두 실행되어야 한다. 우리는 반드시 삶의 모든 영역에서 감사를 배양해야 한다. 먼저 하루의 시작과 끝에 감사의 고백을 드리는 것부터 시작할 수 있을 것이다. 공동체에서 고마운 사람에게 감사하다고 말하는 것도 좋은 방법이다. 존의 가정에서 하는 것처럼 새로운 가족 전통을 세울 수도 있다. 그들은 매일 식사 때마다 특별히 감사한 일 세 가지를 되새기고 밥을 먹는다. 소그룹이나 가정 교회에서 감사 노트를 만들어 함께 나누는 것도 좋은 방법이 될 수 있다. 감사란 저절로 나오지 않기에 의지적인 노력이 뒷받침되어야 한다. 하지만 세상을 바라보는 시각이 바뀌기 시작하는 데에는 그리 많은 시간이 필요하지 않다. 우리를 둘러싼 모든 것은 하나님이 내리신 축복의 흔적들이다. 감사는 단지 물질적인 것과 영적인 것이 어떻게 서로 연결되어 있는지를 드러내 보인다.[9]

슬로처치는 삶을 선물로 바라봄으로써 하나님의 풍성한 공급을 알아차리고 그것에 감사한다. 우리는 가장 보잘것없는 은혜의 사건 속에서도 하나님의 풍성한 공급을 매일 발견한다. 토마스 아 켐피스Thomas à Kempis는 15세기의 신앙 고전 『그리스도를 본받아』*Imitation of Christ*(이담북스 역간)에서 다음과 같이 이야기한다. "가장 작은 축복에 감사하라. 그리하면 더 큰 은혜를 받기에 부족함이 없는 사람이 될 것이다. 작은 선물을 큰 선물과 못지않게 여기고 평범한 은혜를 특별한 혜택처럼 여기라. 그것을 주시는 분의 위엄을 기억한다면 어떤 선물도 소소하거나 하찮게 보이지 않을 것이다. 지극히 높으신 하나님이 주신 선물은 그 무엇도 무가치할 수 없기 때문이다."[10]

작은 선물에 대한 감사가 하나님의 놀라운 사역을 위한 기폭제로 사용되기도 한다. 예를 들어 마가복음 8장에서 예수님이 4천 명의 사람들을 먹이신 이야기를 살펴보자. 오병이어로 5천 명의 무리를 먹이신 지 얼마 지나지 않았을 때 예수님은 또다시 큰 무리 앞에 서셨다. 그 무리는 3일 동안 예수님을 따르면서 아무것도 먹지 못한 상황이었다. 예수님은 제자들을 불러 이 문제를 어떻게 해결할 것인지 물으신다. 그러나 제자들의 대답은 예전과 비슷했다. "우리가 무슨 재주로 사막에서 이 많은 사람을 다 먹일 빵을 구할 수 있겠습니까?"

제자들은 자신들의 **결핍**에 집중했다. 반대로 예수님은 그들의 **소**

유에 집중하셨다. 예수님은 모을 수 있는 음식의 목록을 조사하셨고, 빵이 일곱 개 있다는 소식에 모든 사람을 땅에 앉으라고 명령하셨다. 예수님은 그 빵에 대해 감사를 올려드리시고는 제자들에게 빵을 나누어주라고 하셨다. 그때 누군가 물고기 몇 마리를 발견해서 가지고 왔다. 예수님은 축복하신 후 그 물고기도 나누어주셨다. 그러자 모든 사람이 배부르게 먹고서도 일곱 광주리의 음식이 남았다. 예수님은 적지만 이미 가지고 있는 것에 먼저 감사하셨다. 무리는 그런 다음에야 잔치로 인해 감사할 수 있었다.

가진 것에 집중하기

우리도 제자들처럼 자신에게 없는 것, 할 수 없는 것, 부족한 것을 먼저 생각하는 경향이 있다. 그리고 그런 기준으로 신앙 공동체를 판단하는 경우가 많다. 하지만 우리에게 없는 것만을 생각하다 보면 정작 우리가 가진 것이 무엇인지를 보지 못하게 된다. 궁핍함만을 생각하느라 우리가 이미 가진 자산에 집중하지 못하는 것이다. 이것이 "몽상가"visionary dreamer가 자주 빠지는 함정 중 하나다. 본회퍼Dietrich Bonhoeffer는 『신도의 공동생활』*Life Together*(대한기독교서회 역간)에서 몽상가를 신랄하게 비판한다. 몽상가는 교만하고 가식적인 사람이다. 몽상가는 머릿속에 이상적인 공동체를 만들어놓고는 "하나님과 다른 사람들, 그리고 자신에 의해서 그 공동체가 실현되어야 한다고 요구한다." 몽상가는 규칙을 만든 다음 높은 곳에 올라서서 하나님과 사람들이 한 일들을 판단한다. "몽상가는 마치 자신이 기독교 공동체를 창조한 사람인 양 행동한다. 자신의 꿈이 사람들을 하나로 묶는다고 착각하면서 말이다." 그는 모든 일이 계획대로 되지 않으면 지금까지 했던 노력을 실패로 간주한다. 본회퍼가 말하는 것처럼 이런 몽상가의 삶에는 감사가 끼어들 틈이 없다.

> 우리가 신도의 공동생활에 돌입하기 오래전부터 하나님이 이미 우리 교제의 기초를 놓으시고 예수 그리스도 안에서 우리를 다른 성도와 한 몸으로 묶으셨기에, 우리는 무언가를 요구하는 사람으로서가 아니라 하나님의 은혜를 감사히 받는 사람으로서 공동생활에 참여한다. 우리는 하나님이 주신 소명과 하나님의 용서와 하나님의 약속으로 살아가는 형제들을 우리에게 주셨다는 사실로 인해 하나님께 감사한다. 우리는 하나님이 우리에게 주시지 않은 것 때문에 불평하지 않는다. 오히려 우리는 하나님이 매일 우리에게 주시는 것으로 인해 감사한다.
>
> 우리에게 주신 형제들, 즉 하나님이 베푸신 은혜의 복으로 죄와 결핍을 뚫고 우리와 함께 살아갈 형제들로 충분하지 않은가? 어느 날이든, 심지어 가장 어렵고 힘든 날에도, 그리스도인의 연합이 주는 거룩한 선물은 형제들이 아닌 다른 무엇일 수 있겠는가?[11]

교회는 없는 것에 집중하는 대신 있는 것에 초점을 맞추어야 한다. 슬로처치가 해야 할 일 중 하나는 사람들이 가지고 있는 은사를 발견할 수 있도록 돕고, 또 그것으로 공개적인 영역에서 하나님을 높일 기회를 제공하며, 그런 은사를 개발하는 사람들을 지원하는 것이다. 즉 하나님의 영광을 위해 은사를 활용하게 해야 한다.

자산 측정. 교회가 보유한 자산을 확인하는 것은 하나님께로부터 이미 받은 선물 중 현재 유용 가능한 것들에 집중할 수 있게 해주는 방법이다. 『자산 정리의 힘』*The Power of Asset Mapping*에서 루터 스노우는 교회가 고려해야 할 자산에는 5가지 유형이 있다고 말한다.

- **물리적 자산**: 이것은 우리가 볼 수 있거나 만질 수 있는 것으로 대지나 시설물, 교회 주변의 경관과 환경을 포함한다.
- **인적 자산**: 개개인의 달란트, 기술, 경험 등을 말한다.
- **관계망 자산**: 각종 봉사 모임과 사람들 간의 다양한 연결망이 여기에 해당한다(공식적·비공식적 대상을 모두 포함).
- **기관 자산**: 예산과 직원이 있는 단체, 사업체, 조직 등을 말한다(영리와 비영리를 모두 포함).
- **경제적 자산**: 소비 능력이나 투자 현황, 수익을 목적으로 상품이나 서비스를 생산할 수 있는 능력 등 자본과 관련된 공동체의 자산을 말한다.[12]

우리는 우선 이런 자산의 측정을 통해 우리가 생각보다 많은 자산을 가지고 있다는 사실을 자각하게 된다. 그리고 우리는 이런 자산을 서로 연결해서 지역의 발전에 활용할 수 있다. 정리하자면, 자산 측정은 교회 공동체가 하나님께 받은 여러 가지 선물과 자원에 대해 생각하게 하고 그것들을 어떻게 새롭게 조직하고 활용할 수 있을지를 논의할 수 있게 하는 방법이다.

긍정적 탐구. 교회 공동체에서 감사를 훈련하기 위한 또 다른 방법은 "긍정적 탐구"Appreciative Inquiry, AI다. 이에 대해 마크 라우 브랜슨Mark Lau Branson은 『기억, 희망, 그리고 대화』*Memories, Hopes, and Conversations*에서 다음과 같이 말한다. "긍정적 탐구 이론에 의하면 교회를 포함한 조직들은 그 안에서 일어나는 대화를 통해 새로운 모습으로 탈바꿈할 수 있다. 그리고 그렇게 새로 태어난 조직이 가장 생기 넘치는 힘과 모양을 갖추어가려면 그 안에서 일어나는 대화는 반드시 긍정적 질문들로 인해 구성되어야 한다."[13] 하나님이 과거 우리 교회에 베푸신 은혜에 의지하게 하는 방법으로서의 긍정적 탐구는 아래와 같은 다섯 가지 과정을 따른다.

1. 탐구의 초점을 긍정적인 것에 맞추라.
2. 생기 넘치는 이야기들을 깊이 있게 탐구하라.
3. 그 이야기들이 말하는 주제를 찾고 심층 탐구를 위한 주제어를 선별하라.
4. 공유할 수 있는 더 나은 미래상을 만들라.
5. 그런 미래를 만들기 위한 창의적인 방법들을 모색하라.[14]

브랜슨의 책은 그가 속한 알타데나 제일장로교회가 실제로 겪었던 일들을 바탕으로 한다. 그 교회는 긍정적 탐구를 통해 어려움을 극복하고 새로운 교회로 재탄생했다. 브랜슨 목사가 그 교회에서 처음으로 시무하기 시작했을 때만 해도 많은 어려움이 있었다. 전임 목회자가 해임된 지 얼마 안 된 그 교회는 리더십과 신학적 성향의 차이로 말미암아 심각하게 분열되어 있었다. 또 교회가 위치한 지역의 인구 구성 또한 급격한 변화를 맞는 시기여서 교회 정체성에 대한 혼란도 가중된 상태였다. 그는 이렇게 회고했다. "심지어 처음 교회를 나오기 시작한 몇 안 되는 성도들 간에도 일치된 비전이 없었고 활기찬 미래를 향한 희망도 부재한 상태였습니다."[15] 그 후 2년에 걸쳐 이 교회는 그동안 교회가 가지고 있었던 역사와 신학에 대해 긍정적으로 돌아보기 위해 무던히 애를 썼다. 그리고 이런 대화는 극적으로 교회에 생명의 바람을 불어넣기 시작했다. "신자들은 그 어느 때보다 생동감 있게 헌신이 필요한 일들을 계획하며 새로운 도전을 반갑게 맞았습니다. 교회는 전반적으로 기대감에 차 있는 분위기가 되었습니다. 물론 우리가 노력해야 하는 일들이 여전히 산재해 있었지만 분명 더 나은 단계로 나아가고 있다는 확신이 있었습니다."[16]

자산에 기초한 공동체 발전

알타데나 제일장로교회는 하나님이 그들과 함께 일하고 계신다는 사실에 감사하며 공동체를 아름답게 만들어가는 법을 배워갔다. 농사에서 경작이란 신과 인간의 공동 작업이다. 궁극적으로 모든 식물과 동물은 하나님의 선물이지만, 인간은 특정한 식물과 동물을 선정해서 키워낼 수 있다. 땅을 일군다는 것은 땅의 건강과 비옥함에 특별히 신경을 쓰면서 씨를 뿌리기 위해 준비하는 것이다. 마찬가지로 공동체를 일구는 일은 하나님이 우리 교회와 지역에 이미 허락해주신 선물들을 잘 조직하고 보살펴서 지역과 교회 공동체를 생명력 넘치는 공간으로 만들어가는 것을 의미한다.

공동체를 일구어가는 데 "자산에 기초한 공동체 발전"Asset-Based Community Development, ABCD이라는 개념은 매우 중요하다. 존 맥나이트John McKnight와 존 크레츠만John Kretzmann이 공동으로 집필한 『가진 것으로 공동체 만들기』*Building Communities from the Inside Out*는 공동체 조직의 중요한 맥락을 잘 소개하고 있다. 맥나이트와 크레츠만은 자산에 기초한 발전과 소위 "결핍 모델"deficiency model이라고 불리는 "필요에 기초한 발전"needs-based development을 구분하고 있다. 시골이나 도심에서 어려움을 겪는 사람들은 물론이고 오래된 교외 지역에서 특정한 필요들에 직면한 사람들 모두 점점 더 필요에 기초한 발전으로 문제를 해결하려고 한다. 그러나 결핍 모델은 필요를 기준으로 이웃을 규정하고 점점 더 외부의 서비스에 의지하면서 이웃을 떠나야 한다는 결론에 이르게 할 뿐이다. 이런 필요에 의한 발전 방식은 이웃 간에 존재하던 전통적인 돌봄 관계를 갈기갈기 찢어놓을 뿐 아니라 이미 존재하고 있는 능력과 재능을 무시하는 결과를 낳고 만다. 또 이런 방식에서는 소위 "전문가"를 추종하는 경향이 짙어진다. 즉 "대다수 지역 주민들에게 중요한 것은 이제 공동체 안에 있는 관계나 이웃에서 이웃으로 이어지는 상호 지원과 문제 해결 능력이 아니다." 또 필요에만 집중하다 보면 "다른 사람들에게 의존하는 습관은 더욱 심화한다." 그러다 보면 사람들은 어떤 어려움이 왔을 때 스스로는 무언가를 할 힘도, 희망도 없다고 쉽게 결론 내리게 된다.[17]

반대로 자산에 기초한 발전 모델은 이웃들에게 권한을 부여하고 그들이 가진 기술을 전체 공동체의 유익을 위한 지렛대로 활용한다. 자산에 기초한 발전의 특징은 다음의 세 가지다. ① 없는 것이 아니라 이미 가지고 있는 것으로 시작한다. ② 내부에 초점을 맞추며 "지역 주민, 지역 연합회, 지역 기관들이 안건을 세우고 문제를 해결하는 능력"을 중요시한다. 또한 "현지인의 판단, 투자, 창의성, 희망, 통제를 가장 우선시한다." ③ 관계의 힘으로 이루어진다. 자산에 기초한 발전을 이끄는 사람들은 "지역 주민, 지역 연합회, 지역의 기관 간의 좋은 관계를 끊임없이 개선하면서 세워가야 한다."[18]

잉글우드 교회는 지난 20년 동안 공동체 발전 사업에 참여해왔다. 그 이유는 우리가 자산에 기초한 발전을 철학으로 삼았기 때문인데, 이제는 그것이 감사를 구체적으로 실천하는 하나의 방법이라는 사실을 알게 되었다. 우리는 당면한 문제들을 해결하고 앞날을 도모하기 위해 우리 지역에 이미 존재하는 자산을 활용했다. 예를 들어 도심에 자리 잡은 우리 지역에는 버려진 집이 많았다. 일반적으로 이것은 사회 문제로 보일 수 있다. 하지만 우리가 볼 때 이 집들은 우리 지역의 훌륭한 자산이었다. 우리는 매우 적은 액수의 돈을 들여 빈 건물을 사들인 후 그것을 수리했다. 그 건물은 지역 주민들과 교회 신자들의 보금자리로 재탄생했다. 최근에는 교회 주변에 위치한 폐교 건물을 매입하여 32개의 작은 사업장을 만들었다. 우리는 이 건물에 입주하려는 사람들과 같이 앉아서 그들이 어떤 것에 열정을 가졌는지, 어떤 재능이 있는지에 대해 간단히 이야기를 나눴다. 상황이 몹시 어려운 사람이라 할지라도 우리는 그들을 선물로 받아들이고 그들을 도와서 자신들이 가진 재능과 기술을 이웃을 위해 사용할 수 있도록 격려함으로써 감사를 실천하고자 했다. 한 예술가는 이 건물의 공동 휴게실에 자신의 작품을 전시했고, 몇몇 입주자들은 시간을 정해 건물을 청소하는 일을 도왔다. 또 어떤 주민은 지역 발전 단체와 협력해서 타말레 레스토랑을 열었다. 감사는 공동생활의 기초다. 우리가 이웃과 지역 전체를 하나님의 선물로 받아들이기 위해 애쓰는 이유는 개인이나 교회의 사적 유익을 위한 것이 아니다. 오로지 우리 지역을 치유하고 아름답게 하는 일에 참여함으로써 화목하게 하시는 하나님의 사역에 동참하기 위해서다.

감사와 공동체의 삶

전문가들은 행복지수가 높은 사람들일수록 삶 속에서 감사를 가장 많이 느낀다고 말한다. 얼핏 생각하면 너무나 당연한 말처럼 들리겠지만, 여기에는 재미있는 반전이 숨어 있다. 이들은 행복하기 때문에 감사하며 사는 것이 아니다. 오히려 그들은 감사한 삶을 일구어내기 위해 끊임없이 노력하기 때문에 행복할 수 있다. 신앙 공동체도 마찬가지다. 기쁨이 넘치는 교회는 아마도 감사를 위해 끊임없이 노력하는 교회일 것이다.

감사를 공동체의 삶에 적용하면 어떤 모습이 될까? 교회가 다양한 만큼 그 답 또한 다양하다. 우리는 언약궤가 예루살렘에 도착했을 때 다윗 왕의 모습을 통해 감사가 어떻게 표현되는지 배울 수 있다. "경배를 통한 감사의 다양한 측면을 보여주는 이 생생한 그림 속에서"[19] 다윗은 몇몇 사람들을 지목해 이스라엘의 하나님께 감사와 찬양을 올리도록 했고, 하나님의 명령에 따라 제사를 드리며 악기를 연주하고 송영을 부르게 했다.

몇 년 전에 어떤 사람이 나John에게 내가 아내를 얼마나 사랑하는지를 단번에 눈치챌 수 있다고 말한 적이 있다. 아내가 곁에 없을 때도 내가 아내에 대한 "좋은 이야기"를 했기 때문이다. 교회에서 이것이 얼마나 중요한 문제인지를 생각해보자. 그리스도의 신부인 교회는 신랑인 그리스도에 대해 좋은 이야기를 서로 나누고, 하나님의 놀라운 사랑과 신실하심을 항상 이야기하는 것이 너무나도 중요하다. 성경에서 주목할 만한 장면 하나가 역대하 5장에 나온다. 나팔 부는 자와 노래하는 자가 함께 소리를 맞추어 하나님께 찬양—"선하시도다 그의 자비하심이 영원히 있도다"—을 올리자 구름이 성전에 가득했는데, 이는 "여호와의 영광이 하나님의 전에 가득함" 때문이었다(대하 5:11-14). 우리 교회도 이런 감사의 찬양을 올려야 한다. 그곳이 예배당이나 학교 운동장, 혹은 거실이어도 상관이 없다. 우리가 모여 하나님을 이야기할 수 있는 곳이라면 어디서나 하나님을 찬양해야 한다. 물론 그곳에 구름이 가득 차지는 않을지 몰라도 하나님의 풍성함을 기억하는 순간 믿음의 공동체는 하나님이 허락하신 기쁨으로 가득 찰 것이다.

신시내티Cincinnati에 있는 빈야드센트럴 교회는 성도들이 함께 감사와 축복을 표현하는 법을 오랫동안 훈련해온 교회다. 그 교회는 새로운 교인이 등록하면 다른 신자들이 그들을 축복하고 그들이 교회와 하나 되는 삶을 온전히 누릴 수 있도록 돕는다. 최근에 이 교회는 성찬식에서 음식을 나눈 후 어린이들이 나와 축복 기도를 하게 했다. 조슈아 스탁슨Joshua Stoxen 목사는 "어린이들이 성찬식에서 어른들을 위한 축복 기도를 하게 함으로써 하나님 나라는 어린아이와 같이 겸손한 마음으로 받아야 한다는 사실을 기쁘게 되새길 수 있었다"라고 말했다. 이런 방법은 어른들에게 큰 축복일 뿐만 아니라 교회 안에 있는 아이들이 감사를 배우는 좋은 기회가 된다. 어린이들이 예배에서 소외되는 것이 아니라 적극적인 참여를 격려받기에 이는 더 중요한 의미가 있다.

슬로처치는 정확한 분별이 필요한 때와 기도 시간은 물론이고 사업의 현장에서도 감사가 포함될 수 있게 해야 한다. 함께 나누는 식사에는 감사의 마음이 뒤따른다. 좋은 음식과 친구들로 둘러싸여 있을 때면 절로 감사가 넘쳐흐른다. 이것은 감사의 삶이 안식과 기쁨과 직결해 있기 때문일 것이다. 이에 대해 크리스틴 폴은 다음과 같이 말했다. "우리의 삶이 빠르게 돌아가고 반드시 해야 하는 일에만 집중하다 보면 감사와 경이로움이 자리할 곳이 없다. 그런 것들을 경험하는 장소나 시간이 따로 있는 것이 아니다. 단지 우리가 바쁘게 옮기던 걸음을 멈추면 비로소 하나님의 경이로움을 경험할 수 있게 된다."[20]

크리스틴 폴은 시작을 기념하는 것처럼 우리 삶에 "작별 의례"rituals of exit 같은 것이 필요하다고 말했다.[21] 누군가 몸담고 있던 교회를 떠날 때는 다양한 이유가 있기 마련이다. 그러나 대부분의 경우 정확히 어떤 이유로 교회를 떠났는지 소문만 무성할 뿐 당사자에게 직접 이야기를 들을 수 없는 것이 현실이다. 어떤 경우는 교회 어른들만 그 이유를 알고서 함구하는 경우도 있다. 물론 교회를 떠나는 데는 그만한 이유가 있다. 그리고 어떤 경우는 당사자가 그 이유를 공개하고 싶지 않을 수도 있다. 그러나 만약 모든 사람이 알아도 무방한 이유라면 함께 작별 인사를 나누면서 새로운 삶의 여정을 걸어갈 사람들을 축복하고 그들로 인해 받았던 은혜를 감사하며 보내는 것이 더 좋지 않을까?

마지막으로 신앙 공동체는 교회와 지역 사회의 역사를 연구하고 이것을 사람들에게 알릴 필요가 있다. 지나간 세월 속에는 좋은 날도, 나쁜 날도 있기 마련이다. 태어남과 죽음이 있고, 결혼이 있었다면 이혼도 있었을 것이다. 공동체는 이런 모든 예측할 수 없었던 축복 또는 고난의 시간을 돌파해왔다. 이런 교회의 이야기를 함께 나누다 보면 우리 안에서 샘솟는 감사의 노래가 멈추지 않을 것이다.

대 화 의 출 발

1. 모든 죄의 본질이 감사의 부재와 연결된다는 것은 무엇을 말하는지 생활 속에서 구체적인 실례를 들어 설명해보자.

2. 소비지상주의 사회에서 기업과 생산가는 끊임없이 대중의 욕구를 자극함으로써 결국 감사를 잊어버리게 한다. 이런 현상의 역사적 실례를 살펴보고, 이런 논지가 실제로 우리의 삶에서 얼마나 근거가 있는지를 이야기해보자.

3. 성경은 하나님을 가리켜 "모든 것을 주시는 분"으로 묘사한다. 이에 반해 현대 교회는 마치 하나님이 사람들의 소유를 헌신이라는 이름으로 받아내려고 안달이라도 난 분처럼 묘사하고 있지는 않은지, 이것이 어떤 교회론과 목회 철학에서 기인하는 것인지를 토론해보자.

4. 하나님이 우리 교회에 주신 특별한 자산 중에는 어떤 것들이 있으며, 이것들을 활용하여 이웃과 지역 사회를 풍성하게 만들 수 있는 방법에는 무엇이 있을지 이야기해보자.

10장

환대: 하나님이 주신 풍성함을 너그럽게 나누는 삶

"믿음의 작은 실천을 통해 우리는 환대를 배운다. 도리를 지키며 산다는 것은 드라마틱한 상황을 연출하는 것이 아니라 작은 믿음의 실천을 꾸준히 해나가는 것이다. 왜냐하면 믿음은 기도로 단단해지고 하나님의 은혜로 유지되기 때문이다. 놀라운 사실은 믿음의 작은 실천을 하다 보면 우리가 모두 헤아릴 수 없는 신비와 축복 그리고 기쁨을 경험할 수 있다는 것이다."

_크리스틴 폴, 「소저너스 매거진」*Sojourners Magazine* 1999년 7-8월 호 중에서

캐나다 외교관의 아들로 태어난 장 바니에Jean Vanier는 미래가 보장된 삶을 살 수 있었다. 그는 해군에서 군 복무를 마친 후 대학에 진학해 파리의 가톨릭 대학에서 윤리 철학으로 박사학위까지 받았다. 그는 공부를 마치고 교수로 일하기 위해 캐나다로 돌아갔다. 그러나 그가 자신의 멘토였던 도미니크 수도회의 토마스 필립 신부를 만나기 위해 프랑스를 잠시 방문했을 때 그의 인생을 180도로 바꾼 사건이 일어났다. 당시 토마스 신부는 30여 명 정도의 장애인들과 함께 생활하고 있었는데, 바니에에게 발달장애를 가지고 있는 사람들을 위해 할

수 있는 일을 찾아달라고 부탁했다.

바니에는 먼저 발달장애를 가진 사람들이 어떤 환경에서 살고 있는지를 둘러보다가 상당한 충격을 받았다. 특히 파리 남부 지역에 있었던 병원의 상황이 가장 심각했다. 그곳에서는 약 80명에 달하는 장애인들이 2개의 좁은 콘크리트 방에서 흡사 전쟁을 치르듯 살아가고 있었다. 그들은 특별히 하는 일 없이 온종일 원을 그리며 돌아다녔다. 그곳에 있던 데니라는 남자는 평생을 감옥 같은 좁은 방에 갇혀 지내고 있었다. 누구라도 접근하면 그는 곧바로 침을 뱉었다. 후일 바니에는 그곳 상황을 이렇게 회상했다. "그곳은 정말 지옥 같았습니다. 동시에 내가 뭐라고 말하기 어려운 하나님의 깊은 숨결이 존재하고 있었습니다.…끔찍한 곳이었지만 하나님의 실존이 있는 곳이었습니다. 평화와 혼돈이 공존하며, 무섭지만 사람의 마음을 사로잡는 곳이었습니다."[1]

1964년에 바니에는 트로슬리브뢰이유Trosly-Breuil라는 지역의 작은 집에서 장애인 2명과 함께 공동생활을 시작했다. 그는 이 집을 노아의 방주란 뜻으로 라르슈L'Arche라고 불렀고, 50년이 지난 지금까지도 그 집에서 살고 있다. 라르슈는 장애인을 수치스럽게 여기고 무거운 짐처럼 생각하는 병원이나 기관에 대한 대안 공동체로 만들어졌다. 공동체에 대한 바니에의 비전은, 장애인들이 속해 있건 없건 공동체를 이룬 사람들이 하나님의 사랑받는 자녀로서 서로에게 중요한 의미를 지닌 존재가 되어 함께 삶을 나누는 것이다. 바니에는 50년이 넘도록 전 세계를 돌며 이 메시지를 전했고, 그 결과 오늘날 6대륙 30

개 나라에 130개의 라르슈 공동체가 자리를 잡았다. 그는 라르슈 공동체에 대해 다음과 같이 말했다.

> 세계가 폭력에 물들어 타락해가고 있는 상황에서 하나님은 우리에게 새로운 공동체를 만들 것을 명령하고 계십니다. 소속감을 느낄 수 있고 뭐든지 함께 나눌 수 있으며 평화와 따스함이 가득한 곳, 굳이 나 자신을 방어할 필요도 없으며 서로가 서로를 깊이 사랑하고 약점까지 보듬어 안을 수 있는 곳, 장애인과 비장애인이 서로 편견 없이 함께 어울릴 수 있는 그런 공동체, 이것은 교회에 대한 나의 비전이기도 합니다. **친밀하게 연결되어 있어 함께 무엇이든 나눌 수 있는 공동체가 진정 교회의 모습이어야 할 것입니다.**[2]

바니에가 공동체를 소속감과 나눔으로 정의한 것은 슬로처치가 지향해야 할 비전에 많은 영감을 주었다. 하나님은 피조물에게 (필요한 것을) 무한히 공급하길 원하시고, 무엇보다 이 세상에서 화해의 사역을 행하길 원하신다. 앞서 말했듯이 우리는 하나님이 베푸시는 풍성함에 감사함으로 응답해야 한다. 그리고 바니에가 지적한 것처럼, 감사함을 실천한다는 것은 하나님이 우리에게 이미 허락하신 것들을 너그러이 나눈다는 것을 의미한다.

하나님 나라의 풍성함은 우리의 탐욕을 위해 존재하는 것이 아니라, 복음이 값없이 누구에게나 전해질 수 있다는 것을 나타내는 징표로 존재한다. 하나님의 풍성한 공급에 감사함을 표현하는 방법 하나는 궁핍함에 처한 성도나 이웃을 너그러운 마음으로 돌보는 것이다. 오순절 이후 예루살렘에 모인 믿음의 공동체 가운데 그 누구도 궁핍함에 빠진 사람이 없었던 것은 바로 이런 이유에서였다. 우리의 바쁜 걸음을 멈추고 주변을 돌아보자. 그리고 그들이 말하기 전에 먼저 찾아가 도움의 손길을 내밀어보자.

우리가 환대와 나눔이라는 주제로 대화하다 보면 마음속에 제일 먼저 떠오르는 것은 궁핍한 사람들에게 돈을 나눠주는 일일 것이다. 물론 교회나 비영리 단체에서 하는 자선 활동이 중단되어선 안 되겠지만, 많은 경우 자선 활동이 도움을 주는 사람과 받는 사람 간에 일정 거리를 유지시킨다는 점은 아쉬운 대목이다. 교회가 취해야 할 가장 혁신적이고 친밀한 베풂의 형태는 사람과 사람 사이의 거리를 좁히는 나눔이다. 특별히 우리와 아무 상관 없는 이방인과 우리 집의 공간을 나누고 식탁 교제를 나누고 우리 자신을 나누는 것이다.

하나님 백성의 독특함

고대 근동지역에서 이방인에게 베푸는 "환대"는 도덕성의 핵심이자 생존의 필수 덕목이었다. 잦은 전쟁, 정복, 약탈과 공격에 무방비로 노출된 그들의 삶에 비추어볼 때 이것은 하나의 생존 전략이었다고 봐도 무방하다. 또 농민과 엘리트 계급 간에 좁혀지지 않는 극심한 빈부 격차에서 비롯되는 갈등을 최소화하기 위해서라도 그들은 환대를 삶의 가장 중요한 가치로 삼을 수밖에 없었다. 약 200년 동안 계속된 기근과 가뭄으로 인해 밭에서 먹을 것을 거둬들이지 못하는 "암흑시대"가 이집트를 집어삼키고 있었다. 그 당시 질병은 비도덕적 삶이나 악령에 사로잡힌 결과로 이해되었기에 병든 사람들은 마을에서 살 수 없었다. 과부와 고아도 비슷한 취급을 받았기 때문에 사회의 핵심 구성원으로 인정받지 못했다. 이런 사회적 분위기 속에서 고대 근동 지역의 환대라는 도덕적 가치는 서로 간에 어느 정도 도움을 주고받을 수 있는 관계(비슷한 계층 사이)에서만 이루어진 것으로 보인다. 누구든 3일 정도는 도움을 받을 수 있었고, 발을 씻을 물과 식사, 거처할 공간을 얻을 수 있었다. 이런 보살핌은 친구, 이방인, 심지어 적들에게도 제공되는 것이었다. 사막지대라는 특수한 환경 때문에 자신도 언제든지 누군가에게 도움을 부탁해야 할 처지가 될 수 있으므로, 이 정도의 환대가 누구에게나 베풀어지는 문화가 자리 잡았다.

고대 이스라엘의 환대—그리고 초기 기독교의 환대—는 주변 민족들과는 차이가 있었다. 그 이유는 이스라엘 백성의 "독특함"에 기인한다. 이것은 궁극적으로 그들의 기준이 하나님의 환대였기 때문이다. 아브라함은 헷 족속 앞에서 자신을 "나그네"라고 소개했다(창 23:4). 요셉의 아버지와 형제들은 이집트의 파라오 왕 앞에서 자신들을 기근을 피해 잠시 머물기 원하는 체류자sojourners라고 소개했다(창 47:4, 9). 다윗 왕은 하나님의 환대를 깨달은 후 자신의 아들 솔로몬이 지을 성전을 예견하며 모인 회중 앞에서 이렇게 하나님을 찬양했다. "우리 조상 이스라엘의 하나님 여호와여 주는 영원부터 영원까지 송축을 받으시옵소서.…나와 내 백성이 무엇이기에 이처럼 즐거운 마음으로 드릴 힘이 있었나이까. 모든 것이 주께로 말미암았사오니 우리가 주의 손에서 받은 것으로 주께 드렸을 뿐이니이다. 우리는 우리 조상들과 같이 주님 앞에서 이방 나그네와 거류민들이라. 세상에 있는 날이 그림자 같아서 희망이 없나이다"(대상 29:10; 14-15). 또 하나님의 환대는 앞서 논의했던 희년과도 깊은 연관이 있다. "토지를 영구히 팔지 말 것은 토지는 다 내 것임이니라. 너희는 거류민이요 동거하는 자로서 나와 함께 있느니라. 너희 기업의 온 땅에서 그 토지 무르기를 허락할지니"(레 25:23-24).

크리스틴 폴은 그리스도인의 환대 전통에 대해 연구한 『손대접』*Making Room*(복있는사람 역간)에서 이런 결론을 내리고 있다. "성경은 이방인이 되는 것을 하나님의 백성이 겪는 가장 일반적인 경험으로 묘사하고 있다.…이스라엘 백성과 초기 기독교 공동체는 자신을 이방인 혹은 나그네로 인식함으로써 그들의 삶이 온전히 하나님께 의존되어 있음을 항상 기억했다."[3] 이스라엘 백성의 독특한 환대는 자신들과 함께한 이방인의 안녕에까지 손길을 뻗는 것이었다. 이스라엘 백성은 그들과 함께 거하는 이방인에게 특별히 많은 관심을 두고 있었고, 궁극적으로 모든 사람이 하나님의 백성임을 인지하고 있었다. 이렇게 함께 거하는 이방인을 향한 사랑의 근원은 이스라엘 백성이 나그네처럼 떠돌았던 역사와 관련이 깊다. "너는 이방 나그네를 압제하지 말라. 너희가 애굽 땅에서 나그네 되었었은즉 나그네의 사정을 아느니라"(출 23:9). 이러한 권고는 레위기에서 똑같이 반복된다.

33 거류민이 너희의 땅에 거류하여 함께 있거든 너희는 그를 학대하지 말
고, 34 너희와 함께 있는 거류민을 너희 중에서 낳은 자 같이 여기며 자기
같이 사랑하라. 너희도 애굽 땅에서 거류민이 되었었느니라. 나는 너희의
하나님 여호와이니라(레 19:33-34).

크리스틴 폴은 또한 고대 이스라엘의 독특한 환대 문화의 배경에 대해 이렇게 서술한다. "이스라엘 백성의 과거 고난의 경험과 하나님께 의존할 수밖에 없었던 역사가 함께 거하는 이방인을 측은히 여기고 그들에게 자비를 베푸는 것으로 연결되고 있다."[4] 그런 의미에서 우리는 우리의 가정, 조상, 교회, 이웃들이 겪어낸 힘든 시기를 기억하고 그 기억을 바탕으로 현재 우리 주변에서 어려움을 당하는 사람들에게 온정을 베풀 수 있어야 한다. 우리는 이 책에서 교회와 지역 사회의 역사를 되짚어보는 것이 새로운 변화를 만들어낼 수 있는 기폭제가 될 수 있다는 사실을 여러 번 확인했다. 나John는 교회의 과거가 제대로 정리되지 않았을 때 발생할 수 있는 여러 가지 논란들을 직접 경험했다. 교회의 과거가 비현실적인 칭찬 일색의 구름 속에 가려져 있다면, 정직하게 교회 역사를 탐구하는 것으로부터 얻을 수 있는 안정감과 소속감을 놓치고 만다. 그로 인해 성도들은 그림자 속을 떠돌 수밖에 없는 것이다.

함께 거하는 외국인에게 자비를 베푸는 것이 고대 이스라엘 백성의 환대 문화에 독특함을 부여했다면, 초기 기독교 공동체의 환대 문화를 당대의 다른 문화와 구별한 특징은 은혜를 되갚지 못할 사람들에게까지도 넉넉히 나누어주었다는 점이다. 누가복음 14장에는 안식일에 예수님이 바리새인 중에서도 지도자 격인 어떤 사람의 집에 식사 초청을 받았을 때 벌어진 일이 묘사되어 있다. 예수님은 잔치에 초대받은 사람 중 몇몇이 상석을 놓고 다투는 것을 보시고 두 가지 비유를 말씀하신다.

첫째로 예수님은 혼인 잔치에 초대를 받으면 상석에 앉는 것을 사양하고 오히려 가장 낮은 자리로 가서 앉아야 한다고 말씀하셨다. 그러면 초대한 사람이 나중에 "친구여 여기 더 높은 자리로 오시오"라며 모든 사람 앞에서 그를 칭송한다는 것이다. 또한 "자기를 높이는 자는 낮아지고 자기를 낮추는 자는 높아지리라"라고 말씀하시면서, 잔치를 베푼 사람에게 권면하길 이런 잔치에는 친구, 가족, 부유한 이웃을 초대할 것이 아니라 도저히 은혜를 되갚을 수 없는 사람들을 초청해서 그들을 위해 잔치를 베풀라고 말씀하신다. "잔치를 베풀거든 차라리 가난한 자들과 몸 불편한 자들과 저는 자들과 맹인들을 청하라. 그리하면 그들이 갚을 것이 없으므로 네게 복이 되리니, 이는 의인들의 부활시에 네가 갚음을 받겠음이라"(눅 14:13-14).

둘째로 큰 잔치의 비유를 말씀하셨다. 한 사람이 큰 잔치를 열어 사람들을 초대했다. 그러나 사람들은 여러 가지 이유로 초대를 거절하면서 잔치에 오지 않았다. 어떤 이는 자신의 부동산이나 가축을 돌봐야 할 상황이라고 설명했고 어떤 이는 가정사 핑계를 댔다. 이에 화가 난 주인은 잔치에 가난한 자들과 몸 불편한 자들과 맹인들과 저는 자들을 모두 초대했다. 그래도 빈자리가 남자 주인은 종을 시켜 길가에서 만나는 모든 사람을 닥치는 대로 권면하여 데리고 오라고 한다. 그리고 그 주인은 말하길 "전에 청하였던 그 사람은 하나도 내 잔치를 맛보지 못하리라"라고 하였다(눅 14:24).

크리스틴 폴은 우리가 주로 "누가 우리 식탁에 함께 할 수 **없는지**"를 결정하느라 너무 많은 시간을 보내고 있다고 지적하면서, 예수님을 따르는 자의 의무와 특권은 그들의 의자를 빼는 일이 아니라[5] 더 많은 테이블과 의자를 준비해서 더 많은 사람을 초대하는 것이라고 말한다. 우리가 하나님의 풍성한 베풂의 복음을 이웃들에게 더 많이 드러낼수록 잔치의 자리는 더 많이 늘어날 것이다. 예수님이 그의 이웃들과 자주 밥을 먹고 잔치를 벌이신 것처럼 우리도 이웃과 함께 식탁 교제를 나누는 일을 항상 우선시해야 한다.

초기 기독교 공동체의 반문화적 환대에 가장 큰 영향을 끼친 예수님의 가르침은 양과 염소의 비유일 것이다. 마태복음에 나오는 예수님의 가르침 중 가장 마지막에 해당하는 이 비유에서 예수님은 다음과 같이 말씀하셨다.

34 그때에 임금이 그 오른편에 있는 자들에게 이르시되 내 아버지께 복 받

을 자들이여 나아와 창세로부터 너희를 위하여 예비된 나라를 상속받으
라. 35 내가 주릴 때에 너희가 먹을 것을 주었고 목마를 때에 마시게 하였
고 나그네 되었을 때에 영접하였고 36 헐벗었을 때에 옷을 입혔고 병들었
을 때에 돌보았고 옥에 갇혔을 때에 와서 보았느니라. 37 이에 의인들이
대답하여 이르되 주여 우리가 어느 때에 주께서 주리신 것을 보고 음식
을 대접하였으며 목마르신 것을 보고 마시게 하였나이까, 38 어느 때에 나
그네 되신 것을 보고 영접하였으며 헐벗으신 것을 보고 옷 입혔나이까, 39
어느 때에 병드신 것이나 옥에 갇히신 것을 보고 가서 뵈었나이까 하리
니, 40 임금이 대답하여 이르시되 내가 진실로 너희에게 이르노니 너희가
여기 내 형제 중에 지극히 작은 자 하나에게 한 것이 곧 내게 한 것이니라
하시고(마 25:34-40).

"작은 자 하나에게 한 것이 곧 내게 한 것이니라"라는 말씀은 체제 전복적인 하나님 나라를 그려주는 실로 청천벽력 같은 말씀이다. 이 세상은 하나님의 것이며 모든 것이 그 안에 존재한다. 우리는 하나님의 은혜로 숨을 쉬며 살아간다. 그런 우리에게 기회, 아니 명령이 주어졌다. 그것은 바로 세상에서 가장 힘없고 약한 사람들을 돌봄으로써 하나님께 은혜를 베풀라는 것이다.

테레사 수녀는 이렇게 말했다. "나는 모든 사람의 눈빛 속에서 예수님을 봅니다. 사람들과 마주칠 때면 나 자신에게 이렇게 말합니다. '이 사람은 배고픈 예수님이시다. 나는 그를 꼭 배불리 먹여야 한다. 이 사람은 아픈 예수님, 이 분은 문둥병이나 괴저가 시작된 예수님이

시다. 나는 그를 씻기고 잘 보살펴야 한다.' 나는 예수님을 사랑하기 때문에 섬깁니다."

초기 기독교 공동체가 그랬듯이 테레사 수녀는 "작은 자에게 한 것이 곧 나에게 한 것이니라"라는 말씀을 그대로 받아들이고 실천했다. 알렉산드리아의 클레멘스Titus Flavius Clemens, 150?-215?는 그리스도인의 환대가 종과 주인의 관계에서도 적용되어야 한다고 말했다. 이와 비슷한 시기의 익명의 저자는 그리스도인의 환대는 모든 하나님의 형상—배고픈 자, 헐벗은 자, 목마른 자, 이방인, 옥에 갇힌 자—에 공히 적용되어야 하고 이것이 하나님께 드리는 예배의 한 형태라고 주장했다. 락탄티우스Lactantius, 240?-320?는 가난한 자와 이방인에게 베푸는 환대는 그들이 비명횡사했을 때 좋은 곳에 무덤을 마련해주는 일까지 포함된다고 말했다. 니사의 그레고리우스Gregory of Nyssa, 330-395는 "복음은 헐벗은 자, 굶주린 자, 이방인, 병약한 자, 갇힌 자를 위한 것이다"라고 말했다. 베네딕투스St. Benedict, 480-550의 규율에 의하면, 모든 수도자는 수도원을 방문한 사람들 전부를 마치 예수님을 맞이하듯 반겨야 한다. 자선가 요한John the Almsgiver, 550?-616의 전기 작가는 알렉산드리아의 총대주교였던 요한이 전통적인 권력과 힘의 정의를 뒤집어 "가난한 사람과 거지들"이야말로 그의 "스승이자 조력자"라고 말했다고 기록하고 있다. 그는 심지어 거짓으로 거지 행세를 하는 사람에게도 구호품을 두 배로 아낌없이 나눠주면서 이렇게 말했다고 한다. "어쩌면 그가 나의 그리스도일지도 모른다. 그리스도께서 나를 시험하고 계신다."[6]

초기 기독교 공동체에서는 환대를 베푸는 것이 중요한 의미를 지녔다. 그것은 그리스도인의 주요 자질이자(딤전 5:10) 리더십의 필수 조건이었다(딤전 3:2; 딛 1:8). 그 당시 그리스도인의 환대를 가장 잘 묘사한 사람은 로마 황제였던 율리아누스Julianus였다. 그는 무너져가는 로마 제국을 재건하기 위해 로마의 전통을 복원하고 그리스 종교를 부활시키려 했는데, 대제사장에게 이런 말을 했다(율리아누스는 그리스도인을 무신론자라고 여겼다).

> 왜 로마인들은 그리스도인들처럼 이방인에게 자비를 베푸는 전통을 지켜내지 못하는가? 심지어 죽은 사람까지 챙기는 그들의 가증스러움이 오히려 신성함으로 포장됨으로써 많은 사람이 무신론에 빠지고 있지 않은가?…이는 너무 수치스러운 일이다. 어떤 유대인도 길거리에서 구걸하지 않을뿐더러 그 불경한 갈릴리 사람들[그리스도인]이 자신들의 동족뿐 아니라 로마인까지 도와주며 살아간다. 우리가 로마인에게 아무런 도움이 되지 못한다는 것을 모든 사람이 지켜보고 있다.[7]

이방인을 향한 사랑

신약성경에 등장하는 "환대" 혹은 "친절"이란 단어는 그리스어 필록세니아*philoxenia*—"이방인을 향한 사랑"—에서 파생되었다. 오늘날 "환대"란 단어를 생각하면 가장 먼저 떠오르는 것은 호텔, 숙박 시설, 레스토랑, 음식점과 같은 서비스업이다. 관광 서비스업은 최근 급속히 성장하고 있는 산업으로 연간 4,000조 원 정도의 매출을 올리고 있다. 이것은 미국에서 가장 많은 민간인 고용주가 포진된 분야이기도 하다. 흥미롭게도 연방정부는 관광 서비스 산업을 "레저"(노동통계국)와 "관광"(상무성)으로 재편성했다. 레저나 관광 모두 이윤 동기가 확실한 산업으로, 환대에 대해 어떤 도덕적 책무도 지지 않도록 조치한 것이다. 이를 통해 우리는 오늘날의 환대가 초기 기독교 공동체가 지녔던 체제 전복적이고 **일상적인** 환대와는 아무 상관 없는 쪽으로 흘러왔다는 사실을 알 수 있다.

현대의 환대는 민영화되었다고 해도 과언이 아니다. 또한 오늘날 환대는 전문화되었다고 할 수도 있다. 오늘날 자선은 통상적으로 자선 단체, 기업, 정부를 통해 이루어진다. 아픈 사람들은 병원으로, 나그네는 호텔로 간다. 노숙자는 정부의 임시 보호소로, 굶주린 사람들은 푸드뱅크food bank나 무료 급식소를 찾는다. 가난한 사람들은 정부로부터 복지 지원금이나 식품 구매권을 받는다. 이 모든 지원이 잘못되었다는 이야기를 하려는 것은 아니다. 당연히 더 많은 사람에게 더 많은 혜택이 돌아가야 한다. 그러나 여기서 내가 지적하고 싶은 문제는 도움의 손길이 전해지는 방식이다. 누군가를 도울 때 일반 사업과 마찬가지로 특수한 목적과 계층을 정해놓고서 오로지 그 **문제 자체**에만 몰두하는 방식을 사용한다는 사실이 안타깝다. 이렇게 도움을 받는 사람과 주는 사람들의 사이가 벌어지다 보면 전인적인 (상호) **관계 자체**에서 오는 유익을 놓치게 된다.

현대의 자선은 주는 자와 받는 자 사이의 서먹한 거리가 유지되는 가운데 이루어진다. 기독교 전통에서의 환대란 주인이 손님에게 너그러이 베풀면 손님도 주인을 축복하는 "관계 중심"의 나눔이었다. 환대란 거래가 아니었고 관계가 존재하지 않는 자선 활동도 아니었다. 오히려 그것은 서로에게 있는 하나님의 형상을 발견하고 또 상대를 지상에 단 하나뿐인 하나님의 형상으로 존중함으로써 진정한 자신(주인과 손님 모두)의 모습을 상대방에게 노출할 수 있는 안정감 있는 공간이었다.

우리는 자주 사람들 속에서 표리부동함, 무한경쟁, 순수하지 못한 동기들을 발견하곤 한다. 이런 사람들과 관계가 가능할까 하는 생각이 들지만 그럼에도 진정한 소속감을 가질 수 있는, 심지어 우리의 적과도 친구가 될 수 있는 그런 공간을 만들 수 있다. 세상에서 가장 큰 환대, 즉 예수님의 죽음과 부활로 우리가 하나님의 자녀가 된 사건을 통해 우리 역시 환대를 베푸는 공동체가 될 수 있다. 로마서 5:10은 "우리가 원수 되었을 때에 그의 아들의 죽으심으로 말미암아 하나님과 화목하게" 되었다고 말씀한다. 또 베드로전서 2:10은 "너희가 전에는 백성이 아니더니 이제는 하나님의 백성이요, 전에는 긍휼을 얻지 못하였더니 이제는 긍휼을 얻은 자니라"라고 말씀한다. 나아가 예수님은 그의 제자들에게 이런 말씀을 하셨다.

> 12 내 계명은 곧 내가 너희를 사랑한 것 같이 너희도 서로 사랑하라 하는
> 이것이니라. 13 사람이 친구를 위하여 자기 목숨을 버리면 이보다 더 큰
> 사랑이 없나니, 14 너희는 내가 명하는 대로 행하면 곧 나의 친구라. 15 이

제부터는 너희를 종이라 하지 아니하리니 종은 주인이 하는 것을 알지
못함이라. 너희를 친구라 하였노니 내가 내 아버지께 들은 것을 다 너희
에게 알게 하였음이라. 16 너희가 나를 택한 것이 아니요 내가 너희를 택
하여 세웠나니, 이는 너희로 가서 열매를 맺게 하고 또 너희 열매가 항상
있게 하여 내 이름으로 아버지께 무엇을 구하든지 다 받게 하려 함이라.
17 내가 이것을 너희에게 명함은 너희로 서로 사랑하게 하려 함이라(요
15:12-17).

크리스틴 폴은 『손대접』에서 예수님이 환대, 은혜, 희생을 함께 연결하고 있다고 주장한다. "예수님은 잔치를 베푸는 주체이자 동시에 잔치에 쓰일 음식, 즉 생명의 근원이다." 그녀는 성찬식에 관해 다음과 같이 이야기한다. "우리는 우리 자신이 하나님의 자녀로 받아들여지기 위해 어떤 대가가 치러졌는지 잘 알고 있다. 바로 그리스도의 살과 피다. 그의 희생의 피로 우리는 하나님과의 관계를 회복했고, 우리는 성찬을 통해 이를 기념한다." 따라서 함께 식탁 교제를 나눈다는 것은 "하나님 나라의 실존을 가장 친밀하게 경험하는 것"이고 동시에 "가장 기본적인 환대를 표현하는 것이다."[8]

우리가 누군가와 함께 식사한다는 것은 우리가 할 수 있는 가장 친밀한 교제의 방식임이 틀림없다. 우리는 우리의 집을 개방하고 음식을 준비해 나누며 식탁에 둘러앉아 기도하고 먹으며 웃고 울며 화해한다. 그동안 하지 못했던 이야기를 나누고 나 자신을 있는 모습 그대로 공개하며 서로의 이야기를 듣는다. 식탁은 나와 상대의 약점을

드러내는 공간이자 서로의 존재를 인식하는 공간이다. 서로의 진짜 모습을 공개하고 가까워지는 교제의 장이다. 엠마오로 내려가던 두 제자가 길에서 만난 낯선 사람이 바로 부활하신 예수님이라는 사실을 식탁 교제에서 알게 된 것처럼(눅 24:13-32), 우리는 빵을 나눌 때 예수님이 우리 가운데 계신다는 사실을 인식할 수 있다.

지체들이 함께 식탁 교제를 나눌 방법을 찾는 것은 신앙 공동체에서 아주 중요한 일이다. 잉글우드 교회는 매주 수요일 저녁에 누구나 참여할 수 있는 공동 식사를 10년 동안 운영해왔다. 이 교회는 성도들은 물론이거니와 탁아소에서 일하는 사람들과 이웃 주민들을 하나님의 선물로 맞이하는 가운데 그들과 함께 식사를 나눈다. 실버톤 프렌즈 교회는 사역과 관련된 회의를 하기 전에 (각자 음식을 조금씩 준비해서 가져오는) 포틀럭potluck 파티를 한다. 이 파티는 합의를 도출하기 어려운 문제나 논쟁이 될 만한 이슈에 대한 토론을 앞두고 서로 간에 결속을 다지는 훌륭한 효과까지 덤으로 가져다준다.

실버톤에 있는 여러 교회는 일주일에 두 번 있는 공동 식사에 참여한다. 월요일 저녁에는 오크스트릿 교회가 각계각층의 사람들을 수백 명 초청해서 식사를 함께 나누고, 수요일에는 실버톤프렌즈 교회를 포함한 몇몇 교회가 공동으로 퍼스트 교회에 모여 식탁 교제를 나누고 있다. 수요일에 이런 공동 식사를 시작한 것은 2008년으로, 경제적 어려움 때문에 식사를 제대로 하지 못하는 사람들을 위해 일주일에 한 번만이라도 제대로 된 식사를 제공하려는 목적에서였다. 처음 우리의 목표는 약 25명 정도의 사람들에게 스파게티를 나눠주는 것이었다. 5년이 지난 지금은 약 400명(우리 마을에는 1만 명 정도가 살고 있다)의 사람들이 매주 함께 만나 식사를 하고 있다. 이 모임에 오는 사람 중에는 부자도 있고 가난한 사람도 있다. 실직한 사람도 있고 직장에 다니는 사람도 있다. 노숙자도 있고 정치인도 있다. 신앙이 있든 없든, 젊은 사람이든 나이 든 사람이든 구별 없이 모두가 식탁에 둘러앉아 함께 식사를 나눈다. 퍼스트 교회의 담임 목사는 2012년 지역 신문에 이런 글을 기고했다. "믿음의 실천이 말보다 앞서길 원합니다. 교회가 하나님의 사랑으로 세상을 환하게 비추어서 사람들이 와서 편히 쉼을 얻을 수 있는 공간이 되기를 바랍니다."[9] 퍼스트 교회에서 식사를 하는 날이면, 어느 때는 청소년들이 피아노로 클래식 음악을, 또 어느 때는 성인들이 아코디언으로 세레나데를 연주하는 것을 들을 수 있다. 모두가 서로 웃는 낯으로 인사하며 함께 돕고 식탁 교제를 나눈다. 그곳에 가면 집에서 직접 구워 온 맛있는 빵이 언제나 우리를 반긴다. 종종 어린아이들까지도 함께 식탁을 청소하겠다며 뛰어들기도 하는 것이 이 식탁 교제의 전형적인 풍경이다. 퍼스트 교회에서 2008년 이후 지금까지 제공된 식사는 총 7만 5,000건이 넘었는데 한 번도 음식이 모자란 적이 없었다. 정말 놀라운 경험이다.

환대와 맥도날드화

그리스도인의 환대가 맥도날드화의 비인간적인 측면에 정면으로 저항하는 가치임이 드러나면 좋겠다. 인간이 가진 기술과 창의성, 달란트를 모두 접어두고 몇 가지 간단한 임무를 반복하는 로봇으로 만들어버리는 것이 일괄 작업 공정의 원칙이다. 반대로 우리가 앞에서 기독교 역사를 통해 살펴보았듯이, 환대는 초대받은 자와 주인 모두가 "자신이 가지고 있는 가장 값진 선물을 꺼내놓고 서로에게 생명의 기운을 불어넣을 수 있는" 안정감 있는 공간을 제공한다.[10]

엘리자베스 뉴먼Elizabeth Newman은 그리스도인의 환대는 우리로 하여금 **예측 가능성**과 **통제성**(맥도날드화의 특징)에 집착하지 않도록 한다고 말했다. "왜냐하면 하나님은 항상 놀라운 혹은 낯선 방법으로 우리 가운데 임재하시므로 우리가 그 모든 가능성을 가늠하거나 통제할 수 없기 때문이다."[11] 다른 학자들도 기독교 역사상 중요한 사건들은 모두 말로 설명하기 힘든 상황, 혹은 이방인의 등장과 함께 시작되었다는 사실을 지적한다. 즉 성탄절(헛간에서 태어난 아기), 부활절(엠마오로 가는 길에 나타난 이방인), 오순절(강하게 불어온 성령의 바람) 등이 그것이다.[12] 예수님은 사역을 하는 동안 대부분 집이 없는 노숙자 생활을 하셨고(눅 9:58), 다른 사람들의 환대에 의지하셨다.

그리스도인의 환대는 속도를 중시하는 우리들의 삶에 제동을 건다. 뉴먼은 이렇게 묘사한다.

> [그리스도인의 환대는] 우리에게 인내를 가르쳐준다. 이것은 즉각적인 요구가 만족되어야 하는 시장 경제와 맞지 않는다.…글로벌 시장 경제가 효율성과 속도를 중요시한다면, 그리스도인의 환대는 충분히 기다리며 또 일이 완성되는 데 얼마의 시간이 걸리든지 개의치 않는다. 마치 아무

것도 일어나지 않는 것처럼 보일지라도 안달하지 않는다. 왜냐하면 환대의 목표는 효율성과 시간의 생산적 활용이 아니라, 하나님의 풍성함을 충분히 함께 누리는 것이기 때문이다.[13]

시장 경제에서는 모든 것이 생산과 소비의 관점으로만 평가된다. 시장의 "보이지 않는 손"을 신봉하는 사회에서는 인간도 같은 기준에 따라 가치가 결정된다. 하지만 그리스도인의 환대는 인간을 있는 그대로 받아들이는 것이지 그를 통해 이익을 추구하거나 대가를 기대하는 것이 아니다. 그렇기 때문에 경제적 가치나 유용성은 인간을 판단하는 기준이 되지 못한다. 인간의 진정한 가치는, 인간이 분명히 하나님의 손으로 만들어진 귀한 존재라는 사실을 기준으로 판단되어야 한다. 따라서 환대는 성경의 이야기 속에 나온 "일상"을 되찾으려는 노력에서 비롯되는 것이고 다른 사람들을 조건 없이 수용하라는 하나님의 급진적인 명령을 받아들이는 것이다.

우리 문화에서 "이방인"은 누구인가? 일반적으로 사람들에게 관심을 받지 못하는 사람들은 누구인가? 바쁜 발걸음을 멈추고 우리가 간과하고 있는 사람들은 없었는지 따져볼 때 가장 먼저 생각나는 사람들은 누구인가? 가난한 사람들, 너무 가난한 나머지 간신히 살아가는 정도도 될 수 없는 그런 사람들, 실직된 사람들, 일거리가 충분치 않아 힘들어하는 사람들, 당장 끼니를 걱정해야 하는 배고픈 사람들, 한부모 가정의 가장으로 열심히 일하지만 도움이 필요한 사람들, 고아원에서 지내는 아이들, 배우자를 잃은 사람들, 이민자(불법 체류자이거나 다른 종류의 이민자), 노숙자와 난민, 적으로 간주되는 사람, 죄수, 성범죄자 등, 이들 모두가 관심을 제대로 받고 있지 못하는 사람들이다. 인종적 "이방인"도 있다. 또 어린이들과 노인들도 사회적 약자이긴 매한가지다. 이 외에도 집을 떠나 유학 생활을 하는 학생들, 몸이 아픈 환자, 장애인, 정신 장애를 앓고 있는 사람들도 우리의 관심을 필요로 하는 사람들이다. 우리는 우리와 비슷한 처지에 있는 사람들, 혹은 은혜를 되갚을 수 있는 여건이 되는 사람들에게만 환대를 베풀 것이 아니라 살아가면서 만나는 모든 사람, 즉 우리처럼 하나님의 아름다운 피조물인 모든 생명에게 환대의 손길을 내밀어야 한다.

환대는 현대 사회에 만연한 "장소상실"placelessness 문제에 도전한다. "장소상실"이란 여러 가지 형태를 띠고 있는데 앞서 살펴본 과잉이동성과 일시성도 여기에 포함된다. 또한 노숙, 이민, 어쩔 수 없는 이사 등도 여기에 포함된다. 많은 전문가가 예견하고 있는 바로는 수십 년 이내에 이상기후 현상과 물 부족 등의 자연재해로 인해 "환경난민"이 급증할 것이다.

우리가 장소상실을 눈으로 확인할 수 있는 곳은 황폐한 지역들이다. 예를 들어 노천 채굴로 파헤쳐진 산, 산업 폐기물 처리장, 오랫동안 사용하다가 황폐히 버려진 황량한 도시는 장소상실의 직접적인 예다.

장소상실은 "무장소"의 형태로 우리에게 다가오기도 한다. 1970년대 후반 캐나다 출신 지리학자 에드워드 렐프Edward Relph는 중요한 책을 썼다. 그 책에 따르면 장소상실이란 "그 장소만의 독특함을 제거해버리고 평준화된 풍경을 심어놓은 것이다."[14] 렐프는 장소상실의 두 가지 원천을 이야기했는데, 첫 번째는 **키치**Kitsch(천박함) 혹은 다수의 가치를 무조건 수용하는 경향이고, 두 번째는 효율성과 목적성만을 바탕으로 모든 것을 재단하는 **과학기술**이다. 이것이 "개인과 문화의 장소를 경시하는 결과를 가져왔고, 익명의 공간이나 치환 가능한 환경들이 다양하고 중요한 의미를 지닌 장소를 대체했다."[15] 내부 구조마저 비슷한 쇼핑몰과 체인점 등이 우리의 발길이 닿는 동네와 도시마다 들어와 있다. 어디를 가나 비슷한 풍경이 펼쳐진다. 그 비슷한 공간 때문에 현기증이 날 정도다(그렇게 **고안**되었을 수도 있다). 공간은 널려 있지만 "장소"는 없다.

그렇지만 환대는 우리를 장소와 연결해준다. 환대는 어디에서나 베풀어질 수 있지만 그것이 일어나는 공간은 특별한 **어딘가**가 된다. 환대는 근접성을 요구하고, 근접성이란 말 그대로 시간과 공간 또는 관계의 가까움을 의미한다. 우리는 시간과 공간과 관계의 분명한 한계를 인식함으로써 **공간**을 서로에게 의미가 있는 **장소**로 바꿀 수 있다.

우리는 하나님이 신앙 공동체에 허락하신 시설을 너그럽게 사용해야 한다. 우리가 소유한 집은 사적 소유물이 아니다. 이는 하나님이 다른 이들과 함께 나누라고 주신 자원이다. 잉글우드 교회 옆에는 개인, 가족, 그룹이 언제나 사용할 수 있는 게스트하우스가 있다. 교회는 손님들이 며칠 혹은 몇 주를 머물 수 있는 장소를 제공하고 그들과 교제를 나눈다. 신자들의 집도 장·단기 손님을 위해 개방되곤 하는데 때로는 집을 구하지 못한 이웃들에게 잠자리를 제공하기도 한다. 잉글우드 교회와 실버톤프렌즈 교회는 지역에서 활동하는 모든 종류의 단체에게 거의 무료로 교회 건물을 사용할 것을 적극적으로 권장하고 있다. 유치원 학부모 모임, 건강한 경제를 위한 모임, 이중 언어를 사용하는 청소년들이 문화와 언어를 배우는 인터캠비오 intercambio 그룹이 실버톤프렌즈 교회의 건물을 사용하고 있다. 유치원부터 중학교 수준의 학생들이 다니는 기독교 계통의 학교도 교회 건물을 사용한다. 지난 10년 동안, 잉글우드 교회가 마련한 건물은 탁아소와 지역 발전 단체를 포함한 작은 비영리 단체들의 사무실로 만원이었다. 교회 건물들은 평일 밤이나 주말에도 이런 단체들의 모임으로 항상 불이 밝혀져 있다.

그렇다고는 해도 아직도 많은 사람이 성전—문자적으로, 부당한 법의 영향이 미치지 않는 피난처를 의미하곤 했다—에 소속된다고는 생각하지 않을 것이다. 그 결과 교회는 남용, 무시, 위선, 질책, 여성 혐오, 동성애 혐오, 공격적 정치 성향, 제도 불신의 짐을 지우는 사람들을 만나야 할 수도 있다. 어떤 그리스도인들은 "그들이 그런 문제를 해결하고 와야 한다"고 말한다. 하지만 이것은 그리스도인의 환대가 아니다. 그리스도인의 환대는 그들의 모습 있는 그대로를 만나면서 우리가 할 수 있는 지원과 보호를 제공하는 것이다. 그래서 우리가 환대를 실천하려면 교회의 벽을 넘어서야 하는지도 모른다. 또 공적인 것과 사적인 것이 혼재하는 상황에 익숙해져야 할 수도 있다. 나아가 교회와 우리 가정을 연결하는 많은 실험을 해야 하는지도 모른다. 이것은 많은 신학자, 선교학자, 목사, 교회 개척자들이 초기 기독교 전파 과정에서 가정이 "환대의 핵심적 영역"인 동시에 가장 주요한 복음의 실천적 수단이었다고 말하는 것과 맥락을 같이한다(행 20:20).[16]

예수님이 성육신을 통해 인간에게 가까이 오신 것처럼, 우리는 우리가 소유한 공간을 사적인 것으로 여기지 않고 서로가 하나가 될 수 있는 "장소"로 사용할 수 있어야 한다. 마지막 11장에서는 환대의 중요한 형태 중 하나인 공동 식사에 대해 살펴보자. 특별히 식탁 교제 속에서 오가는 대화가 교회 변혁의 중심이 될 수 있다는 사실에 유념해야 한다.

대 화 의 출 발

1. 그리스도인은 환대의 삶을 살도록 부름을 받았다. 환대의 성경적 근거는 무엇이며, 특별히 그리스도의 구속 사역은 환대의 개념을 어떻게 변혁시켰는가?

2. 현대사회의 "장소상실" 현상은 수많은 나그네와 떠돌이를 양산하고 있다. 그리스도인 공동체의 환대가 이런 현상을 치료하는 데 어떤 중요한 역할을 할 수 있겠는가?

3. 우리 가정 혹은 교회가 가진 자산을 활용하여 이웃과 나그네와 이방인들에게 환대를 베풀 수 있는 방법에는 어떤 것이 있겠는가?

4. 한국교회는 세계에서 두 번째로 많은 선교사를 파송한 교회다. 동시에 지금 우리나라에는 수많은 이주 노동자가 들어와 있다. 교회가 이주 노동자에게 환대를 베푸는 것과 선교를 어떻게 연결할 수 있겠는가?

교회됨을 위한 식탁 교제

"하나님 나라는 세상의 지혜나 달변 속에 존재하지 않는다. 오로지 십자가 신앙과 대화의 미덕 속에 존재한다."

_키프리아누스 Thascius Caecilius Cyprianus

우리가 이 책에서 보여주려 한 삶을 살아가려면 전체를 조망하는 시야와 천천히 주의를 기울이는 실천이 모두 필요하다. 가끔 우리는 전체를 신경 쓰다가 꼼꼼하게 신경 써야 할 부분을 놓치기도 하고, 또 어느 때는 전체적인 그림을 보지 못해 안타까운 경우가 생기기도 한다. 예를 들어 우리는 화목하게 하시는 하나님의 사역에 지나치게 사로잡혀 일에만 몰두할 때가 있다. 반면 어떤 때는 공동체의 느긋한 삶에서 얻는 즐거움에 빠져 공동체를 넘어서는 하나님의 사역을 살피지 못하기도 한다. 유진 피터슨은 정치 공동체로서의 교회에 대해 연구하면서 이런 양극단 사이의 긴장 관계에 대해 설명했다. 한쪽에서 사람들은 그리스도인으로서의 정체성을 잃어버리고 자신을 정치적

도구로 전락시킨다. 그들은 "예수가 그렇게 바보 같은 당나귀를 탈 것이 아니라 [종종 우리가 믿고 싶듯이] 멋진 종마를 타고 예루살렘에 입성해서 숙청을 감행했어야 했다"라고 말한다. 반대 극단에서는 "정치는 기대할 것이 없다. 그저 사는 동안 가까운 사람들과 좋은 관계를 맺고 신앙생활을 하면서 정부, 경제, 문화, 사회 따위는 잊고 사는 편이 더 낫다"라고 말한다.[1]

우리는 이런 양극단 사이의 긴장을 어떻게 해결해야 할까? 한 가지 방법은 서로 만나서 함께 있는 문화를 만드는 것이다. 서로의 생각이 다를수록 함께 만나서 우리가 예수님의 길을 따르는 사람들이라는 사실을 깊이 공감해야 한다. 이것은 우리가 공동의 생활을 영위하면서 발생하는 복잡한 문제를 인식하고, 서로 대화하면서 신앙의 다음 여정이 어떤 것인지 분별할 기회를 제공한다. 우리가 여기서 특별히 제안하는 것은 우리의 공동체적 삶이 다음과 같은 두 가지를 중심으로 이루어진다면 어떨지 상상해보라는 것이다. ① 식탁 교제, ② 유쾌한 축제가 촉발하는 느긋하고 성만찬적인 대화.

이번 장에서 우리는 공동 식사의 두 가지 측면인 "함께 먹기"와 "대화"에 초점을 맞추었다. 하지만 식탁 교제를 나누면 모든 것이 마술처럼 자동으로 해결된다고 말하려는 것은 아니다. 여기서 다루는 내용은 우리의 상상력을 자극하는 하나의 그림이다. 사실 어린아이와 함께 식사하는 공동체는 식사 시간에 대화를 자제해야 할 수 있다. 조너선 윌슨하트그로브는 루트바하우스 공동체를 방문하는 손님 중에 간혹 공동 식사에 대한 환상을 가지고 왔다가 실망하는 분들이 있다고 말했다. 왜냐하면 이곳의 식사 시간은 대화가 힘들 정도로 시끄럽고 정신없기 때문이다. 사실 슬로처치의 핵심 실천 사항인 함께 먹기와 대화는 보통 자연스럽게 동시에 일어난다. 그러나 현실적으로 항상 그렇지만은 않다. 따라서 교회의 상황에 따라 대화와 식사 시간을 분리하는 방법을 개발할 필요도 있을 것이다.

식탁 문화

인류는 수 세기 동안 가족과 친지, 이웃이나 동료와 식사를 함께하면서 문화의 초석을 닦아왔다. 누가 뭐래도 인간의 형성에 가장 큰 영향을 끼치는 사회 활동은 바로 식사를 함께하는 것이다. 그러나 인간이 영위해왔던 이 풍성한 사회 활동이 TV, 스마트폰, 패스트푸드의 아성에 가려 그 빛을 잃어가고 있다. 미국의 평균적인 일반 가정에서 가족이 모두 함께 식사하는 횟수는 지난 25년 전보다 눈에 띄게 줄어들었고, 함께 밥을 먹는다 해도 식사 시간이 짧아졌으며(평균 20분 정도다), 식사 시간에 TV를 켜놓거나 차 안에서 식사하는 경우가 많아졌다고 한다.

식탁 교제가 급격히 감소하는 것과 동시에 나타난 현상이 바로 서로 다른 정치적 성향을 가진 사람들끼리 최소한의 소통도 하지 않는 극단적인 정치적 분열 양상의 과열이다. 2011년과 2013년 의회에서 채무한계를 놓고 각 정당이 극으로 치달았던 사투를 기억하는가? 양당의 입법자들은 공동의 선을 위해 함께 뜻을 모으기를 거부하고 각

자의 목소리만을 높였다. 눈치 빠른 언론인들은 이처럼 기본적인 대화도 가능하지 않은 데 대한 원인이 함께 밥을 먹고 어울리는 경험의 부재에 있다고 분석했다. CNN 정치부 프로듀서인 댄 메리카Dan Merica는 민주당과 공화당 모두의 잘못을 지적하며 다음과 같이 적었다. "국회의사당에는 매번 반복되는 공통 후렴구가 울려 퍼지고 있다. 내 생각에는 의원들이 회의장 밖에서 좀 더 어울리면서 친분을 쌓는다면 국민들을 위해 좀 더 효과적으로 일할 수 있을 것 같다."[2] 그렇다면 많은 사람이 이런 문제를 알고 있는데도 왜 정치권에서는 아무런 변화의 움직임이 없는 것일까? 정치 칼럼니스트 네이선 곤잘레즈Nathan Gonzalez는 이렇게 평가했다. "이런 갈등을 유지함으로써 대체 그들[대통령과 공화당]이 얻을 수 있는 이득은 무엇일까? 그들의 시간은 순수하게 친구가 되기 위해 사용될 때에만 가치가 있는데, 그들에게 그런 시간이 있는지나 모르겠다."[3]

이것은 일터의 심각한 역기능을 보여주는 사례다. 동료와 함께 식사하면서 우정을 키울 시간조차 없다면 우리는 빠른 속도를 맹신하는 문화에 너무 깊이 빠진 것이다. 다른 우상들처럼 빠름에 대한 맹신은 희생—앞의 예에서는 인간관계와 공동의 번영—을 요구한다. 빠름에 대한 맹신이 맺는 쓴 열매는 고립, 소외, 그리고 대화의 단절이다. 이 책의 5장에서 우리는 사회학자 빌 비숍의 책 『거대한 분류』에 대해 소개한 바 있다. 그의 지적대로 미국인은 점점 자신과 비슷한 사회 계층의 사람끼리 무리를 이루며 살아가고 있다. 우리는 갈수록 우리와 비슷하지 않은 사람들과 기분 좋게 대화하는 법을 잊어가고 있다.

가족과 함께하는 식사가 줄어든 것과 시민 사회가 불통이 되어가는 것 사이에는 어떤 연관성이 있어 보인다. 텔레비전에서 로저스 아저씨로 통했던 장로교 목사 프레드 로저스Fred Rogers는 그가 쓴 마지막 책에서 다음과 같은 중요한 사항을 언급했다. "아이들은 가족과 함께 모여 식사를 하면서 대화의 기술—청취와 발화의 전환 요령, 사고의 언어화 요령—을 습득한다. 또한 다른 가족에게서 새로운 용어와 새로운 개념을 습득하면서 어휘력까지 향상된다."[4] 마이클 폴란도 비슷한 주장을 했다. "함께하는 식사는 하찮은 일이 아니다. 그것은 아이들이 대화의 기술과 사회화 요령을 습득하는 가정생활의 기초다. 즉 아이들은 함께하는 식사를 통해 말하기, 듣기, 끼어들기, 차이점 찾기, 적의 없이 토론하기 등을 배운다."[5]

식탁은 대화를 가르치고 배우는 학교다. 우리가 가정의 밥상에서 말하는 법과 생각하는 법을 배운다는 로저스 아저씨의 말이 맞다면(그분의 말은 대체로 맞다), 교회 공동체에서도 마찬가지일까? 우리는 한 지역에 뿌리내린 하나님의 권속family으로서 대화를 통해 신학적으로 생각하고 말하는 법을 배운다. 우리가 누구인지 또 우리가 어디에서 있는지를 반영한 언어를 습득하는 것이다. 교회는 고대로부터 전해 내려오는 공동 식사 문화를 부활시킴으로써 다양한 생각들이 갈등 없이 공존할 수 있는 대화의 문화를 만들어야 한다. 뿌리 깊은 분열의 문화 속에서 그런 가능성을 보여주는 일은 의미 있는 증언이 될 것이다.

성만찬을 생각해보자. 우리가 이것을 성찬식, 미사, 성찬, 주님의 만찬, 혹은 어떤 다른 이름으로 부르건 간에 그것은 그리스도와 제자들이 함께했던 마지막 식사를 기념하는 예식으로서 교회에서 행하는 식탁 교제의 뿌리라고 할 수 있다. 하지만 이 예식은 현대 교회에서 지나치게 간소화되었고 고도로 추상화되었다.

예수님은 "너희가 이를 행하여 나를 기념하라"(눅 22:19)라고 말씀하셨다. 이에 대해 존 하워드 요더는 간결하지만 핵심적인 질문을 던진다. "예수님이 말씀하신 '이것'은 무엇을 의미할까?"

"이것"은 유월절을 가리키는 말일 수도 있다. 예수님과 그의 제자들이 함께 식사한 날이 바로 유월절이었기 때문이다. 하지만 유월절은 연례 잔치다. 초기 예수 공동체는 성찬식에 1년에 한 번 있는 연례 행사 이상의 의미를 부여했다는 점에서 "이것"이 가리키는 바가 유월절이라고 보기는 힘들 것 같다. 또한 사도 바울이 고린도 교회에 보내는 서신(고전 11:17-21)을 비롯한 다른 자료들을 참고하면 "이것"은 빵과 포도주로 이루어진 성찬 이상의 의미를 가진다는 사실을 알 수 있다. 요더는 초기 기독교 공동체가 이해한 마지막 만찬의 의미에 대해 이렇게 결론을 내렸다. "예수가 그날 저녁 축복했던 식사는 그들이 일상적으로 함께 먹는 음식이었다. 결국 **일상의** 식탁 교제를 함께 행함으로 그리스도를 기념하라는 뜻이다."[6]

많은 교회가 깊은 교제를 목적으로 식사를 나누고 있다. 단순히 옆에 나란히 앉아 예배를 드릴 때보다 함께하는 식사를 통해 훨씬 더 깊은 사귐이 가능하기 때문이다. 미시건 주 랜싱Lansing에 위치한 델타 공동체 교회는 10여 년 전부터 주 중 모임을 통해 제대로 된 식사 한 끼를 같이하기 시작했다. 마지막 만찬에서 예수님이 제자들에게 당부한 것이 일상의 식사이고, 이것이 예수님의 희생을 더 깊이 상기할 수 있게 해주었기 때문이다. 그리스도인의 식탁 교제가 가지고 있는 신앙 훈련의 중요성을 깨닫기 시작한 것이다. 시간이 흐르면서 델타 교회는 전통적인 성찬식에서도 빵과 포도주뿐만 아니라 보통의 식사를 하게 되었다.

식탁에 모여 함께하는 식사는 하나님의 공급을 가장 현실적인 방법으로 기념하고 하나님의 사랑과 보살핌을 우리 주변으로 넓게 확장하는 역할을 한다. 맥도날드화가 물을 흐려놓고 있지만, 분명한 사실은 우리가 먹는 음식이 땅에서 난 하나님의 선물이라는 점이다. 우리는 식탁에서 한편으로는 그리스도의 희생을 기념하고 또 한편으로는 희생된 생명을 섭취한다. 식물과 동물이 우리를 위해 죽었고, 그것을 기르기 위해 농부가 땀을 흘려야 했으며, 먹을 수 있는 음식으로 준비하기 위해 누군가의 노고가 필요했다. 예수님은 이스라엘 민족의 오랜 풍습에 따라 하나님께 감사 기도를 드린 후 빵과 포도주를 제자들에게 나누어주셨다. 이 자리에서 예수님은 유대인의 식사 기도를 읊조리셨다. "우주의 왕이신 하나님께 축사를 드립니다. 당신의 선하심으로 우리가 빵을 나눌 수 있음을 감사합니다."[7] 우리는 식사를 통해 우리를 위한 희생에 감사하는 동시에 예수님이 하셨던 것처럼 우리 자신이 형제, 자매, 이웃, 심지어 원수를 위한 희생 제물이 되어야 함을 기억해야 한다. 노먼 워즈바는 이것을 성찬의 경제학이라고 설명한다. "예수님을 먹고 또 우리가 그에게 흡수되는 과정을 통해 우리 안에 엄청난 변화가 일어난다. 우리 자신이 세상을 살찌우고 복되게 하는 음식이 되는 것이다."[8] 일상의 식사를 함께하면서 이런 희생의 개념은 상징적이고 추상적인 의미에서 벗어나 우리 눈앞에 있는 사람들과 음식이라는 구체적 실체로서의 의미를 드러낸다.

성찬으로서의 식탁 교제는 우리가 그리스도의 제자된 삶과 관련된 사회·경제적 질문을 던질 수 있게 해준다. "우리가 지금 먹으려고 하는 것은 무엇인가?" "이것은 어디서 왔고, 노동자들과 생태계는 이것을 만들기 위해 어떤 희생을 치러야 했나?" "도덕적 신념이나 알레르기 등과 같은 이유로 특정 음식을 기피하는 사람들을 어떻게 대해야 할까?" "누가 음식을 준비하고 차리며 식사 후 마무리 청소를 할 것인가?" 이 책에서 다룬 여러 주제 또한 믿음의 공동체가 식탁 교제를 시작하기 전에 한 번쯤 생각해볼 만한 문제들이다.

우리가 먹는 음식은 우리의 정체성을 규정한다. 내가 먹는 음식이 바로 나 자신이 누구인지를 말해준다. 음식은 우리 몸을 지탱해주는 에너지원일 뿐만 아니라 나의 정체성에 영향을 주는 문화와 풍습을 결정짓는 요인이다. 이 문화와 풍습 속에서 우리는 어떤 음식을 먹는 것이 좋은지 혹은 어떤 음식을 피해야 하는지를 결정한다. 사도행전 10장에서 하나님이 베드로에게 이방인 고넬료와 함께 먹으라고 말씀하시는 장면에서, 우리는 복음이 인간의 문화를 혁신한다는 사실을 발견한다. 레이첼 마리 스톤Rachel Marie Stone은 『기쁨으로 먹으라: 하나님의 선물로서 음식 회복하기』*Eat with Joy: Redeeming God's Gift of Food*에서 이렇게 말했다. "베드로는 평생 지켜온 식생활을 포기한 것이다. 그의 정체성과도 다름없는 것을 포기했다. 그는 그리스도를 위해서 그가 항상 '더럽다'고 여겼던 것과 하나가 되었다."[9]

우리가 교회에서 함께 나누는 식사는 베드로처럼 엄청난 포기를 해야만 가능한 것은 아니다. 그러나 우리의 입장은 베드로와 비슷해 보인다. 공동체의 식사를 통해 우리는 자신을 내려놓고 그리스도가 원하는 새로운 문화 속에서 우리의 정체성을 발견해야 한다. 또 식탁에 모인 사람들 사이에 존재하는 힘의 역학에 주의를 기울여야 한다. 사도 바울은 고린도 교회 성도들이 제사를 지내고 남은 고기를 먹어야 하는지에 대한 예민한 문제에 대해 성도들 각각의 양심에 따라 이 문제를 해결할 것을 권면했다(고전 8장). 성도 각자가 가진 음식에 대한 신념과 습관을 무조건 다 무시하고 통일된 식생활 문화를 갖는 것만이 하나님의 뜻은 아니다. 신앙 공동체로서 함께 먹는 문화를 만들어가다 보면 어떤 음식이 바르고 유익한지에 대한 다양한 생각이 존재한다는 사실을 발견하게 된다. 이때 서두르지 말고 서로를 믿고 기다려주는 인내가 필요하다. 한꺼번에 모든 것이 다 바뀔 수는 없다. 공동체의 식탁은 우리가 막연히 가졌던 음식에 대한 추상적인 관념을 깨고 특정 현장에 맞는 실체를 확보할 수 있도록 하는 힘이 있다. 그 힘을 믿고서 천천히 함께 식탁을 바꾸어가면 된다.

우리는 교회 공동체로서 함께 식탁 교제를 나누는 동시에 이 문화를 좀 더 넓게 확장해가야 한다. 데이비드 피치의 말을 빌리자면, 교회의 공동체적 식사는 이웃과 함께하는 지역 공동체의 식사로 번져 나가야 한다. 성도의 식탁 교제는 우리로 하여금 예수 공동체의 모양을 갖추게 하고, 이웃들과의 식사는 우리 자신을 하나님의 화해 사역에 투신하게 한다. 선교학자 앨런 록스버그는 이렇게 말했다. "[우리는] 하나님의 집으로 들어가 그들과 함께 일하면서 옆에 앉아 그들의 이야기를 듣고 대화를 나눈다. 그러면 성령의 새로운 바람이 또 다른 형태의 삶과 복음의 증언으로 교회의 대화를 새롭게 할 것이다."[10]

대화의 실천

현 상황에서 신앙의 질을 중시하고 만물을 화목하게 하시는 하나님께 주목하며 하나님의 풍성한 공급을 깊이 신뢰하는 경제에 뿌리내린 교회 공동체를 찾아보기란 쉽지 않은 일이다. 슬로처치를 구현하려면 통상적인 사역을 넘어설 수 있는 상상력을 발휘해야 하고, 하나님이 우리 지역에서 이미 하고 계시는 일들을 볼 수 있는 혜안을 지녀야 하며, 그곳에서 벌어지는 하나님의 일에 뛰어들 수 있는 용기가 있어야 한다.

우리는 식탁 교제를 통해 그리스도인으로서의 정체성을 든든히 하게 된다. 우리의 상상력은 지금까지 개인주의, 물질주의, 빠름에 대한 맹신 속에서 왜곡되어왔다. 하지만 이런 우리의 상상력도 시간이 흐르고 친밀한 관계를 맺다 보면 공동체의 회복된 다양성이 반영되는 공통의 상상력에 녹아들게 된다.

우리가 앞서 살펴보았듯이 생명력 넘치는 공동체를 만드는 일은 이웃, 땅, 모든 생명 공동체와 환경, 지역과 별개로 분리해서 생각할 수 없다. 기쁜 마음으로 자기 자신을 내려놓고 서로를 섬길 때 사랑이 넘치는 하나님 나라는 어느 곳에나 침투한다. 우리가 서로를 위해 자기 자신을 내려놓는 구체적인 방법 하나는—이것은 우리의 상상력을 획기적으로 변화시키는 방법이기도 하다—바로 대화다. 우리가 자리 잡은 지역에서 그리스도를 구현하는 가장 알맞은 방법을 찾는 것도 대화를 통해서 가능하다.

대화를 통해 우리는 윤리와 생태학과 경제와 관련한 구체적인 질문들을 다룰 수 있다. 물론 우리는 대화를 하지 않고 결정을 내리기도 한다. 교회의 중진들이 내려주는 결정이 항상 나쁜 것만도 아니다. 그러나 그런 결정들은 대체로 효율성과 통제를 염두에 뒀을 가능성이 높다. 반대로 슬로처치가 꿈꾸는 교회는 "대화하는 교회"다. 하나님이 교회의 모든 구성원에게 지혜를 주셨다는 믿음을 가져야 한다. 또 우리가 소극적인 종교 소비자가 아니라 세상을 향한 하나님의 화해 사역에 적극적으로 참여하는 존재가 되기 원한다면 중요한 결정을 내릴 때 충분한 대화가 없다는 사실을 받아들일 수 없고 받아들여서도 안 된다.

식탁 교제는 성도 상호 간에 대화를 열어주는 중요한 통로가 된다. 우리의 식탁이 성만찬의 의미를 지닌다면 그 안에서 일어나는 대화도 그에 상응하는 의미를 지니게 된다. 신학자이자 델타 교회의 지체인

존 뉴전트John Nugent는 공동체가 어떤 중요한 결정을 함께 내릴 때 구성원 간에 힘의 균형 문제가 발생하고, 이때 하나님 나라의 속성인 "자기 비움"self-emptying이 요구된다고 설명한다. 우리는 성찬의 의미를 되새기며 함께 먹고 대화하면서 그리스도를 본받아 자신의 욕심을 버리고 사적 관심사에서 헤어날 수 있다. 십자가를 지고 예수를 따르라는 말씀에 대한 응답으로서 우리가 어떤 내용의 대화를 하고 있는가도 중요한지만, 더불어 우리가 어떤 태도로 대화에 참여하는가도 중요하다. 무언가를 할 수 없고 하지도 않겠다는 태도라면 우리의 대화는 본래 의도를 완전히 벗어나 하나님 나라의 목적을 비켜갈 것이다.

교회가 중대한 결정을 내릴 때 대화만큼 중요한 것은 없다. 이는 교회의 어떤 결정을 내릴 때마다 반드시 모든 구성원이 모여 아주 긴 회의를 해야 한다는 말이 아니다. 중요한 결정을 내릴 때 가장 필요한 것은 서로 간의 신뢰인데 바로 이것이 대화를 통해 가능해진다는 말이다. 상대를 신뢰하는 마음으로 이야기하고 또 듣다 보면 서로 간에 더욱 신뢰가 깊어질 수밖에 없다. 우리들의 삶이 더욱 건강한 그리스도의 몸을 세우는 삶이 되도록 성령께 모든 걸 맡겨야 한다. 그 건강함이 우리가 해야 할 일들을 좀 더 매끄럽게 해나갈 힘을 더해줄 것이다.

포틀럭 예배

함께 먹고 대화하면서 우리는 그리스도의 몸으로서의 우리의 정체성을 더욱 구체화한다. 우리의 신체 각 부분이 신경을 통해 끊임없이 "대화"하지 않는다면 우리는 한 발짝도 움직일 수 없다. 마찬가지로 교회는 대화 없이 어떤 일도 함께해나갈 수 없다.

사도 바울은 그리스도인이 그리스도 안에서 하나 된 몸과 같다는 비유를 한 후(고전 12장), 고린도 교회의 신자들에게 그들의 모임이 일종의 대화가 되도록 하라고 권면한다. 교회의 각 지체가 함께 모여 나눌 준비를 해야 하는 것에는 "찬송시도 있으며 가르치는 말씀도 있으며 계시도 있으며 방언도 있으며 통역함도" 있다(고전 14:26).

북서부 퀘이커 연회—존이 출석하는 교회의 교단이다—의 대표 직원인 톰 스테이브Tom Stave는 사도 바울이 권면한 교회의 모습을 우리가 이해하기 쉬운 말로 바꾸면 [각자 조금씩 준비해 오는] "포틀럭" 예배가 된다고 말했다. 바울이 묘사했던 것처럼 이것은 상호 관계적인 예배다. 존 하워드 요더가 지적했듯이 이런 종류의 모임은 사도행전 15장에 나온 예루살렘에 모인 신앙 공동체가 가졌던 대화 중심적 예배와 많이 닮았다. 여기서 성만찬의 식탁과 화해의 대화를 실천하기 위해서 고린도전서를 좀 더 깊이 있게 들여다볼 필요가 있다.

첫째, 바울은 모든 성도가 함께 모여 준비하고 참여하는 예배를 이야기한다. 이 예배에서는 소극적으로 소비되는 종교적 상품과 서비스의 그 어떤 가능성도 배제한다.

둘째, 바울이 제시하는 예배에는 다양한 종류의 제물이 있다. 바울은 신앙 공동체의 구성원 한 사람 한 사람이 하나님께로부터 받은 달란트를 강조했다. 고린도전서에서 말한 하나님이 주신 달란트를 제한적으로 해석하려고 해서는 안 된다. 예를 들어 설교자의 달란트는 설교라고 생각하는 것이다. 이것은 환원주의적 사고다. 설교자의 설교가 아니라 설교자 자체—그의 재능, 경험, 실패, 약점까지도—가 우리 공동체를 향한 하나님의 선물이라고 고백해야 한다. 하나님은 그리스도를 드러내는 데 필요한 달란트와 재능을 가지고 있는 사람들을 한 장소에 모으셔서 그 장소에 필요한 대로 그리스도를 드러내게 하신다. 따라서 슬로처치는 우리가 자리 잡은 지역에서 그리스도를 구현하는 교회다. 그 과정에서 슬로처치는 지체들에게 주어진 달란트의 다양성과 교회가 자리 잡은 지역의 특수성 모두를 주의 깊게 살핀다.

합의를 통한 의사 결정

합의를 통한 의사 결정은 식탁 교제와 대화를 지향하는 슬로처치에 가장 적합한 교회의 모습이라 하겠다. 합의를 통한 의사 결정은 초기 기독교 공동체에서 그 모습을 발견할 수 있고(행 15:28), 퀘이커 교도들의 신앙 공동체에서 가장 폭넓게 찾아볼 수 있는 전통이다. 미국의 종교 단체 중 최초로 노예 제도를 거부한 것도 퀘이커 교도의 합의를 통한 의사 결정을 통해서였다. 나[John]는 우리 교회의 재정, 건물, 목회 혹은 새로 목사님을 청빙하는 문제와 관련된 주요 결정 과정을 가까이서 지켜봐 왔다. 내가 합의를 통한 의사 결정을 좋아하는 이유는 그것이 교회의 모든 구성원의 목소리에 귀를 기울인다는 점 때문이다. 이를 통해서 젊은이, 노인, 장애인 할 것 없이 모든 사람이 솔직한 마음을 다 드러내고 함께 이야기할 수 있다.

리처드 포스터Richard Foster는 『영적 훈련과 성장』*Celebration of Discipline*(생명의말씀사 역간)이라는 책에서 퀘이커 교도들의 합의 과정을 다음과 같이 묘사했다.

> 논의하는 문제 그 자체는 협의 과정에서 한 가지 요소일 뿐이다. 그들은 그 어떤 결론을 염두에 두고서 말다툼을 벌이지 않는다. 성령님이 어느 방향으로 그들을 이끄실지 모르기 때문이다. 분명한 것은 올바른 방향으로 갈 때 모두가 하나가 된다는 점이다. 그리스도의 목소리를 제대로 듣지 못하면 우리 안에는 끊임없는 분쟁이 가득해진다. 다수결의 원칙을 따르고 있느냐가 아니라 그 결정으로 공동체가 하나가 되느냐가 성령님의 인도를 받고 있다는 증거다.[11]

공동체가 하나가 되고 서로 존중하는 것이 가장 중요한 목적이다. 하지만 합의를 도출하는 과정에서 의견이 서로 다를 수 있다. 이때 자신의 의견이 중심이 되어야 한다는 마음을 버려야 하고 생각의 차이를 자연스럽게 받아들여야 한다. 퀘이커 교도이며 교육가인 파커 팔머는 "합의를 통한 의사 결정에서는 갈등을 통해 모두가 승리를 거둔다. 표면적으로 상반된 의견을 주고받음으로써 우리는 그 문제의 새로운 측면과 본질을 보게 되기 때문이다"라고 말했다.[12]

델타 교회도 합의를 통한 의사 결정을 내리는 전통을 가진 교회다. 그 교회 성도 한 명은 그것이 "교회의 공동체적 삶을 형성하는 가장 중요한 전통"이라고 말했다. 그들은 합의를 통한 의사 결정이 성찬의 의미(자기 부인)를 지닌다고 했다. 자신을 기꺼이 내어주어 그리스도 안에서 하나가 되는 삶을 가장 잘 표현할 수 있기 때문이다. 그들은 중요한 결정을 내릴 때 가능한 한 모든 구성원의 목소리가 반영되도록 한다. 이를 위해 그들은 소위 "맥박 점검"pulse checks이라는 과정을 거친다. 맥박을 점검한다는 의미는 의사 결정 시 모든 구성원이 그 안건에 대해 허심탄회하게 그들의 속마음을 털어놓고 있는지를 점검한다는 뜻이다. 그들은 무언가 결정을 내리기 전에 모든 대화를 중단하는 시간을 가진다. 성경 공부 시간이든 재정을 논의하는 시간이든 상관없이 모든 대화는 잠깐 중단되고, 구성원 한 사람 한 사람은 자신이 마음속에 가진 질문이 무엇인지 혹은 자신의 의견이 무엇이었는지를 명확히 하는 시간을 갖는다. 다른 사람들의 말에 끼어들 수는 없지만 각자가 가진 생각을 이야기할 시간은 충분히 주어진다. 여러분이 상상하듯이 이 과정은 매우 긴 시간이 소요되며 때론 주제에서 벗어난 이야기가 오갈 수도 있다. 이 과정에서 중요한 문제로 새롭게 떠오른 이슈 때문에 처음 이야기된 주제가 뒤로 밀려나기도 한다. 그럼에도 이런 합의 과정이 중요한 이유는 토론을 통해 모든 구성원이 문제 해결에 어느 정도 이바지할 수 있기 때문이다. 왜 문제가 이런 식으로 결정되었는지에 대한 이유와, 앞으로 어떤 방향으로 이 문제를 진척시킬 수 있는가에 대한 구성원의 투명한 합의가 생긴다. 처음에는 이런 식의 대화가 불편하게 느껴질 수도 있다. 해결책이 빨리 도출되지 않기 때문이다. 그러나 여러 번의 토론을 거치면서 그리스도 안에서 모두가 함께 성장하고, 나중에는 처음과 같은 좌충우돌을 겪지 않고도 모두가 하나가 되는 합의에 비교적 빠르게 도달하게 된다.

성경과 식탁 교제의 대화

지금까지 성만찬적 대화에서 성경의 역할에 대해서는 거의 언급하지 않았다. 슬로처치가 물고기라면 성경은 그 물고기가 사는 물이다. 성경은 우리의 삶이고 우리의 거처이며 우리의 이야기다. 성만찬적 대화는 우리의 신앙이 성장하는 것에 초점이 맞춰져야 한다. 교회는 성경을 해석하는 공동체다. 우리는 지금 바로 이곳이라는 특정 장소와 시간의 한계 안에서 성경을 해석한다. 해석자로서 우리 역할의 폭을 넓히는 것은 매우 중요하다. 성경은 창조, 타락, 화해의 주제를 다루고 있고, 우리는 하나님의 사역을 널리 전파하라는 사명을 받았다. 우리의 대화는 그리스도 안에 뿌리내리고 있어야 하지만 그것이 "종교적 혹은 교리에 갇힌" 대화여서는 안 된다. 대화는 교회가 소유하고 있는 땅을 어떻게 활용할 것인가, 아이들을 어떻게 교육할 것인가, 소외된 우리의 이웃들을 어떻게 보살필 것인가 등의 이야기로 확대되어야 한다. 성경은 다른 사람을 정죄하고 찌르는 칼이 아니다. 도리어 공동체로서의 삶을 시작할 수 있게 하고 또 함께 살아간다는 것이 어떤 의미인지를 알려주는 지침서다.

팀 콘더Tim Conder와 다니엘 로즈Daniel Rhodes가 공동으로 집필한 『모두를 위한 자유: 공동체에서 성경 재발견하기』*Free for All: Rediscovering the*

*Bible in Community*에는 노스캐롤라이나 주 더럼Durham에 위치한 엠마오 교회에 관한 이야기가 나온다. 그 교회는 "성경을 해석하는 공동체"로서의 정체성을 가지고 있으며, 성경을 해석하는 다양한 모임을 운영하고 있다. 콘더와 로즈는 성경을 해석하는 것이 교회 공동체를 어떻게 변화시켰는지에 대해 다음과 같이 기록했다.

> [우리는] 말씀과 공동체가 함께 만날 수 있는 전통을 만들기 위해 애써왔다. 이것은 우리가 서로의 목소리를 주의 깊게 듣기 원하는 간절함을 나타내는 것이기도 하다. 이것은 타고난 재주가 아니다. 우리는 연습을 통해 배웠다. 우리는 듣는 습관을 기르기 위해 무척이나 많은 노력을 기울였다. 신앙 공동체는 성경을 해석하는 곳이다. 만약 이를 제대로 하지 않는다면 이것은 그리스도인으로서의 직무유기에 해당하고 그로 말미암아 사람들을 실망시킬 것이다. 대다수 사람이 성경을 중요한 책이라 여기지만…모든 사람이 그것을 해석할 수 있는 것은 아니다. 신앙 공동체는 성경을 해석하는 특권과 의무를 가진 사람들로서 열정을 가지고 그 작업에 임해야 한다.…우리 공동체의 힘은 성경을 해석하는 공동체로서 헌신하는 것으로부터 나온다.[13]

식탁 교제를 나누면서 공동의 실천 사항을 개발하며 신뢰와 친밀감을 쌓아 올리는 훈련이 교회 안에만 머물러서는 안 된다. 그 훈련의 영향력은 우리 삶 전체를 지배해야 한다. 이것이 오순절 이후 예루살렘에 존재했던 교회의 모습이었다.

[빵을 나누는 것이] 그들 삶의 중심에 있었기에 경제를 공유하는 공동체로 발전해갈 수 있었다. 그들 중에는 "자기 재물을 조금이라도 자기 것이라 하는 이가 하나도" 없었다[행 4:32]. 예루살렘 교회가 표현한 "공동체의 지갑"common purse을 우리가 흔히 생각하는 "지갑"으로 생각해서는 안 된다. 이것은 공동의 식탁을 의미하는 것이었다. 그들은 이상적인 경제 모델을 생각하고 그대로 실천한 것이 아니었다.…오히려 그들의 나눔은 식탁 공동체의 사귐이 자연스럽게 확장된 결과였다.[14]

하나님은 모든 창조 세계의 혁신과 구원을 간절히 원하신다. 그리고 그 혁신과 구원은 부르심을 받은 사람들 사이에서 시작된다. 우리의 바쁜 삶을 잠시 내려놓고 우리 주변을 돌아보는 가운데 함께 어울리며 식탁 교제를 나누면서 나 자신의 욕심이 아니라 하나님이 주신 초월적으로 풍성한 선물들에 집중한다면, 우리는 아주 맛있는 하나님 나라의 열매를 맛보게 될 것이다. 하나님이 우리를 지으실 때 누리게 하신 풍성한 샬롬의 삶으로 함께 나아가자!

대 화 의 출 발

1. 현대문화 속에서 가족끼리 함께 모여 식사하는 것이 어려운 이유는 무엇인가? 가족이 함께 모여 식사하지 않음으로써 우리의 인간성과 문화가 어떤 식으로 변화되고 있는가?

2. 왜 교회의 신앙과 문화에 있어 공동식사 자리에서의 교제와 대화가 중요한가?

3. 우리가 섬기는 교회에서의 식탁 교제를 활성화하고 심화시키기 위해서 더욱 세심한 배려와 노력을 기울여야 할 부분이 있다면 무엇일까?

4. 성찬으로서의 식탁 교제를 통해 그리스도인들이 공동선을 증진하고 사회정의를 실현하는 등 사회적 제자도를 실천할 수 있는 방법에는 어떤 것들이 있을까?

| 맺는 말 |

슬로처치의 가장 독특한 점은 그것이 너무나도 평범하다는 데에 있다. 슬로처치는 그냥 교회다. 그렇게 되어야 한다. 우리가 바라는 것은 초능력을 가진 그리스도인이 아니다. 슬로처치가 바라는 그리스도인은 개발도상국으로 떠나거나 슬럼가로 들어가거나 가진 돈을 모두 나눠줄 수 있는 사람이 아니다. 우리가 진심으로 염원하는 것은 사람답게 사는 일상이다. 그리고 다른 사람들과 함께 화해의 사역을 **왜** 그리고 **어떻게** 해나갈 것인지 나눌 수 있는 삶이다.

슬로처치에는 우리의 교회와 지역의 일상적 삶 속에서 나타나는 체제 전복적이고 혁신적인 하나님의 능력을 경험하고 싶은 우리의 갈망이 담겨 있다. 여기서 **체제 전복**과 **혁신**이라는 말을 특별히 사용한 이유가 있다. 우리는 기독교 신앙을 주일 예배 하나에 붙들어두는 맥도날드화된 종교에 대한 충성을 완전히 부숴버리고 싶다. 하나님의 활동 무대는 교회뿐 아니라 온 세상이다. 그분은 모든 창조 세계와의 화해를 위해 온 세상에서 일하고 계신다. 따라서 우리 삶의 모든 영역이, 즉 직장, 가정, 친구, 공간, 여가, 음식, 돈, 그리고 그 무엇보다 그리스도의 몸인 교회가 다 중요하다. 특별히 교회는 우리가 삶의 모든 영역을 이해하는 "해석 공동체"interpretive community로서 중요한 의미를 가진다.

여기서 농부 겸 작가인 베일리가 쓴 시 한 편을 소개하고 싶다. 이 시는 우리가 가장 좋아하는 시로, 갓 입문한 초보 시인과 경험 많은 시인의 만남을 독특한 시각으로 담아내고 있다. 초보 시인은 나이 많은 대가에게 사는 곳이 어디인지 묻는다. 초보 시인은 대가의 시에 묘사된 "놀라운 경관"에 영감을 준 지역은 분명히 아름다운 곳이리라 예상했다. 하지만 초보 시인은 놀라운 사실을 깨닫게 된다. 그는 다음과 같이 말한다.

> 그가 내 손을 잡고
> 벽난로가 있는 곳으로 갔다.
> 우리는 새로울 것이 없는 공간에서 멈췄다.
> 나는 홀로 조용히 서 있었다.
> 나를 둘러싼 모든 공간이
> 마법을 부린 것처럼 경이로움으로 가득 찰 때까지.
> 그때야 비로소 시인의 창고가
> 내 집 문지방 안에 있었음을 알게 되었다.[1]

초보 시인처럼 이 책을 쓰고 있는 우리도 경이로움을 경험하고 있다. 바로 우리 집 문지방 안에서—우리 교회, 지역, 그리고 집에서—하나님이 이미 일하고 계신다는 사실 때문이다. 우리는 삶의 속도를 줄이면서 하나님의 일하심을 알게 되었다. 여러분도 그렇게 할 수 있다. 서로 손을 맞잡고 용기와 인내심을 가지고 하나님의 일하심에 동참하기를 바란다.

삶, 숨, 음식, 우정. 이 모든 것이 풍성히 공급하길 원하시는 하나님으로부터 받은 좋은 선물들이다. 하나님의 백성이 그분의 공급에 감사함으로 응답하며 그 선물을 너그러이 나눌 때에야 비로소 놀라운 풍성함의 경제로 나타나는 하나님 나라가 이 세상에서 실현될 것이다. **경제**라는 말 속에는 모든 창조 세계가 하나님의 집이라는 뜻이 있음을 잊지 말자. 우리는 하나님의 집을 하나님의 뜻대로 잘 유지하고 지켜가야 한다. 이 세상은 모든 사람과 모든 피조물이 사랑과 존중을 받는, 환대와 너그러움이 흘러넘치는 곳이 되어야 한다.

책을 마치면서 다시 한 번 강조하고 싶은 것은 모든 신앙 공동체가 슬로처치 논의에서 중요한 역할을 차지하지만, 우리의 정체성을 찾게 해주는 이 이야기는 우리 자신의 이야기가 아니라 하나님의 이야기라는 사실이다. 슬로처치는 어떤 유토피아적 이상이 아니다. 우리가 드러내고자 하는 것은 교회의 영광이 아니라 하나님의 영광이다. 하나님이 계시지 않는다면 교회는 아무것도—존재조차—할 수 없다.

하나님을 믿는 공동체로서 창조 세계와 샬롬을 이루는 것과, 인간적인 지혜를 가지고 자신이 속한 집단의 이익을 좇는 것을 구별해내기란 쉽지 않을 것이다. 구약성경에는 이스라엘 백성이 신앙과 불신앙을 위태롭게 오가는 수많은 이야기가 기록되어 있다. 교회의 역사도 이와 크게 다르지 않다. 우리의 의지와 욕망만을 좇아가다 보면 교회도 이런 시행착오를 겪을 수밖에 없다. 물론 우리는 하나님의 사랑과 인도하심 가운데 다시 중심을 찾겠지만 말이다. 이런 방황은—그리고 깨어진 인간의 공동체로서 시기에 맞게 하나님의 뜻을 분별하기 위해 벌이는 씨름은—슬로처치의 완성을 더디게 한다. 그러나 이 이야기의 끝에 반드시 완성되는 것은 우리들의 성공이 아니라 영원한 하나님 나라다. 우리가 "나라가 임하시오며 뜻이 하늘에서 이루어진 것 같이 땅에서도 이루어지이다"라고 기도하는 이유가 바로 거기에 있다.

공동체 안에서 하나님의 뜻을 이루어가도록 부름받았다는 사실은 우리가 거부하기 힘든 개인적 욕망을 다스릴 기회를 만들어준다. 우리는 교회 공동체를 통해 나 혹은 우리 민족만의 번영과 발전을 이루어가려는 욕심을 십자가에 못 박고 전방위적인 하나님의 샬롬을 이루어가야 한다. 우리는 여러분이 슬로처치의 개념을 통해 자신만의 왕국을 세워가라고 부추기는 소비만능주의에 물든 기독교에 맞설 수 있기를 소망한다.

이 책의 첫 번째 코스에서 다루었듯이 우리는 참된 교회가 되기 위해서, 신앙을 질이 아닌 양으로 측정해 권력과 특권을 누리라고 부추기는 유혹에 맞서야 한다.

두 번째 코스에서 우리는 하나님이 모든 창조 세계를 화목하게 하는 사역을 이 세상에서 감당하고 계신다는 사실을 살펴보았다. 우리는 이러한 하나님의 사역을 깨달아, 우리 개인이나 우리 지역이라는 좁은 범위만을 바라보라고 부추기는 유혹에 맞서야 한다.

마지막 세 번째 코스에서 우리는 하나님의 풍성한 공급에 바탕을 둔 환대와 나눔의 경제 개념에 대해 살펴보았다. 여기에 동참하기 위해서 우리는 자신이 가진 것이 충분하지 않다는 두려움 때문에 자꾸만 쌓아두고 싶은 탐욕의 유혹에 맞서야 한다.

에덴동산에서의 인간 타락 이후부터 하나님의 백성들은 독특한 노력을 지속해왔다. 그리고 그 노력은 하나님의 계획된 시간 안에서 앞으로도 계속될 것이다. 지금까지 우리는 빠름에 대한 맹신에 젖어 있었다. 우리의 이기심과 두려움이 이런 기형적인 문화를 만들어왔다는 사실을 알게 된 지금, 우리는 우리를 변화시키시는 하나님의 손길에 좀 더 마음을 열 수 있다. 철저한 혁신은 아닐지라도 그 변화에 걸맞은 서툰 발걸음이나마 내디딜 수 있기를 기대해본다. 그 서툰 발걸음을 통해 우리는 하나님 나라의 풍성한 기쁨을 조금 더 깊이 맛보게 될 것이다.

| 참고 문헌 |

1장_ 슬로처치의 신학적 비전

로드니 클랩(Rodney Clapp), *A Peculiar People: The Church as Culture in a Post-Christian Society*.

게르하르트 로핑크(Gerhard Lohfink), *Jesus and Community* (『예수는 어떤 공동체를 원했나』, 분도출판사 역간).

게르하르트 로핑크, *Does God Need the Church? Toward a Theology of the People of God*.

샘 웰즈(Samuel Wells), *Improvisation: The Drama of Christian Ethics*.

EkklesiaProject.org.

I 첫 번째 코스: 윤리

2장_ 테루아르: 맛보아 알지어다

카를로 페트리니(Carlo Petrini), *Slow Food: The Case for Taste* (『슬로푸드』, 나무심는사람 역간).

카를로 페트리니, *Slow Food Nation: Why Our Food Should Be Good, Clean, and Fair* (『슬로푸드, 맛있는 혁명』, 이후 역간).

레슬리 뉴비긴(Lesslie Newbigin), *The Open Secret: An Introduction to the Theology of Mission* (『오픈 시크릿』, 복있는사람 역간).

존 드레인(John Drane), *The McDonaldization of the Church: Consumer Culture and the Church's Future*.

존 드레인, *After McDonaldization: Mission, Ministry, and Christian Discipleship in an Age of Uncertainty*.

폴 스팍스(Paul Sparks), 팀 소어렌스(Tim Soerens), 드와이트 프리젠(Dwight J. Friesen), *The New Parish: How Neighborhood Churches Are Transforming Mission, Discipleship and Community*.

3장_ 정주: 사람과 공간에 대한 신의

리버티 하이드 베일리(Liberty Hyde Bailey), *Wind and Weather: Poems*.

앤디 크라우치(Andy Crouch), *Culture Making: Recovering Our Creative Calling* (『컬처 메이킹』, IVP 역간).

윌리 제임스 제닝스(Willie James Jennings), *The Christian Imagination: Theology and the Origins of Race*.

스코트 러셀 샌더스(Scott Russell Sanders), *Staying Put: Making a Home in a Restless World*.

조너선 윌슨하트그로브(Jonathan Wilson-Hartgrove), *The Wisdom of Stability: Rooting Faith in a Mobile Culture* (『페이스북 영성이 우리를 구원할까?』, 홍성사 역간).

조너선 윌슨하트그로브, *The Rule of Saint Benedict: A Contemporary Paraphrase*.

ParishCollective.org.

4장_ 인내: 타인의 고통에 동참하기

자끄 엘륄(Jacques Ellul), *The Technological Society*.

도널드 맥닐(Donald P. McNeill), 더글라스 모리슨(Douglas A. Morrison), 헨리 나우웬(Henri Nouwen), *Compassion: A Reflection on the Christian Life*

(『긍휼』, IVP 역간).
유진 피터슨(Eugene Peterson), *The Jesus Way: A Conversation on the Ways That Jesus Is the Way* (『그 길을 걸으라』, IVP 역간).
테르툴리아누스(Tertullianus), *Of Patience*.

II 두 번째 코스: 생태

5장_ 온전함: 만물의 화해

빌 비숍(Bill Bishop), *The Big Sort: Why the Clustering of Like-Minded America Is Tearing Us Apart*.
메들렌 렝글(Madeleine L'Engle), *A Stone for a Pillow: Journeys with Jacob*.
로버트 퍼트넘(Robert Putnam), *Bowling Alone: The Collapse and Revival of American Community* (『나 홀로 볼링』, 페이퍼로드 역간).
크리스 라이스(Chris Rice), 에마뉘엘 카통골레(Emmanuel Katongole), *Reconciling All Things: A Christian Vision for Justice, Peace and Healing* (『화해의 제자도』, IVP 역간).
하워드 스나이더(Howard A. Snyder), 조엘 스캔드렛(Joel Scandrett), *Salvation Means Creation Healed: The Ecology of Sin and Grace*.

6장_ 노동: 하나님의 화해 사역에 협력하기

매튜 크로포드(Matthew B. Crawford), *Shop Class as Soulcraft: An Inquiry into the Value of Work* (『모터싸이클 필로소피』, 이음 역간).
데이비드 젠슨(David H. Jensen), *Responsive Labor: A Theology of Work*.
리차즈 세넷(Richard Sennett), *The Corrosion of Character: The Personal Consequences of Work in the New Capitalism* (『신자유주의와 인간성의 파괴』, 문예출찬사 역간).
에이미 셔먼(Amy Sherman), *Kingdom Calling: Vocational Stewardship for the Common Good*.

미로슬라브 볼프(Miroslav Volf), *Work in the Spirit: Toward a Theology of Work*.

thehighcalling.org.

7장_ 안식: 화해의 운율

댄 알렌더(Dan Allender), *Sabbath* (『안식』, IVP 역간).

아브라함 요슈아 헤셸(Abraham Joshua Heschel), *The Sabbath* (『안식』, 복있는 사람 역간).

체드 마이어즈(Ched Myers), *The Biblical Vision of Sabbath Economics*.

주디스 슐레비츠(Judith Shulevitz), *The Sabbath World: Glimpses of a Different Order of Time*.

노먼 워즈바(Norman Wirzba), *Living the Sabbath: Discovering the Rhythms of Rest and Delight*.

III 세 번째 코스: 경제

8장_ 풍성함: 창조의 경제학

마크 라우 브랜슨(Mark Lau Branson), *Memories, Hopes, and Conversations: Appreciative Inquiry and Congregational Change*.

윌리엄 캐버너(William T. Cavanaugh), *Being Consumed: Economics and Christian Desire*.

존 맥나이트(John McKnight), 피터 블록(Peter Block), *The Abundant Community: Awakening the Power of Families and Neighborhoods*.

월터 브루그만(Walter Brueggemann), "Sabbath as a Means of Transition from Anxious Scarcity to Grateful Abundance" (talk given at Eastern Mennonite University, January 2012)〈emu.edu/now/podcast/2012/01/18/"sabbath-asa-means-of-transition-from-anxious-scarcity-to-grateful-abundance"-dr-walter-Brueggemann〉.

Asset-Based Community Development Institute, abcdinstitute.org.

9장_ 감사: 하나님의 선물 받아들이기

피터 블록, *Community: The Structure of Belonging*.

존 크레츠만(John P. Kretzmann), 존 맥나이트, *Building Communities from the Inside Out*.

메리 조 레디(Mary Jo Leddy), *Radical Gratitude*.

존 맥나이트, 피터 블록, *The Abundant Community*.

크리스틴 폴(Christine D. Pohl), *Living into Community: Cultivating Practices That Sustain Us* (『공동체로 산다는 것』, 죠이선교회 역간).

루터 스노우(Luther K. Snow), *The Power of Asset Mapping: How Your Congregation Can Act on Its Gifts*.

10장_ 환대: 하나님이 주신 풍성함을 너그럽게 나누는 삶

엘리자베스 뉴먼(Elizabeth Newman), *Untamed Hospitality: Welcoming God and Other Strangers*.

헨리 나우웬, *Reaching Out: The Three Movements of the Spiritual Life* (『영적 발돋움』, 두란노 역간).

에이미 오덴(Amy G. Oden) 편, *And You Welcomed Me: A Sourcebook on Hospitality in Early Christianity*.

크린스틴 폴, *Making Room: Recovering Hospitality as a Christian Tradition* (『손대접』, 복있는사람 역간).

아더 서더랜드(Arthur Sutherland), *I Was a Stranger: A Christian Theology of Hospitality*.

11장_ 교회됨을 위한 식탁 교제

노먼 워즈바, *Food and Faith: A Theology of Eating*.

존 백맨(John Backman), *Why Can't We Talk? Christian Wisdom on Dialogue as a Habit of the Heart*.

크리스토퍼 스미스(C. Christopher Smith), *The Virtue of Dialogue: Conversation as a Hopeful Practice of Church Communities*.

미리엄 와인스타인(Miriam Weinstein), *The Surprising Power of Family Meals: How Eating Together Makes Us Smarter, Stronger, Healthier, and Happier* (『부부와 자녀의 미래를 바꾸는 가족식사의 힘』, 한즈미디어 역간).

앨런 록스버그(Alan J. Roxburgh), *Missional: Joining God in the Neighborhood*.

| 주 |

여는 말

1) Marinetti가 20세기 피의 역사에 공헌한 바는, 이탈리아가 제1차 세계대전에 참전하도록 선동했다는 것이다. 다른 미래주의자들의 반대에도 불구하고 그는 전쟁 옹호주의자로서의 면모를 과감히 드러냈다. 1918년, 그는 미래주의 정당을 만들어서 무솔리니(Benito Mussolini)가 권력을 잡도록 도왔다. 또한 그는 50대 후반 즈음에 이탈리아가 에티오피아를 식민지로 만든 전쟁에 참전하기 위해 자원입대했고, 60대에 있었던 제2차 세계대전 때는 러시아 전선에서 근무하기를 자처했다.

2) Carlo Petrini, *Slow Food: The Case for Taste* (New York: Columbia University Press, 2001), xxiii. 『슬로푸드』(나무심는사람 역간).

3) Carl Honoré, *In Praise of Slowness: Challenging the Cult of Speed* (New York: HarperOne, 2004), 14-15. 『느린 것이 아름답다』(대산출판사 역간).

4) George Ritzer, *The McDonaldization of Society*, 20th Anniversary ed.(Thousand Oaks, CA: Sage, 2013), 1. 『맥도날드 그리고 맥도날드화』(시유시 역간).

5) Joel Salatin, *You Can Farm: The Entrepreneur's Guide to Start and Succeed in a Farming Enterprise* (Swoope, VA: Polyface, 1998).

6) 테루아르는 프랑스어로 와인을 재배하는 자연적 · 문화적 조건을 총칭하는 말이다—편집자 주.

7) Gus Frederick, *Silverton*, Images of America(Charleston, SC: Arcadia, 2011)을 보라.

8) RCA사는 1986년 제너럴 일렉트릭사에 인수된 미국의 전자 업체다—편집자 주.

9) 이에 대해 더 알아보고 싶으면 Jack Hitt, *Bunch of Amateurs: A Search for the American Character* (New York: Crown Publishing, 2012)를 보라.

10) Wendell Berry, "The Pleasures of Eating," in *What Are People For?* (New York: Farrar, Straus & Giroux, 1990), 145. 『나에게 컴퓨터는 필요없다』(양문 역간).

1장_ 슬로처치의 신학적 비전

1) Kevin J. Vanhoozer, *The Drama of Doctrine: A Canonical Linguistic Approach to Christian Doctrine* (Lexington, KY: Westminster John Knox Press, 2005), 37-38.

2) Tina Fey, *Bossypants* (New York: Back Bay Books, 2012), 84-85.

3) N. T. Wright, *Scripture and the Authority of God: How to Read the Bible Today* (San Francisco: HarperOne, 2011), 123. 『성경과 하나님의 권위』(새물결플러스 역간).

4) Samuel Wells, *Improvisation: The Drama of Christian Ethics* (Grand Rapids: Brazos, 2004), 11.

5) Robert Inchausti, *Subversive Orthodoxy: Outlaws, Revolutionaries, and Other Christians in Disguise* (Grand Rapids: Brazos, 2005), 9에서 재인용.

6) Ibid., 11.

7) Gerhard Lohfink, *Does God Need the Church? Toward a Theology of the People of God*, trans. Linda M. Maroney (Collegeville, MN: Liturgical Press, 1999), 48, 강조는 추가한 것이다.

8) John Milton, *Paradise Lost*, book IV. 『실낙원』(홍신문화사 역간).

9) John C. Nugent, *The Politics of Yahweh: John Howard Yoder, the Old Testament, and the People of God* (Eugene, OR: Wipf & Stock, 2011), 30-31에서 재인용.

10) 대체신학이란 하나님의 구원 경륜 안에서 혈통적 이스라엘이 구원에 대한 우선권을 가지고 있다고 말하는 세대주의적 관점을 가진 사람들이, 예수님의 십자가의 죽음과 부활 이후에 그러한 구원사적 우선권이 폐지되었다고 보는 개혁주의-복음주의 진영의 사람들을 비판하기 위해서 창안한 용어다. 즉 이 말은 혈통적 이스라엘의 회복을 주장하는 사람들이 만들어낸 말이지 그 반대편 사람들이 지어낸 말이 아니다. 현대의 권위 있는 신학자들은 교회가 이스라엘의 운명과 사명을 "대체"한 것이 아니라 "성취"했다고 이해한다—편집자 주.

11) Lohfink, *Does God Need the Church?*, 174.

12) Ibid., 220.

13) Ibid., 223-224.

14) Michael Frost, Alan Hirsch, *The Shaping of Things to Come: Innovation and Mission for the 21st-Century Church* (Peabody, MA: Hendrickson, 2003), 225. 『새로운 교회가 온다』(IVP 역간).

15) Ibid., 12.

16) Ibid., 47.

17) Wendell Berry, *That Distant Land: The Collected Stories of Wendell Berry* (Berkeley, CA: Counterpoint, 2004), 356.

2장_ 테루아르

1) James Twitchell, *Shopping for God: How Christianity Went from in Your Heart to in Your Face* (New York: Simon & Schuster, 2007), 254.

2) Michael Pollan, *The Omnivore's Dilemma: A Natural History of Four Meals* (New York: Penguin, 2006), 117-118을 보라. 『잡식동물의 딜레마』(다른세상 역간).

3) Petrini, *Slow Food*, 8.

4) Alan J. Roxburgh, *Missional: Joining God in the Neighborhood* (Grand Rapids: Baker Books, 2011), 133.

5) Ibid., 148.

6) "교구의 재해석"(Reimagining the Parish)이라는 모임 중 Paul Sparks와 Chris가 나눈 대화에서 발췌한 기도문이다. <http://erb.kingdomnow.org/paul-sparks-chris-smith-reimagining-the-parish-audio/>에서 확인할 수 있다.

7) C. Peter Wagner, "Introduction" in Donald A. McGavran, *Understanding Church Growth*, 3rd ed.(Grand Rapids: Eerdmans, 1990)을 보라.

8) McGavran, *Understanding Church Growth*, ix.

9) Gary L. McIntosh, "Church Movements of the Last Fifty Years in the USA: Four Major Church Movements." 이는 <http://churchgrowthnetwork.com/free-resources/2010/08/20/church-movements-of-the-last-fifty-years-in-the-usa>에서 확인할 수 있다.

10) McGavran, *Understanding Church Growth*, 225.

11) 테크노크라시는 대공황기였던 1930년대 미국에서 대중의 관심을 끈 개념으로, 기술에 근거한 명령이 통제권을 갖는 "기술자 정치체제"를 일컫는 말이다—편집자 주.

12) McGavran, *Understanding Church Growth*, 163.

13) Ralph H. Elliott, "Dangers of the Church Growth Movement," *Christian Century*, August 12-19, 1981. 〈www.religion-online.org/showarticle.asp?title=1723〉에서 확인할 수 있다.

14) Donald McGavran, *The Bridges of God* (New York: Friendship Press, 1968), 44, 59. 『하나님의 선교전략』(한국장로교출판사 역간).

15) Alan Hirsch, *The Forgotten Ways: Reactivating the Missional Church* (Grand Rapids: Brazos, 2006), 44-45.

16) McGavran, *Understanding Church Growth*, 67.

17) Lesslie Newbigin, *The Open Secret: An Introduction to the Theology of Mission* (Grand Rapids: Eerdmans, 1995), 124-126 참고. 『오픈 시크릿』(복있는사람 역간).

18) Bob DeWaay, "Faulty Premises of the Church Growth Movement: Rick Warren, Robert Schuller, Donald McGavran, and C. Peter Wagner Mislead the Church"〈http://cicministry.org/commentary/issue89.htm〉.

19) Hirsch, *The Forgotten Ways*, 45.

20) Ritzer, *McDonaldization of Society*, 87.

21) John Drane, *The McDonaldization of the Church: Consumer Culture and the Church's Future* (Macon, GA: Simth & Helwys, 2001), 50-51.

22) Ritzer, *McDonaldization of Society*, 102.

23) Drane, *McDonaldization of the Church*, 51.

24) Elliot, "Dangers of the Church Growth Movement"에서 재인용.

25) Ibid.

26) Drane, *McDonaldization of the Church*, 52-53.

27) David Steindle-Rast, *A Listening Heart* (New York: Crossroad, 1999), 78.

3장_ 정주

1) George A. Smith, *The Apple Tree Community* (Great Neck, NY: Channel Press, 1960), 5.

2) Robert J. Banks, *Paul's Idea of Community: The Early House Churches in Their Cultural Setting*, rev. ed.(Grand Rapids: Baker Academic, 2012), 42. 『바울의 공동체 사상』(IVP 역간).

3) 미 도로교통안전국(NHTSA)의 보고에 따르면 2010년 한 해 동안 보행자 4,280명이 사망했고(2시간에 1명꼴로 사망), 7만 명이 부상을 당했다고 한다. 같은 해, 자전거 이용자 618명이 사망했고, 5만 2,000명이 부상을 당했다.

4) Willie James Jennings, *The Christian Imagination: Theology and the Origins of Race* (New Haven, CT: Yale University Press, 2011), 293.

5) Bill Bishop, *The Big Sort: Why the Clustering of Like-Minded America is Tearing Us Apart* (New York: Houghton Mifflin, 2008)을 보라.

6) Wendell Berry, *Jayber Crow* (Washington, DC: Counterpoint, 2000), 298. 『포트윌리엄의 이발사』(산해 역간); Wendell Berry, "Sabbath VI, 2007" in *Leavings* (Berkeley, CA: Counterpoint, 2010), 91.

7) Parker J. Palmer, *To Know as We Are Known: Education as a Spiritual Journey* (New York: HarperCollins, 1993), 8-9. 『가르침과 배움의 영성』(IVP 역간).

8) Andy Crouch, *Culture Making: Recovering Our Creative Calling* (Downers Grove, IL: InterVarsity Press, 2008), 75-76. 『컬처 메이킹』(IVP 역간).

9) 웜팜 협회(The Wormfarm Institute)의 Jay Salinas가 처음으로 "문화저장고"(cultureshed)라는 단어를 사용했다. 그가 정의한 문화저장고란 "첫째, 그 지역의 사람들의 달란트와 자연의 역사가 만들어낸 공간이다. 둘째, 현지에서 가꾸어진 독특한 문화 공간이다. 셋째, 작가, 행위 예술가, 시각 예술가, 학자, 농부, 요리사 등이 함께 현지의 다양한 문화를 만들어가는 노력이다"〈www.wormfarminstitute.org〉.

4장_ 인내

1) Henri Nouwen, Donald McNeill, Douglas A. Morrison, *Compassion: A Reflection on the Christian Life* (New York: Image Books, 1983), 94. 『긍휼』(IVP 역간).

2) Nicholas Wolterstorff, *Lament for a Son* (Grand Rapids: Eerdmans, 1987), 72-73. 『나는 사랑하는 사람을 잃었습니다』(좋은씨앗 역간).

3) Philip D. Kenneson. "Practicing Ekklesial Patience," *Ekklesia Project Pamplet* 20 (2013): 16.

4) Nouwen, McNeill, Morrison, *Compassion*, 90-91.

5) C. Christopher Smith, *Water, Faith and Wood: Stories of the Early Church's Witness for Today* (Indianapolis: Doulos Christou Press, 2003), 149.

6) Philip D. Kenneson, *Practicing Ecclesial Patience: Patient Practice Makes Perfect* (Eugene, OR: Wipf & Stock, 2013), 23-24⟨www.ekklesiaproject.org/wp-content/uploads/2011/05⟩.

7) William T. Cavanaugh, *Being Consumed: Economics and Christian Desire* (Grand Rapids: Eerdmans, 2008), 58.

8) Eugene Peterson, *The Jesus Way: A Conversation on the Ways That Jesus Is the Way* (Grand Rapids: Eerdmans, 2007), 7. 『그 길을 걸으라』(IVP 역간).

9) Ibid., 4.

5장_ 온전함

1) Roddy Scheer, Doug Moss, "United States Leads the World in Consuming Natural Resources," *E Magazine*, September 9, 2012⟨www.emagazine.com/earth-talk/united-states-leads-in-consuming-natural-resources⟩.

2) Nancy Mathis, *Storm Warning: The Story of a Killer Tornado* (New York: Touchstone, 2007), x.

3) Howard A. Snyder with Joel Scandrett, *Salvation Means Creation Healed: The Ecology of Sin and Grace* (Eugene, OR: Cascade Books, 2011), xvi.

4) Rollins는 이러한 분열을 "추상화의 죄"(sin of abstraction)라고 이름 붙였다. 이는 편협한 것에 집중하다가 전체적인 본질을 잃게 되는 잘못을 지적하는 용어다.

5) "Pastor Rick Warren Born Again to Healthier Living," *USA Today*, February 6, 2012. ⟨http://archive.wzzm13.com/news/story.aspx?storyid=198141⟩에서 확인할 수 있다.

6) 콜탄(Columbite-tantalite)은 스마트폰, 컴퓨터, 게임기 등에 들어가는 콘덴서의 주재료이며, 전 세계 매장량의 80%가 콩고에 있다고 알려졌다. 전자 기기의 대중화와 함께 콜탄 가격이 치솟았기 때문에 게릴라 부대를 포함한 각종 군부대가 콜탄 광산 장악에 열중했고, 수많은 어린이와 전쟁 포로가 콜탄 탄광에서 강제 노역에 시달리다가 죽임을 당했다. 콩고 지역의 지하자원을 둘러싼 콩고 분쟁은 제2차 세계대전 이후 최악의 전쟁으로 평가되기도 한다—편집자 주.

7) "명백한 운명"(Manifest Destiny)이란 19세기 중반, 미국이 멕시코 땅인 텍사스를 빼앗으려고 할 때에 유행했던 개념이다. 1845년 당시 영토 확장론을 옹호한 한 잡지에는 "해마다 늘어나는 수백만 미국인이 자유롭게 뻗어 나갈 수 있도록, 하나님이 우리에게 주신 대륙을 온통 뒤덮어야 하는 명백한 운명을 수행하자"라는 내용의 글이 실렸고, 다른 잡지에는 "모든 나라를 지도하고 지배하는 것이 우리의 명백한 운명이다"라는 내용의 글이 실렸다: 강준만, 『교양영어사전』(인물과사상사, 2012), 인터넷 "네이버지식백과"에서 재인용—편집자 주〈http://terms.naver.com/entry.nhn?docId=1921957&cid=41810&categoryId=41811〉.

8) Wendy Ryan, "Baptist Leaders' 'Berlin Declaration' Challenges 'Racial and Ethnic Hatred,'" *Baptist Press*, June 5, 2001. 〈http://www.bpnews.net/11040〉에서 확인할 수 있다.

9) John Howard Yoder, "Church Growth Issues in Theological Perspective," in *The Challenge of Church Growth: A Symposium*, ed. Wilbert R. Shenk, Institute of Mennonite Studies(Scottdale, PA: Herald Press, 1973), 29.

10) Hirsch, *The Forgotten Ways*, 45.

11) Limbaugh는 라디오 방송 "러시 림보 쇼"로 유명한 미국의 극단적 보수주의 방송인, 정치 평론가다—편집자 주.

12) Bishop, *The Big Sort*, 297-298.

13) "Seeking Unity on Election Day," *The Lima (OH) News*, November 2012. 이는 〈http://www.limaohio.com/lifestyle/religion/article_3597b522-249e-11e2-b124-0019bb30f31a.html?mode=image&photo=0〉에서 확인할 수 있다.

14) Andrew Marin, *Love Is an Orientation: Elevating the Conversation with the Gay Community* (Downers Grove, IL: InterVarsity Press, 2009), 187.

15) 라셀 교회의 홈페이지인 〈www.lasallestreetchurch.org〉를 참고하라.

16) Thomas Merton, *New Seeds of Contemplation* (New York: New Directions, 1961), 122.

17) Wendell Berry, "The Wages of History," in *Farming: A Hand Book* (Berkeley, CA: Counterpoint, 2011), 113.

18) Parker J. Palmer, "The Clearness Committee: A Communal Approach to Discernment"〈www.couragerenewal.org/parker/writings/clearness-committee〉; Palmer, *A Hidden Wholeness: The Journey Toward an Undivided Life* (San Francisco: Jossey-Bass, 2009)를 참고하라. 『온전한 삶으로의 여행』(해토

역간).

19) Palmer, "The Clearness Committee."

20) Lesli J. Favor, *The Iroquois Constitution: A Primary Source Investigation of the Law of the Iroquois* (New York: Rosen, 2003), 99.

6장_노동

1) Ray Oldenburg, *The Great Good Place: Cafés, Coffee Shops, Bookstores, Bars, Hair Salons, and Other Hangouts at the Heart of a Community* (New York: Marlowe, 1999); *Celebrating the Third Place: Inspiring Stories About the "Great Good Places" at the Heart of Our Communities* (New York: Marlowe, 2001)을 보라.

2) David Fitch, "'You Go to McDonald's Too Much!' On Being Called Out and the 'politics of the small things,'" *Reclaiming the Mission* (blog), February 2, 2012〈www.reclaimingthemission.com/?p=2749〉.

3) Studs Terkel, *Working: People Talk About What They Do All Day and How They Feel About What They Do* (New York: New Press, 1974), xi. 『일』(이매진 역간).

4) G. K. Chesterton, *What's Wrong with the World* (New York: Dodd, Mead, 1910).

5) M. Douglas Meeks, *God the Economist* (Minneapolis: Fortress, 2000), 137.

6) Ibid., 33에서 재인용.

7) Miroslav Volf, *Work in the Spirit: Toward a Theology of Work* (Oxford: Oxford University Press, 1991), 145.

8) Volf의 책 『Work in the Spirit』을 통해서 애덤 스미스, 마르크스, 자본주의, 분업, 소외 등의 주제를 신학적인 관점으로 이해할 수 있었다.

9) Volf, *Work in the Spirit*, 157.

10) Adam Smith, *The Wealth of Nations* (New York: Bantam Books, 2003), 987. 『국부론』(동서문화사 역간).

11) Ritzer, *The McDonaldization of Society*, 35.

12) Ibid., 108.

13) Matthew B. Crawford, *Shop Class as Soulcraft: An Inquiry into the Value of Work* (New York: Penguin, 2009), 37. 『모터싸이클 필로소피』(이음 역간).

14) Ibid., 41-42.

15) Ritzer, *The McDonaldization of Society*, 102.

16) Laura K. Simmons, *Creed Without Chaos: Exploring Theology in the Writings of Dorothy Sayers* (Grand Rapids: Baker Academic, 2005), 117-118에서 재인용.

17) David H. Jensen, *Responsive Labor: A Theology of Work* (Louisville: Westminster John Knox, 2006), 68-70. 이 책에서 Jensen은 노동과 예배의 차이점을 이야기하는데, 노동은 그 자체가 인생의 목적이 될 수 없다는 점에서 예배와 가장 큰 차이를 드러낸다. 우리는 예배를 통해 노동의 한계를 점검해야 한다. "노동을 위해서 성찬이 존재하는 것이 아니라 성찬을 위해 노동이 존재한다."

18) Kathleen Norris, *The Quotidian Mysteries: Laundry, Liturgy, and "Women's Work"* (Mahwah, NJ: Paulist Press, 1998), 22.

19) 미성년 노동 착취에 대한 통계 및 정보는 다양한 곳에서 확인할 수 있다. 유엔의 세계아동노동반대의날(UN's World Day Against Child Labour)〈www.un.org/en/events/childlabourday〉, 국제노동기구(the International Labour Organization)〈www.ilo.org〉, 국제반노예운동(Anti-Slavery International)〈www.antislavery.org〉, 컴패션(Compassion International)〈www.compassion.com/children-and-poverty.htm〉의 웹사이트에서 더 많은 정보를 구할 수 있다.

20) Mark Scandrette, *Practicing the Way of Jesus: Life Together in the Kingdom of Love* (Downers Grove, IL: InterVarsity Press, 2011). 『예수도』(IVP 역간).

7장_ 안식

1) Dan Gibson, Jordan Green, John Pattison, *Besides the Bible: 100 Books That Have, Should, or Will Create Christian Culture* (Downers Grove, IL: InterVarsity Press, 2010), 17을 보라.

2) Peter J. Thuesen, *Predestination: The American Career of a Contentious Doctrine* (New York: Oxford University Press, 2009), 58.

3) Josef Pieper, *Leisure: The Basis of Culture* (New York: Random House, 1963), 20.

4) 2014년 자료를 보면 우리나라 노동자의 평균 노동 시간은 2,124시간으로 1,789시간인 미국보다 335시간이 더 많다〈http://stats.oecd.org/Index.aspx?DatasetCode=ANHRS〉-편집자 주.

5) Mark Kelly, "LifeWay Research Finds Pastors Long Work Hours Come at Expense of People, Ministry," January 5, 2010. 〈http://www.lifeway.com/Article/LifeWay-Research-finds-pastors-long-work-hours-can-come-at-the-expense-of-people-ministry〉에서 확인할 수 있다.

6) Thomas Merton, *Conjectures of a Guilty Bystander* (New York: Doubleday, 1965), 81. 『토머스 머튼의 단상』(바오로딸 역간).

7) Richard H. Lowery, *Sabbath and Jubilee* (St. Louis, MO: Chalice Press, 2000), 3.

8) Ched Myers, *The Biblical Vision of Sabbath Economics* (Washington, DC: Tell the Word Press, 2001), 12.

9) Ibid., 13에서 재인용.

10) Pope John Paul II, "Apostolic Letter *DIES DOMINI* of the Holy Father John Paul II to the Bishops, Clergy and Faithful of the Catholic Church on Keeping the Lord's Day Holy," July 5, 1998. 〈http://www.vatican.va/holy_father/john_paul_ii/apost_letters/documents/hf_jp-ii_apl_05071998_dies-domini_en.html〉에서 확인할 수 있다.

11) Megillah 9a에 대한 Rashi의 미드라쉬(Midrash)에 있는 내용, Abraham Joshua Heschel, *The Sabbath, by Abraham Joshua Heschel* (New York: Farrar, Straus & Giroux, 1951), 22에서 재인용. 『안식』(복있는사람 역간).

12) Dan Allender, *Sabbath* (Nashville: Thomas Nelson, 2009), 28. 『안식』(IVP 역간).

13) Norman Wirzba, *Living the Sabbath: Discovering the Rhythms of Rest and Delight* (Grand Rapids: Brazos Press, 2006), 33-34.

14) Allender, *Sabbath*, 25.

15) Judith Shulevitz, *The Sabbath World: Glimpses of a Different Order of Time}* (New York: Random House, 2011), 5.

16) Wirzba, *Living the Sabbath*, 57.

17) Ibid., 59.

8장_ 풍성함

1) Lohfink, *Does God Need the Church?*, 149.

2) Roger E. Backhouse, Steven Medema, "Retrospectives: On the Definition of Economics," *Journal of Economic Perspectives* 23, no. 1 (2009), 225, 강조는 추

가한 것이다.

3) "Six Questions on the Cost of Corruption with World Bank Institute Global Governance Director Daniel Kaufmann"〈http://go.worldbank.org/KQH743GKF1〉.

4) Wendell Berry, *A Continuous Harmony: Essays Cultural and Agricultural* (Berkeley, CA: Counterpoint, 2012), 116.

5) Ibid., 116-117.

6) Cavanaugh, *Being Consumed*, 90.

7) Ibid., 91.

8) Ibid., 92.

9) "The Economy's Impact on Churches(Part 2 of 3): How Churches Have Adapted," January 25, 2010. 〈www.barna.org/barna-update/article/18-congregations/334-the-economys-impact-on-churches-part-2-of3-how-churches-have-adapted〉에서 확인할 수 있다.

10) Luther Snow, *The Power of Asset Mapping: How Your Congregation Can Act on Its Gifts* (Herndon, VA: Alban Institute, 2004), 119-120.

11) Walter Brueggemann. "The Liturgy of Abundance, the Myth of Scarcity" *The Christian Century*, March 24-31, 1999. 〈www.religion-online.org/showarticle.asp?title=533〉에서 확인할 수 있다.

12) Ibid.

13) Ibid.

14) Lohfink, *Does God Need the Church?*, 146.

15) Ibid., 144-145.

16) 미국 루터 교회의 경우만 보더라도 도심에 있는 교회가 교외에 위치한 교회보다 훨씬 높은 폐쇄 위기에 놓여 있다. 더불어 "백인 성도의 비율이 75%에 못 미치는 교회가 그렇지 않은 교회보다 문을 닫을 확률이 3배 이상 높다는 점"은 교외 지역의 인종 분리 현상을 여실히 보여주는 것이라 하겠다: David Olson, *The American Church in Crisis*, (Grand Rapids: Zondervan, 2008), 121-122.

17) Berry. "Sabbath VI, 2007," 91.

9장_ 감사

1) Royce G. Gruenler, *The Trinity in the Gospel of John* (Grand Rapids: Baker, 1986), 121.

2) Christine D. Pohl, *Living into Community: Cultivating Practices That Sustain Us* (Grand Rapids: Eerdmans, 2011), 23. 『공동체로 산다는 것』(죠이선교회 역간).

3) David W. Pao, *Thanksgiving: An Investigation of a Pauline Theme*, New Studies in Biblical Theology (Downers Grove, IL: InterVarsity Press, 2002), 15.

4) Pohl, *Living into Community*, 17.

5) Ibid., 23.

6) Gus Lubin, "There's a Staggering Conspiracy Behind the Rise of Consumer Culture," *Business Insider*, February 23, 2013〈www.businessinsider.com/birth-of-consumer-culture-2013-2?op=1〉.

7) Mary Jo Leddy, *Radical Gratitude* (Maryknoll, NY: Orbis, 2002), 57.

8) Ibid., 7.

9) Ibid., 4를 보라.

10) Pohl, *Living into Community*, 22에서 재인용.

11) Dietrich Bonhoeffer, *Life Together: The Classic Exploration of Faith in Community* (New York: HarperCollins, 1954), 27-28. 『신도의 공동생활』(대한기독교서회 역간).

12) Snow, *The Power of Asset Mapping*, 5. Snow는 이 목록을 John P. Kretzmann, John L. McKnight, *Building Communities from the Inside Out* (Evanston, IL: ABCD Institute, 1993)에서 빌려왔다.

13) Mark Lau Branson, *Memories, Hopes and Conversations: Appreciative Inquiry and Congregational Change* (Herndon, VA: Alban Institute, 2004), xiii.

14) Ibid., 28.

15) Ibid., 2.

16) Ibid., 124.

17) Kretzmann, McKnight, *Building Communities from the Inside Out*, 4-5.

18) Ibid., 9.

19) Pohl, *Living into Community*, 23.

20) Ibid., 29-30.

21) Ibid., 53.

10장 환대

1) Kathryn Spink, *The Miracle, the Message, the Story: Jean Vanier and L'Arche* (Mahwah, NJ: Hidden Spring, 2006), 57.

2) Jean Vanier, *Befriending the Stranger* (Mahwah, NJ: Paulist Press, 2010), 12, 강조는 추가한 것이다.

3) Christine D. Pohl, *Making Room: Recovering Hospitality as a Christian Tradition* (Grand Rapids: Eerdmans, 1999), 105. 『손대접』(복있는사람 역간).

4) Ibid., 28.

5) 미국 UCC 교단의 사역자이자 *Where the Edge Gathers: Building a Community of Radical Inclusion* (Cleveland, OH: Pilgrim, 2005)의 저자인 Yvette A. Flunder는 2012년 7월에 오리건 주의 코발리스(Corvallis)에서 열린 야생거위축제(Wild Goose Festival) 때 이런 관점의 이야기를 해주었다.

6) 알렉산드리아의 클레멘스, 락탄티우스, 니사의 그레고리우스, 베네딕투스, 자선가 요한에 대해 더 자세히 알고 싶으면 Amy G. Oden, *And You Welcomed Me: A Sourcebook on Hospitality in Early Christianity* (Nashville: Abingdon, 2001), 50-85를 참고하라.

7) Pohl, *Making Room*, 43-44에서 재인용.

8) Ibid., 30.

9) Kristine Thomas, "Shared Belief: Community Dinners, Distinguished Service," February 2012, Our Town〈http://ourtownlive.com/ourtown/?p=2149〉.

10) Henri J. M. Nouwen, *Reaching Out: The Three Movements of the Spiritual Life* (New York: Doubleday, 1975), 67. 『영적 발돋움』(두란노 역간).

11) Elizabeth Newman, *Untamed Hospitality: Welcoming God and Other Strangers* (Grand Rapids: Brazos, 2007), 92.

12) John Koenig, *New Testament Hospitality: Partnership with Strangers as Promise and Mission* (Eugene, OR: Wipf & Stock, 2001), 5.

13) Newman, *Untamed Hospitality*, 91.

14) Edward Relph, "preface" in *Place and Placelessness* (London: Pion, 1976). 『장소와 장소상실』(논형 역간).

15) Ibid., 143.

16) Arthur Sutherland, *I Was a Stranger: A Christian Theology of Hospitality* (Nashville: Abingdon, 2006), 41, 43. 또 이와 비슷한 관점을 제공하는 책들로

는 Banks, *Paul's Idea of Community*, Robert Banks, Julia Banks, *The Church Comes Home* (Peabody, MA: Hendrickson, 1998), John H. Elliott, *A Home for the Homeless* (Eugene, OR: Wipf & Stock, 2005) 등이 있다.

11장 교회됨을 위한 식탁 교제

1) Eugene Peterson, *Reversed Thunder: The Revelation of John and the Praying Imagination* (San Francisco: Harper, 1991), 119. 『묵시』(IVP 역간).
2) Dan Merica, "Washington Gridlock Linked to Social Funk," CNN.com, January 25, 2013〈www.cnn.com/2013/01/25/politics/social-congress〉.
3) Ibid.
4) Fred Rogers, *The Mr. Rogers Parenting Book* (Philadelphia: Running Press, 2002), 19.
5) Michael Pollan, *Cooked: A Natural History of Transformation* (New York: Penguin, 2013), 8. 『요리를 욕망하다』(에코리브르 역간).
6) J. H. Yoder, *Body Politics* (Scottdale, PA: Herald Press, 2001), 16.
7) Ibid., 19.
8) Norman Wirzba, *Food and Faith: A Theology of Eating* (New York: Cambridge University Press, 2011), 160.
9) Rachel Marie Stone. *Eat with Joy: Redeeming God's Gift of Food* (Downers Grove, IL: InterVarsity Press, 2013), 69.
10) Roxburgh, *Missional*, 145.
11) Richard J. Foster, *Celebration of Discipline: The Path to Spiritual Growth* (San Francisco: HarperCollins, 1998), 182. 『영적 훈련과 성장』(생명의말씀사 역간)
12) Parker Palmer, "Good Teaching: A Matter of Living the Mystery," *Change* magazine, January/February 1990〈www.couragerenewal.org/parker/writings/good-teaching〉.
13) Tim Conde, Daniel Rhodes, *Free for All: Rediscovering the Bible in Community* (Grand Rapids: Baker, 2009), 85.
14) Yoder, *Body Politics*, 17.

맺는말

1) Liberty Hyde Bailey, "Poet," in *Wind and Weather: Poems* (New York: Macmillan, 1916), 153.

슬로처치

예수님을 따라 신실하게 일하는 인격적 교회론

Copyright © 새물결플러스 2015

1쇄 발행 2015년 2월 15일
8쇄 발행 2023년 5월 22일

지은이 크리스토퍼 스미스·존 패티슨
옮긴이 김윤희
펴낸이 김요한
펴낸곳 새물결플러스

편 집 왕희광 정인철 노재현 이형일 나유영 노동래
디자인 황진주 김은경
마케팅 박성민 이원혁
총 무 김명화 이성순
영 상 최정호 곽상원
아카데미 차상희

홈페이지 www.holywaveplus.com
이메일 hwpbooks@hwpbooks.com
출판등록 2008년 8월 21일 제2008-24호
주 소 (우) 04114 서울시 마포구 신촌로28가길 29
전 화 02) 2652-3161
팩 스 02) 2652-3191

ISBN 978-89-94752-96-9 03230

책값은 뒤표지에 있습니다.